《老子》问道
——王治宝读《老子》笔记

王治宝 著

天津出版传媒集团

天津古籍出版社

图书在版编目（CIP）数据

《老子》问道：王治宝读《老子》笔记 / 王治宝著. -- 天津：天津古籍出版社，2016.1
ISBN 978-7-5528-0382-2

Ⅰ. ①老… Ⅱ. ①王… Ⅲ. ①道家②《道德经》—研究 Ⅳ. ①B223.15

中国版本图书馆CIP数据核字(2016)第008723号

《老子》问道：王治宝读《老子》笔记

王治宝/著

出版人/张玮

天津古籍出版社出版
（天津市西康路35号　邮编300051）
http://www.tjabc.net

三河市中晟雅豪印务有限公司印刷
全国新华书店发行
开本 880×1230 毫米　1/32　印张16.75　字数 290 千字
2016 年 2 月 第 1 版　2016 年 2 月 第 1 次印刷
ISBN 978-7-5528-0382-2　　定价：49.00元

序　言

《老子》确实不好懂,希望《王治宝读〈老子〉笔记》能使读者读懂《老子》。为此,笔者将读《老子》过程中的一些体会写在前面,可能对读者有帮助。结尾谈一点笔者简单的情况,以便与读者互相交流。

首先,《老子》第 1 章最难读

读《老子》,首先遇到的就是第 1 章,什么是道、妙、徼、玄、玄之又玄、有、无？真是读不懂,读了参考文献上所有注释《老子》的版本,读不懂啊！第 1 章不懂,读其他章就问题成堆。这些问题直到笔者第 4 轮读老子,才算自圆其说。

笔者读第 1 章的笔记最详尽,企图让读者们能读懂。如果还有疑问,请读下去,在读后面各章时,不时翻翻第 1 章,会懂的。

读《老子》时一定要读懂"道",特别是读懂《老子》第 1 章,这是在享受哲学史上的第一次辉煌:

1. "道"的概念是可以说明白的
2. "道""无""有"构成宇宙
3. "徼"是具体的自然规律
4. "妙"是抽象的自然规律
5. 我们可知获得"妙"的方法
6. "玄"是"妙"与"徼"共同的名字
7. "玄之又玄"是"徼"的别名
8. "徼"是进入"道"的众"妙"之门

其次,理解老子的诗化语言是读老子的关键

1. "道"的诗化别名

"道"在各种各样的语言环境中,以不同的"别名"出现,例如:妙、玄、冲、天地、虚、中、谷、一、常、袭明、豁、明、小、大、微明、微妙、和、袭常、精和、宗、君等,这是由于哲学著作诗化的结果,我们必须弄懂,才能知道老子想说什么。

2. 老子诗的意境

一定要在老子诗的意境中读出老子想说的话。为此,我们可看看张居正怎么为皇帝讲《诗经》。

《张居正讲评〈诗经〉皇家读本》面对皇帝素质教育的需求,怎么讲呢?例如,《关雎》"窈窕淑女,君子好逑"这句话。张居正是这么写的:"以是而配君子,必相与和乐而恭敬,可以奉神灵之统,可以理万物之宜,正位于中宫。"把淑女解释成令皇帝高兴,对皇帝恭敬的皇后。而好逑指的是这样的皇后位于中宫,负责领导后宫,是按神灵的意思安排的。

年轻知识分子读《关雎》,是满目风情;清官读《关雎》,是满眼贤内助;好皇帝读《关雎》,就必定满眼家、国、天下,要把爱情和天下稳定联系到一起。这就是在诗的意境中各取所需。既然《老子》是用诗化语言写的,读《老子》必须在老子诗的意境中读出老子想说的话。

3.学与不学

在《老子》中,"学"与"不学"是两种态度,尤其是"不学"的态度。学,指学习老子的"道";不学,指不学儒家的"仁义礼智"。

4."始母""有母"与"道母"

"无"是万物之始,称为"始母";"有"是万物之母,称为"有母";"道"始终掌控着"有"与"无"的变化,称为"道母"。当读到这些概念时要区分清楚,才能理解老子的思想。

5.破除"道"的神秘性并引申对"道"的认识

《老子》中,描述"道"的神秘性内容似乎很多,都是两千多年来哲学家们误解的结果,遗害很深,严重影响了老子哲学思想的传承。其实,那都是在描述"道"的四大特性:道空、道大、道宗、道隐。只有破除"道"的神秘性,才能读懂《老子》。

我们正是依据"道"的四大特性与另外三大特性(道行、道恒、道正)识别了很多"道"的别名,以帮助我们理解老子的诗化哲学。

第三,哲学史上的第二次辉煌

为了理解"第32章 将守道转化为守朴",我们讲了"将无穷的计算转化为有限的计算",进而阐明"守朴":哲学史上的第二大辉煌。

1.将"无"中的问题简化为"有"中的问题来解决

老子讲"道",要求人们理解"道"并遵循"道"办事。但是"道"是属于"无"的境域,既不易掌握,又不具有可操作性。能不能在"有"的境域内找到近似于"道"的替代物,既容易掌握又具有可操作性。这就是"朴",以及"水""牝""婴"等,它们柔弱,地位低下,这就是老子反复论述的"柔弱胜刚强"的由来。

"第32章 将守道转化为守朴"的问题,就是将"无"中的问题简化为"有"中的问题来解决。

2.将无穷的计算转化为有限的计算

为了说明老子"将守道转化为守朴"思想的重要

性,我们看一看在数字电子计算机上,怎么"将无穷的计算转化为有限的计算"。为此,举一个计算数学的简单例子,将收敛的无穷级数的计算转化为有限项的计算:

大量初等函数的求值问题是不能直接用计算机计算的,常用的方法是将初等函数展开成一个无穷级数进行计算。无穷级数虽然能用计算机计算,但即使用当前万亿次运算速度的最快的计算机永远地计算下去,也得不到结果,因为计算次数是无穷的,永远也算不完,这只是个理论算法。有效的算法就是按着对计算结果精确度的要求,自动取这个无穷级数的前有限项进行近似计算,事实上,大量的计算实践说明,往往只取这个无穷级数的前四五项进行近似计算即可得到满意的结果。

这里须说明一下,如果读者看不懂这个例子,请跳过去,这个理论与实践的关系也能理解。当然,如果能懂这个例子,那就会轻而易举地深入理解这个理论与实践的关系问题。

3. 哲学史上的第二大辉煌

这个用计算机计算的问题,是个讨论理论与实践关系很好的例子,"守道"与"守朴"也是一个理论与实践关系的问题。老子早在2000多年前,用属于"有"的我们容易掌握的"守朴"去近似的解决属于"无"的我们不容易掌握的"守道"问题,真是了不起的奇迹。老子提出"守朴"与提出"道"具有同样的价值。提出"道"是哲学史上的第一大辉煌；提出"守朴"是哲学史上的第二大辉煌，甚至更加辉煌。但这个成就2000多年来竟然被忽略了，甚为遗憾！

第四，将"人之道"独立成篇——续篇

1."第67章 小邦寡民食服居俗"确实为结尾处

通行本将第67章与第68章移到老子《道德经》的最后，作为第80章与第81章，原来从第69章至第81章依次往前移两章，可能认为原"第67章 小邦寡民食服居俗"与"第68章 人之道为而弗争"为结尾章，怎么不将其放在未结尾处呢！其实，原"第67章 小邦寡民食服居俗"确实为结尾处。

2."人之道"的提出

在《德经》结尾之后，又提出了一个新问题"人之道"，这就是"第68章 人之道为而弗争"。之后，又继续用13章的篇幅论述"人之道"，这就是第69章到第81章。我们不妨重读老子的《道德经》，会发现在第68章之前很多章内早已论述了"人之道"，只不过那时没有明确"人之道"的概念。

例如，"第55章 含德之厚者比于赤子"论述了"物不壮则不老：择天之道的人之道"。其中"物壮则老,谓

之不道,不道早已"很不好理解,如果这句话写为"物壮则老,谓天之道,谓不人之道,不人之道早已"就容易理解得多,但那时还没有提出"人之道"的概念。"天之道"与"人之道"是不同的,只有引入"人之道",好多问题才能得到很好的解释。才容易产生正确的理解。

3. 哲学史上的第三次辉煌

在"第 25 章 有物昆成先天地生"中,明确地提出"道大,天大,地大,人亦大。域中有四大,而人居其一焉"。并且说"人法地,地法天,天法道,道法自然"。宇宙中有四大,而人是其中之一。可见,老子很重视"人",但"人"的重要性却没有提过。其实,这是一个疑问,怎么就"人亦大"了?人怎么个大法?

当老子写完《道经》与《德经》之后,终于又想起"人亦大",明确提出了"人之道",并且说"人之道,为而弗争"。

在这章之前,老子的"道"好像只论自然规律,对社会规律的认识都隐含在自然规律之中;而在这章中老子明确提出了"人之道",明确表现出老子对社会规律的认识,在哲学史上又一次证明了老子的伟大,我们由此亦可以见到哲学史上的第三次辉煌。

既然"人之道"这么重要,而我们已将《道经》称为《上篇》,《德经》称为《下篇》,那么从内容上看,我们完全有理由将论"人之道"这 14 章独立成篇,不妨称为《人之道》,也可称为《续篇》。

最后,《王治宝读〈老子〉笔记》的由来

退休前,笔者一直在南开大学计算机与控制工程学院从事教学与科研工作,主要研究控制系统计算机辅助设计,也曾涉及机器人控制系统、工业分布式控制系统、中医小儿专家系统、期货交易系统、证券交易系统,这些都跟《老子》没有什么关系。

2003年9月65周岁退休后,笔者开始读《老子》,完全是退休后的休闲,越是读不懂《老子》,就越想弄明白"道"是什么,有问题或体会就写在书页的空白处,以这种方式,断断续续读了四年。2008年,2012年中与年底,2013年年底,笔者第2、3、4、5轮读老子,总共用了十年的功夫,总算觉得读懂了,这时停顿了半年,沉淀了一下,又在2014年4月开始第6轮读老子,并边读边整理出了现在的《〈老子〉问道——王治宝读〈老子〉笔记》。

2014年5月底,由于U盘故障,这份笔记丢失了大半,于是笔者边再次重读《老子》边重新修改稿子(其中有8章是重新写的),终于在第7轮读《老子》后,将笔记重新完稿。

而在今天,笔者终于完成了对《王治宝读〈老子〉笔记》的最后修订,同时也是第8轮读《老子》的成果。这部书稿在付梓前,书名被重新确定为《〈老子〉问道》。"问"有"探索"的含义,所以这个新书名体现了笔者一

次次重读《老子》的动机,而对原书名《王治宝读〈老子〉笔记》仍作为副题予以保留,也算作是对这数次重读的纪念。

笔者在写这份笔记的时候,不仅整理了读《老子》的结果,也记录了读《老子》的思维过程。分享这些思维过程难免献丑,但为了便于读者理解笔记中结论的由来,还是没有删掉。笔者在南开大学数学系读数学五年,面对"定理"是没完没了的"已知""求证""证明",没有一个定理会告诉我们这个定理是怎么想出来的,直到现在阅读文献还是"已知""求证""证明"。这是一个非常糟糕的严重缺欠,教授课上讲授如此,所有的教材、参考书、文献等都是如此,导致读者和学者都难了解这笔遗产为什么会以这样的面貌被留下来,遗憾!

俗话说,无知无畏。对《老子》,笔者算是读懂了吗?答案究竟是肯定还是否定,敬待读者评价。不管怎么样,我希望广大的哲学爱好者也能读懂,如果对书中的观点有不同意见,笔者愿意讨论,希望读者不吝赐教。

笔 者

2014 年 08 月 01 日完稿

目　录

上篇　道经

第1章　道与妙徼玄以及有无 …………………（三）

第2章　相反相成无为无不为 …………………（二三）

第3章　无知无欲无为无不治 …………………（三二）

第4章　道的特性空大宗隐 ……………………（三九）

第5章　天地不仁多言数穷 ……………………（四六）

第6章　谷神不死是谓玄牝 ……………………（五三）

第7章　以其无私故能成其私 …………………（五八）

第8章　上善若水不争之争 ……………………（六一）

第9章　功遂身退天之道也 ……………………（六六）

第10章　载营魄抱一能无离乎 …………………（七三）

第11章　相辅相成地之道 ………………………（七九）

第12章　可以为腹不为目吗 ……………………（八五）

第13章　宠辱若惊贵大患若身 …………………（九〇）

第14章　道的四特性与道纪 ……………………（九三）

第 15 章　善为道者微妙玄通 …………… （一〇一）

第 16 章　归根复命 …………………………（一〇九）

第 17 章　猷兮贵言 …………………………（一二〇）

第 18 章　大道废有仁义 ……………………（一二三）

第 19 章　绝圣弃知见素抱朴 ………………（一二七）

第 20 章　我独异于人贵食母 ………………（一三二）

第 21 章　孔德之容惟道是从 ………………（一三六）

第 22 章　曲则全者岂虚言哉 ………………（一四四）

第 23 章　希言自然得者德也德者道也 ……（一四九）

第 24 章　企者不立跨者不行 ………………（一五五）

第 25 章　有物昆成先天地生 ………………（一五八）

第 26 章　重为轻根静为躁君 ………………（一六八）

第 27 章　贵师爱资是谓要妙 ………………（一七二）

第 28 章　复归于朴朴散为器 ………………（一七七）

第 29 章　圣人去甚去奢去泰 ………………（一八三）

第 30 章　物壮则老是谓不道 ………………（一八七）

第 31 章　夫兵者不祥之器 …………………（一九一）

第 32 章　将守道转化为守朴 ………………（一九四）

第 33 章　死而不亡者寿 ……………………（二〇〇）

第 34 章　大道泛兮其可左右 ………………（二〇五）

第 35 章　执大象天下往 ……………………（二〇九）

第 36 章　微明是妙柔弱胜刚强 ……………（二一三）

第 37 章　守道及其镇之以朴 ………………（二二〇）

下篇　德经

第38章　上德不德是以有德 …………（二二七）
第39章　侯得一以为天下正 …………（二三四）
第40章　下士闻道大笑了之 …………（二三九）
第41章　反者道之动弱者道之用 ……（二四七）
第42章　道生一冲气以为和 …………（二五三）
第43章　天下至柔驰骋至坚 …………（二六二）
第44章　知止不殆可以长久 …………（二六五）
第45章　大成若缺其用不弊 …………（二六八）
第46章　天下有道走马以粪 …………（二七二）
第47章　不出户知天下 ………………（二七四）
第48章　为学日益为道日损 …………（二七八）
第49章　圣人无心以百姓心为心 ……（二八二）
第50章　动之于死地以其生之厚 ……（二八七）
第51章　道生之德畜之 ………………（二九〇）
第52章　天下有始为天下母 …………（二九五）
第53章　大道甚夷君甚好解 …………（三〇一）
第54章　善建者不拔善抱者不脱 ……（三〇四）
第55章　含德之厚者比于赤子 ………（三〇九）
第56章　知者不言言者不知 …………（三一五）
第57章　以正治国以无事取天下 ……（三一九）
第58章　祸兮福所倚福兮祸所伏 ……（三二二）

第59章　治人事天莫若啬 …………………（三二五）

第60章　治大国若烹小鲜 …………………（三三〇）

第61章　大邦下流天下之牝 …………………（三三五）

第62章　道者万物之主为天下贵 …………（三三八）

第63章　轻诺必寡信多易必多难 …………（三四二）

第64章　为之于未有治之于未乱 …………（三四五）

第65章　以知治国国之贼 …………………（三四八）

第66章　圣人欲上民必以言下之 …………（三五三）

第67章　小邦寡民食服居俗 ………………（三五九）

续篇　人之道

第68章　人之道为而弗争 …………………（三六五）

第69章　三宝慈俭不敢为天下先 …………（三七四）

第70章　不净之德用人之力 ………………（三八〇）

第71章　用兵有言不敢为主 ………………（三八五）

第72章　知我者希则我者贵 ………………（三八八）

第73章　知不知尚矣不知知病也 …………（三九一）

第74章　民不畏威则大威至 ………………（三九五）

第75章　天网恢恢疏而不失 ………………（三九八）

第76章　民不畏死奈何以死惧之 …………（四〇四）

第77章　民轻死以其上求生之厚 …………（四〇七）

第78章　坚强者死柔弱者生 ………………（四一一）

第79章　人之道损不足以奉有馀 …………（四一五）

第 80 章　天下莫柔弱于水攻坚强 ………… （四一九）

第 81 章　天道无亲恒与善人 ……………… （四二三）

后　记 ………………………………………… （四二七）

附录 1　道的列表 …………………………… （四三九）

附录 2　妙徼玄的列表 ……………………… （四七四）

附录 3　朴象德以及五弗的列表 …………… （四七七）

附录 4　有与无的列表 ……………………… （四八九）

附录 5　老子的理解方法列表 ……………… （四九一）

附录 6　老子局限性的列表 ………………… （五〇九）

参考文献 ……………………………………… （五一一）

上篇：道经

第1章～第37章

第 1 章 道与妙徼玄以及有无

【原文】

道,可道,非常道;名,可名,非常名。
无名,万物之始;有名,万物之母。
故常无,欲以观其妙;常有,欲以观其徼(jiào);此两者同出而异名,同谓之玄,玄之又玄,众妙之门。

【理解】

- **道**

  ○ **原文第一句:**

  "道,可道,非常道;名,可名,非常名"是说什么是"道"。

  ○ **老子的"道"是自然规律**

  老子的"道"看不见,听不到,摸不着,直接感觉不到。可以说"空",或者说"虚",或者说"空虚"。第 4 章"道空",就是讲"道"的特性之一就是"空虚",称为"道空"。

"道"是可以遵循的自然规律。第 2 章"对立统一相反相成的自然规律"给出了自然规律的一个重要而鲜明的例子,以后各章可见更多的例子。

"道"包括所有的自然规律,是所有自然规律的总称。

例 1."春至山花遍地开",这是诗的语言,其实就是"春至花开"。这是一条自然规律,是"道"。春天到了,桃花开了,杏花开了,李花开了,海棠花也开了,等等。

例 2.菊,春生,夏茂,秋花,冬实。这也是一条自然规律,也是"道"。

○"常道"就是通常的"道"

"常道"就是通常的"道",也就是"道路"的"道"。

例 1.天津大道。起始天津市中心外环线,经过双港、海河教育园区、咸水沽、双桥河、葛沽,到滨海新区于家堡中央大道。天津大道就是"常道"。

例 2.津沽路。是一条与天津大道平行的货运公路。津沽路也是"常道"。

○"可道"就是可以用"道"表达

"可道"的"道"可以指"道路"的"道",也可以指老子的"道"。

我想,老子那个时代,早就有了"道"是"道路"的概念,老子谈自然规律时,形象通俗地借用了"道路"的"道"。意思是说"自然规律"就好像"道路"的"道"。你顺着"道路"的"道"走,可到达目的地;你按着或者说遵循"自然规律"的"道"做,就可以把事情做好。

○ 道,可道,非常道

所以老子说:"道,可道,非常道。"就是说,"自然规律"可以用"道"表达,但不是通常说的"道路"的"道"。

○ 名,可名,非常名

老子接着说:"名,可名,非常名。"

就是说,"自然规律"可以用"道"命名,但不是通常说的"道路"的"道"那个"名字"。从此"道"这个名字便有了两个内涵,"道"的第一个意思是表示"道路"的"道",第二个意思是表示"自然规律"的"道"。就是说,"道"可为"道路"命名,也可为"自然规律"命名。

○ "非常名"的命名

一般地说,"非常名"还有另外一层意思。通常的"名"是为具体的静态的物命名,例如,房子、桌子、椅子等;"非常名"是为抽象的动态的自然规律或客观规律命名,例如,对立统一,相反相成,相辅相成,物极必反,过犹不及等。

下文各章中"非常名"是常见的,但对绝大部分"非常名",老子都将它们放在自己脑子里,没有说出来,他的后来人或现代哲学家替他完成了"非常名"的命名。

例1.对立统一。

例2.相反相成。

例3.自然规律。

老子命名的"非常名"很少,例如:

第36章 微明是妙弱胜刚强

——柔弱胜刚强:老子命名

第48章 为学日益为道日损

——无为而无不为:老子命名

第80章 天下莫柔弱于水攻坚强

——弱之胜强柔之胜刚:老子命名

• "有""无""道"构成宇宙

○ "有"是天地万物的总称

对人类来讲,眼睛看得着,耳朵听得见,鼻子嗅得出,口舌品得到,手摸得着,皮肤有触感等等,有形有色有味有碰触感的东西就是"有"。"有"是天地万物的总称。宇宙中的"有",依其存在的形式可分类为"天""地""人""动物""植物"以及其它"万物"。

○ 有是万物之母:有母

"有"是天地万物的总称。天地万物都有各自的名字,"有名"的意思是"有这个名字",或者说"有名"就是

"有"的意思。

"有名,万物之母"意思是,"有是万物之母",即"万物"由"有"生出来。我们特别称"有是万物之母"为"有母"。以区别我们将要看到的"始母"。

○ "无"的两大类存在

对人类来讲,眼睛看不着,耳朵听不见,鼻子嗅不出,口舌品不到,手摸不着,皮肤无触感等等,无形无色无味无碰触感的东西,称为"无"。就像"有"可分类一样,宇宙中的"无",依其存在的形式可分为两大类:

第一类"无",是变化的。就像"第16章 归根复命"中说的那样,"有无相生:道"。

第二类"无",是不变的。就像第2章"道恒:道是恒定不变的"所言。老子特别称其为"道",它充满了整个宇宙,也就是充满了全部第一类"无",也充满了全部"有"。

○ "有"与"无"对立统一相反相成

通常,我们说"无"时,就是指的"有无相生"的"无"。"有"与"无"对立统一相反相成,相互转化,以充满宇宙。

○ 无是万物之始:始母

与"有名"类似,在"有无相生"中,"无名"的意思是"无这个名字","无名"就是"无"的意思。"无名,万物之始"意思是,"无是万物之始",也就是"无"转化为最初的"物"。

"第52章 天下有始为天下母"说"天下有始以为天下母"。所以我们特别称"无是万物之始"为"始母"。

○ "道"始终掌控着"有"与"无"的变化:道母

第41章"天下万物生于有,有生于无"中提到,在这个有无相生的过程中,作为自然规律的"道"始终掌控着"有"与"无"的变化,或者说"有"与"无"的变化始终遵循自然规律"道"。

在"第6章 谷神不死是谓玄牝"将会论述"'玄牝'是具有母性的'道':道母"。就是说,老子称"道"的这种掌控作用为"母"。为了与"有母""始母"相区别,我们特别称其为"道母"。

○ "有"与"道"对立统一相辅相成

虽然"道"也是"无",但是,这个"无"是恒定不变的"无",通常,我们不称它"无",而称为"道"。"有"与"道"互相跟随,谁也离不开谁,"有"与"道"对立统一相辅相成。

○ "有""无""道"构成了宇宙

其实,"无"与"道"的关系,也是对立统一相辅相成。虽然,不像"有"与"道"对立统一相辅相成那么显现,但在"有生于无"的过程中,也已看到"无"与"道"的这种关系。

事实上,是"有""无""道"及其之间的对立统一、相反相成、相辅相成,有机地构成了宇宙,在宇宙中,"有""无""道"缺一不可。

• 出道:万物起源

原文第二句:"无名,万物之始;有名,万物之母。"是说万物起源。

○ 老子将"道"的两个应用称为"道纪"

在第14章"道纪:道的应用"中这样叙述:"执古之道,以御今之有,以知古始,是谓道纪。"就是说,用以前知道的抽象的自然规律,把握今天具体的自然规律,进而掌握并控制今天的具体事物;也能够探知万物的起源。像这样,应用"道":

第一能探求万物起源;

第二能指导现实实践。

这种应用方式就被称为"道纪"。

○ 万物起源:"道"的第一个应用

"无名,万物之始;有名,万物之母"的意思是,"无是万物之始,有是万物之母"。就是说,在"道"的掌控下,开始的"万物"由"无"演化而来,后来的"万物"由"有"演化而来。我们研究"道",才发现了"万物起源",这就是"道的第一个应用"。

第41章 天下万物生于有有生于无

第41章:"天下万物生于有有生于无。"对"万物起源"说得更加直截了当。

第16章 有无相生:道

"第16章 归根复命"中,阐述了"有无相生:道",即"无"与"有"相互演化的自然规律。那里面包含"万物起源"的自然规律。

第42章 道生一一生二二生三三生万物

"第42章 道生一冲气以为和"将论述"道生一,一生二,二生三,三生万物""万物负阴而抱阳冲气以为和"。万物分阴阳,阴阳合二而一生物,万物又分阴阳,阴阳又合二而一生物,依此类推,这就是"万物负阴而抱阳,冲气以为和。"这个"万物"包括天地,从天地开始,到老子的春秋时代,到现在,一直到无穷。

这里的"道生一"就是在"道"的掌控下,由"无"生"有",也是在谈万物起源。

道行:"道"循环运行永不停息

我们通过第41章、第16章、第42章可以看到,在"道"的掌控下"有无相生"循环运行永不停息,这是"道"的特性之一,简称"道行"。

• 入道：获得道的方法

原文第三句："故常无,欲以观其妙;常有,欲以观其徼;此两者同出而异名,同谓之玄,玄之又玄,众妙之门。"是说获得道的方法。

○ "妙"是"道"的一个抽象的自然规律

"道"包含无数个抽象的自然规律,"妙"是道的某一个抽象的自然规律。

第 27 章"要妙:尊重老师爱惜鉴资"是这样说的:"善人,善人之师;不善人,善人之资也。不贵其师,不爱其资,虽知乎大迷,是谓要妙。"就是说,善人是善人的老师,一定向老师学习;不善的人包括恶人,(其行为)会为善人所借鉴。对于他们的恶,善人坚决不做,而是反其意而用之,是为善人的"资"。不尊重老师,不善于获取"资",虽然自以为明智,其实很糊涂。这是一个社会规律,被称为"妙",而且是重要的"妙"。

例 1. 身为学生,从小学到大学都会得到老师课上课下的教育,同一学校同一班的学生,在同一批老师的教育下,为什么差异那么大?问题在于大多数学生存在"不贵其师,不爱其资"的问题,就注定达不到自己可以达到的水平;少数两三个人"贵其师爱其资",也就显现其优秀。所以关键问题不在学校或教师,而在于学生自己。

例 2. 知识青年上山下乡,在同样的生活环境中,为什么只有极少数人成为作家？就是他们有"贵其师，爱其资"的心理，从社会上，从书本里，如饥似渴地随时随地吸取知识，在大部分人无所事事的时候，他们脑子里装满了经由个人阅历所得到的，对人生的思考。

青少年时期是人生奠基的时期，当前的年轻父母们望子成龙的心态已经成为社会上的普遍现象，对子女的教育则是他们最看重的事情，但行为方面往往不得要领。其实老子早在春秋时期就告诉了我们这一"要妙"——尊重老师，善用鉴资，可见这条"妙"为什么叫"要妙"。

在这里，对于"要妙"，老子没有对它自然规律或社会规律的属性加以区分，在客观规律的意义上，它们的概念是一样的。这个问题我们会在《〈老子〉问道》的"续篇"中讨论。

○ **"徼"是"妙"的一个具体的自然规律："徼"是"妙"的实例**

"妙"包含很多具体的自然规律，"徼"是"妙"的某一个具体的自然规律。

第2章"老子怎么获得妙的"中有这样一段话："天下皆知美之为美，斯恶矣；皆知善之为善，斯不善矣；故有无之相生也，难易之相成也，长短之相形也，高下之相倾也，音声之相和也，前后之相随也，恒也。"

其中，"长"与"短"是对立的。没有"长"就没有"短"，没有"短"就没有"长"，"长"与"短"相互联系，相互依存,相互作用,又是统一的。所以,"长"与"短"是对立统一相反相成的,这是一条自然规律。

同理,美与丑,善与恶,有与无,难与易,高与低,音调高低与声响大小都是对立统一相反相成的、具体的自然规律。老子称这些具体的自然规律为"徼",相应的对立统一相反相成抽象的自然规律可被称为"妙"。显然,"徼"是"妙"的实例。

我们已从具体事物看到"徼",从抽象事物看到"妙",这就不难理解"故常无,欲以观其妙;常有,欲以观其徼"。

○ 获得"妙"的方法

不难想象,老子当年可能先发现了"长与短""高与低"等两三个"徼",然后才据此抽象出一般性的"妙"。虽然老子没有将这个自然规律"妙"明确地命名为"对立统一相反相成",但,没关系。老子可以沿着这个"妙"继续观察下去,发现美与丑,善与恶,有与无,难与易,音调高低与声响大小等等。让我们用程序的方法重新描述这个过程:

首先,从"有"发现"徼";

其次,从"无"获得"妙";

最后,以"妙"为指导,从"有"发现更多"徼"。

这个过程就是认识或者说发现"妙"并证明"妙"存在的方法。

我们将在"第 21 章 孔德之容惟道是从"中,看到

"德徼妙道发现的全过程"。那将会令我们更加兴奋。

○ 获得"道"的方法："道"是"妙"的总称

发现的"妙"越多，知道"道"的内容就越多，这就是获得"道"的方法。"道"含有无穷多个"妙"，"道"是抽象的客观规律的总称，即是"妙"的总称。人类认识"道"的过程是个无穷过程。

• 玄之又玄

○ "玄"是"妙"与"徼"共同的名字

这时，我们可以说，"妙"与"徼"出于同一个客观规律，只是一个抽象一个具体，因而命名不同。由于"妙"与"徼"表示同一个客观规律，所以"妙"与"徼"都被命名为"玄"。

这就是"此两者同出而异名，同谓之玄"的意思。

○ 玄之又玄：徼

这样，"妙"是"玄"，"徼"又是"玄"，所以又称"徼"为"玄之又玄"。

参考"第 48 章 为学日益为道日损"中的"损之又损"的用法，可能对"玄之又玄"的理解有帮助。

○ 众妙之门

由于所有的"妙"都是通过其"徼"被认识的，所以

"徼"是进入各个"妙"的大门。故"徼"被称为"众妙之门",或称"玄之又玄"为"众妙之门"。

这样,"此两者同出而异名,同谓之玄,玄之又玄,众妙之门"就一目了然了。

老子在很多章里使用"妙""玄"的概念,按着这里的概念理解《老子》,很多问题应刃而解。例如"第6章谷神不死是谓玄牝"论述"'玄牝'是具有母性的'道'"这里就出现了"玄",可相互认证"玄"是"妙"与"徼"共同的名字。

【译文】

"自然规律"可以用"道"表达,但不是通常说的"道路"的"道"。"自然规律"可以用"道"命名,但不是通常说的"道路"的"道"那个"名字"。

"万物"由"无"演化而来,即"无"是"万物"的始母;"万物"由"有"演化而来,即"有"是万物的有母。

所以为了从经常存在的"无"中观察"妙",首先从经常存在的"有"中观察"徼"。

"妙"与徼出于同一个自然规律,只是一个抽象一个具体,因而命名不同,由于"妙"与"徼"表示同一个自然规律,所以"妙"与"徼"都被命名为"玄"。这样,"妙"是"玄","徼"又是"玄",即"玄之又玄",又称"徼"为"玄之又玄"。由于所有的"妙"都是通过其"徼"被认识的,所以"徼"是进入各个"妙"的大门。

【评论】

• 对"道"的认识

为《老子》作注释的各种版本成百上千,笔者孤陋寡闻,看的又太少了,很难有客观的认识。看过的一二十个版本里,都说"道"是神秘的,似不可知。既然不可知,怎么入"道"自然谈不上了。笔者退休10年了,时不时地看看《老子》,就想从中看出个关于懂得《老子》又能入"道"的名堂来。

《老子》第一章就讲"道",但,"道"是什么?在相当长的时间里,这个问题一直困扰着笔者,想必也困扰了很多人。虽然我们已经谈过了"道是什么""获得道的方法",但此处笔者还是想谈一谈对"道"的认识。

○ "道"是可知的

"道""无""有""妙""徼"(窍)"玄"等基本概念是理解"道"的基础,哪怕只有一个理解不当,就会产生一系列的不同认识。在诸多的注释版本中,相关认识可谓五花八门。但多数说"道"是神秘的:模糊、含糊、恍惚、玄乎、渊深、深不可测、扑朔迷离,似乎"道"是不可知的。网友对这种情况非常不满意。2008年1月24日笔者第二轮读《老子》,在百度上下载老子的《道德经》时,连带有如下的问答与评论无意间存进了自己的电脑里:

"问——《道德经》哪里可以下载到？最好有注释的，带讲解的，谢谢。

"答——看原版的最好，注解都是胡说八道，会误导你的。回答者：阳向。

"评——阳向兄真乃高人也。评论者：独行Ｖ烈火、初学弟子一级。"

这里的回答，对注释《道德经》的专家显得不够尊敬。笔者读这些对老子《道德经》作注释的书，收获是很大的，没有这些书，笔者是写不出这份《笔记》的。退休后，笔者参加同学聚会比较多，同学中有工人、农民、干部、经理、医生、工程师、高级工程师、教授等等，什么人物都有。大家聊天时，有时提到老子，看过《道德经》的人都说"看不懂"。这个说法是真实的，许多读者想知道《道德经》到底说些什么，"道"是什么？确实弄不懂，难道"道"真是不可知的吗？

如果"道"是不可知的，那么谈"道"还有什么意义呢？

我们从"获得妙的方法"可以相信"道"是可知的，为了更加深信"道"是可知的，可继续阅读"第21章 孔德之容惟道是从"的"德徵妙道发现的全过程"与"道隐决不神秘"两节，会更有收获。

○ "窍"是入"道"之门

当老子提出"道"这个概念以后，"获得道的方法"就是最重要的了。老子《道德经》注释的各种版本虽然很多，但笔者只发现憨山注解的版本对此有所提及，说原文第三句是"入道之工夫",但也没说是什么工夫。其它版本只谈"出道",也就是谈"道的应用"。

从实际出发,抓住"徼"就抓住了众妙之门,就打开了进入"道"的大门。我们知道"徼"也可称为"窍","窍"是"徼"的别名。"徼"是一个很生僻的字眼儿,但是当前"窍"还是鲜活的,"窍"是众妙之门或入"道"之门就更好理解了。

例1."窍门"。一位八级钳工,常常需要处理某些棘手的状况。当遇到这种情况时,他会说"让我想一想",不一会儿,他又会说"好啦"!显然,他找到了干活的"窍门"。就是说,他找到了干活的具体规律。

例2."开窍"。汪家家传赌博,汪家小子在外面输得倾家荡产,老婆不是老婆,儿子不是儿子,每次被他爹发现,就是一顿毒打,他哥哥总是劝他,但他事后还是照样去赌。人们常常这么说——他怎么总是不"开窍"呢!

综上所述,通过寻找"窍"来"入道"是可行的。首先,我们可以在"有"的世界里,从观察具体的客观规律入手,一而再,再而三,掌握两个或几个具体的客观规律之后,可能"窍门儿"就会呈现在你的面前,于是在"无"的世界里,我们就发现了抽象的客观规律。这是现代科学研究的基本方法之一,即所谓"入道"。

例3.导数:高等数学上的一个典型的自然规律

首先,我们先观察两个具体的自然规律"徼":

1.汽车的瞬时速度

汽车从时刻 t_1 运动到时刻 t_2，经过的路程分别为 s_1 与 s_2，在 t_2-t_1 这段时间内，经过的路程为 s_2-s_1，汽车的平均速度

$$V=(s_2-s_1)/(t_2-t_1)$$

当 t_2 趋向于 t_1 时，平均速度 $(s_2-s_1)/(t_2-t_1)$ 的极限，就是汽车在 t_1 时刻的瞬时速度。

2.曲线上的切线斜率

在一条曲线上取两个点 M_1 与 M_2，这两个点的横座标分别为 x_1 与 x_2，纵座标分别为 y_1 与 y_2，通过 M_1 与 M_2 做这条曲线的割线 M_1M_2，割线 M_1M_2 与横座标轴 x 的夹角为 A，该割线的斜率——角 A 的正切。

$$\mathrm{tg}A=(y_2-y_1)/(x_2-x_1)$$

当 x_2 趋向于 x_1 时，割线斜率 $\mathrm{tg}A=(y_2-y_1)/(x_2-x_1)$ 的极限，就是曲线在 x_1 点的切线斜率。

其次，从两个具体的自然规律"徼"揭示出抽象的自然规律"妙"——导数的定义。

假设自变量为 x，其函数为 $f(x)$，取 x 的两个点 x_1 与 x_2，相应的函数值为 $f(x_1)$ 与 $f(x_2)$，当 x_2 趋向于 x_1 时，如果比值 $(f(x_2)-f(x_1))/(x_2-x_1)$ 的极限存在，就是 $f(x)$ 关于自变量为 x 在 x_1 点的"导数"。

最后，列出几个导数的实例：

1.加速度 a 是速度 v 关于时间 t 的导数。

2.物体的热容量 C 是热量 W 关于温度 t 的导数。

3.电流强度 I 是流过的电量 Q 关于时间 t 的导数。

参考文献

为了尽量将"导数"写得通俗一些,将一些符号省略掉了,例如,"趋向于"符号"→",极限运算符号"lim"等,也省略掉了极限运算的表达式。如果读者有兴趣,可参考:

菲赫金哥尔茨著,叶彦谦等译,微积分学教程,第一卷第一分册,第三章导数及微分,第1节导数及其求法,90.求动点速度的问题,91.在曲线上作切线的问题,92.导数的定义。

关于导数的这个例子,如果看不懂,可以跳过去,不影响对"窍是入道之门"的理解。当然,这个例子会使理解"窍"或"徼"的入道之门更深刻。

"道"的认识过程永远不会完结

在"获得道的方法:道是妙的总称"中说,"道"含有无穷多个"妙"。我们借用英文名词单复数的说法,可以说"妙"是"道"的单数,"道"是"妙"的复数。这里的单数表示一个,但复数不仅仅是多个,一定是无穷多个。人类一个一个地发现"妙",认识"道"的过程自然是一个无穷过程。所以"道"的认识过程永远不会完结。

【参考各章】

第4章 道的特性空大宗隐

——"道空"

第2章 相反相成无为无不为

——"对立统一相反相成的自然规律"

——老子怎么获得"妙"的

——道恒:"道"是恒定不变的

第36章 微明是妙弱胜刚强

——柔弱胜刚强:老子命名

第48章 为学日益为道日损

——无为而无不为:老子命名

第80章 天下莫柔弱于水攻坚强

——弱之胜强柔之胜刚:老子命名

第16章 归根复命

——有无相生:道

第52章 天下有始为天下母

——天下有始以为天下母:始母

第41章 反者道之动弱者道之用

——"天下万物生于有有生于无"

第6章 谷神不死是谓玄牝

——"玄牝"是具有母性的"道":道母

第14章——道的四特性与道纪

——道纪:"道"的应用

第42章 道生一冲气以为和

——道生一,一生二,二生三,三生万物

——万物负阴而抱阳冲气以为和

第27章 贵师爱资是谓要妙

——要妙:尊重老师爱惜鉴资

第21章 孔德之容惟道是从

——德徼妙道发现的全过程

——"道隐"决不神秘

第48章 为学日益为道日损

——损之又损

第 2 章　相反相成无为无不为

【原文】

天下皆知美之为美,斯恶矣;皆知善之为善,斯不善矣。

故有无之相生也,难易之相成也,长短之相形也,高下之相倾也,音声之相和也,前后之相随也,恒也。

是以圣人居无为之事;行不言之教;万物作而弗始;生而弗有也;为而弗志也;功成而弗居也。夫唯弗居,是以弗去。

【理解】

- **对立统一相反相成**

  ○ 对立统一相反相成的自然规律

天下人都知道美,是因为有丑的存在;知道善,是因为有恶的存在。所以,有无相互转化,难易相互形成，长短相互显现，高下相互衬托而存在，音调的高低与声响的大小相互和谐，前后相互跟随，这些都是一个一个具体的对立统一的相反相成的自然规律，同时也就呈现了一系列的"徼"（或"窍"），一下子就引领我们进入了"众妙之门"的"一妙之门"，发现了门里面的"妙"，也就是发现了抽象的对立统一的自然规律，发现了抽象的相反相成的自然规律。

○ 道恒："道"是恒定不变的

我们解释了原文的第一段与第二段，其中最后两个字"恒也"非常重要。这里的"恒也"是说自然规律"妙"是永恒不变的，"道"含有无穷多个"妙"，且仅仅含有无穷多个"妙"，当然自然规律"道"也是永恒不变的。

第 6 章"谷神不死"也在说"道是恒定不变的"。

"道是恒定不变的"是"道"的特性之一，简称"道恒"。

在"第 4 章 道的特性空大宗隐"与第 5 章"道正：以不仁达到至仁"中，将会看到"道"的其它特性。

参考附录 1—3. 道的特性。

○ 老子怎么获得"妙"的

在第 1 章"获得妙的方法"中，我们曾想象，老子当年可能先发现"长与短""高与低"等"徼"，抽象出一般性的"妙"。那是因为笔者觉得"长与短""高与低"在日常生活中容易被发现，使读者容易懂。

事实上，老子发现"对立统一与相反相成的自然规律"包含三个步骤：

首先发现了两个"徼"。

老子发现了"天下皆知美之为美，斯恶矣；皆知善之为善，斯不善矣。"这是两个"徼"：具体的对立统一与相反相成的自然规律；

其次抽象出"妙"。

老子在发现了两个"徼"之后，有一个至关重要的字"故"，意思是说依据这些"徼"的发现，抽象出"妙"：抽象的对立统一与相反相成的自然规律；

最后发现"妙"的很多"实际例子"。

在"妙"被发现之后，老子进一步发现了"有无之相生也，难易之相成也，长短之相形也，高下之相倾也，音声之相和也，前后之相随也"这些实际例子。

为了方便，以后，我们常常将"徼"与"实际例子"统称为"徼"。

• 无为无不为

○ 圣人是既有高度智慧又懂得"道"的人

老子在这里所说的"圣人"，就是既有高度智慧又懂得"道"的政治家，不同于儒家所说的"圣人"。"圣人"根据对立统一相反相成的、抽象的客观规律之"妙"，认为"无为无不为"是治国的对立统一相反相成的具体的客观规律的例子，以"无为"的方式方法达到

"无不为"的目的。这样,就以"无为"的方式方法处理"政务"。

老子本人就是老子所说的圣人,在老子生活的那个时代,是否还有第二个老子所称的圣人?恐怕很少,这是老子面临的最大的问题。

为了区别,我们称老子所说的"圣人"为"老子的圣人",称儒家所说的"圣人"为"孔子的圣人"。

○ 圣人居无为之事

圣人以"无为"的方式方法处理事情,其具体内容包含弗言、弗始、弗有、弗志、弗居等"五弗":

1. 弗言:行不言之教

这里的"言",不是一般"说话"的意思,而是"政策"的意思。"不言"就是不发表主观不当的"政策"。

第5章"多言数穷",就是主观不当的政策多了,很快就会"黔驴技穷"。

第17章"猷兮其贵言",就是深思熟虑,不随便贯彻主观不当的政策。

第23章"希言自然",就是少贯彻主观不当的政策,按"道"的自然规律办事。

"第56章 知者不言言者不知",就是懂得"道"的人,不发表主观不当的"政策";发表主观不当的"政策"的人,不懂得"道"。

这里的"教"也不是现代一般"教育"的意思,而是专门表示"贯彻""政策"的意思。"行不言之教"就是

"圣人"不要"贯彻"主观不当的"政策"。

2. 弗始：万物作而弗始

万物依自然规律兴起，而不要强行令其开始。

例1. 春天冰消雪融之后，才可为小站稻播种，如果强行在解冻之前播种，就不可能长出小站稻秧苗。

3. 弗有：生而弗有

当万物开始蓬勃生长，不要试图将万物据为己有。

"道"或者说"妙"当然不会将任何一物据为己有，问题是要让统治者做到这一点比登天还难，这是对理想的"老子的圣人"所作出的建议，直至今天百姓都企盼着当权者是这样一位"老子的圣人"。

4. 弗志：为而弗志

当想要对万物生长有所作为时，只能顺着自然规律使其有利于万物生长，不要施加以自己主观为出发点的不当的影响。

例2. 瞎指挥是要不得的。

5. 弗居：功成而弗居

当获得成功时，不要居功。这样，不居功，功客观存在；不图名，名自扬。

"第7章 以其无私故能成其私"说"无私"是"弗居"。同时说，体现"对立统一物极必反"之"妙"。当心，这个"妙"是自然规律，决不是"妙不可言"之"妙"。

"第9章 功遂身退天之道也"说"功遂身退"就是"弗居"，同时说"物极必反"，如果功成不退，会祸害无穷。

○ 无为无不为

"夫唯弗居,是以弗去。"这八个字非常重要。

按"对立统一相反相成"的客观规律,从"无为"入手,只有不居功,才能将"无为"中的"无"字削去,反达到"为"的效果,这就是"无为无不为"。

同时,这句话也凸显了"弗居"在"五弗"中的地位,只有"弗居"才有"无为",才有"无为无不为"。

在"第48章 为学日益为道日损"中说,"为道日损。损之又损,以至于无为"。意思是,研究自然规律,日复一日削减行为中智巧、伪诈、奸邪的成分,减少再减少,以至于达到"无为"的境地。

接着,老子就直截了当地提出"无为而无不为",这是老子为"妙"的命名,是极其少见的。

• 指导现实实践——"道"的第二个应用

在第1章"老子将道的两个应用称为道纪"中,我们曾经讲,老子讲了"道"的第一个应用为探求万物起源。

在这一章里,我们再次讲了抽象的"对立统一相反相成"的客观规律"妙":老子认为其中一个具体的客观规律"徼"(或"窍")就是"无为无不为",圣人应以此管理国家。这就是"道"的第二个应用——指导现实实践。在以后的很多章里,"道"指导现实实践的例子将会非常丰富。

【译文】

天下人都知道美,是因为有丑的存在;知道善,是因为有恶的存在。

所以,有无相互转化,难易相互形成,长短相互显现,高下相互衬托而存在,音调的高低与声响的大小相互和谐,前后相互跟随,这是恒定不变的"道"。

圣人以"无为"的方式方法处理事情:不发表主观不当的"政策";让万物依自然规律兴起,而不要强行令其开始;当万物已经生长了,不要将万物据为己有;在万物生长过程中,如果有所作为,只能顺着自然规律使其有利于万物生长,不要施加自己主观的不当的影响;当获得成功时,不要居功。只有不居功,才能将"无为"中的"无"字削去,反达到"无为无不为"的效果。

【评论】

• "无为"是什么意思

◦ "无为"不是什么都不做

从字面上理解,好象"无为"是什么都不做,在通常的自然语言中,这样的理解是相当自然的。但如果"无为"是什么都不做,那么为什么还有"为而弗志"呢?

在对老子《道德经》的解释中,有的专家讲"无妄为",这是非常正确的。其实"无为"的含义是非常明确的,这里的"无为"就是不要主观不当的"为",就是"五弗"。

除"为而弗志"外,在"第51章 道生之德畜之"的"玄德"中老子又讲"为而不恃",我们可对照一下,进一步理解"无为"的确切含义。

○ "无为"必有"无不为"

对立统一中既然提出"无为"就必然还有"无不为"。

这一章最后四个字,有的版本是"是以弗去"有的版本是"是以弗也"。

老子没有明确"弗"否定的是什么,因此后人对"是以弗也"的解释五花八门,但一般都将其解释为"没有失掉什么"。这样的解释,对于回答老子为什么要提出"无为"的问题,不够明确。

"是以弗也"的"弗"否定的是什么?若是否定"弗居",就是"居",若是否定"无为",就是"无不为"。在"对立统一"规律之后,既然提出"无为",它的对立面就是"无不为",当然其"对立统一"规律就是"无为无不为"。

【参考各章】

第6章 谷神不死是谓玄牝
——谷神不死
第4章 道的特性空大宗隐

第5章 天地不仁多言数穷
——道正:以不仁达到至仁
——多言数穷
第1章 道与妙徼玄以及有无
——获得"妙"的方法
——老子将"道"的两个应用称为"道纪"
第17章 猷兮贵言
——猷兮其贵言
第23章 希言自然得者德也德者道也
——希言自然
第56章 知者不言言者不知
第7章 以其无私故能成其私
——"无私"是"弗居"
第9章 功遂身退天之道也
——"功遂身退"就是"弗居"
第48章 为学日益为道日损
——无为而无不为:老子命名
第51章 道生之德畜之
——玄德
附录1—3. 道的特性

第3章 无知无欲无为无不治

【原文】

不尚贤,使民不争;不贵难得之货,使民不为盗;不见可欲,使民心不乱。

是以圣人之治,虚其心,实其腹,弱其志,强其骨。常使民无知无欲,使夫智者不敢为也,弗为而已,则无不治。

【理解】

• "无为"的要害是"弗居"

第2章"弗居:功成而弗居",不居功就不会去争去盗去色。

○ 不争:不尚贤使民不争

有知识,有能力,为统治者的利益服务的人,被统治者称为"贤人"。"贤人"会得到统治者的重用,受到社会的尊重,这就是崇尚贤人,或说尚贤。贤人之间为了自己的利益,为了上司的利益,为了他们小集团的利益,相互算计、争斗。不尚贤就是不崇尚贤人,以避免他们之间的大争大斗,老百姓自然不会小争小斗。正如"第7章 以其无私故能成其私"所说,就可以自然而然,就可以不争,使社会平安无事。

○ 不盗:不贵难得之货使民不为盗

贤人都拿着国家的俸禄,但他们不满足,总是要用不正当的方法获取难得的珠宝玉器,珠宝玉器就是难得之货。如果从舆论上鄙视难得之货,就能使贤人不去作大盗,老百姓自然不会小偷小摸了。

○ 不色:不见可欲使民心不乱

美人要以展现自己美色为耻,贤人不以获得美人为荣,如果贤人心静不追求美色,老百姓的头脑自然不会混乱。

• 无为无不治

○ 无邪念

古人以为思想是在心腹内进行的,到现在我们仍然说"某人是他上司的心腹"。"虚其心实其腹"就是教人们打消思想邪念,让人们吃饱肚子。第2章"弗志:为而弗志""弱其志强其骨"就是要求人们削弱主观意志,"不争不盗不色",按"道"的自然规律办事,让人们有一个强健的身体。

○ 常:"道"的别名

"第2章 相反相成无为无不为"明确地说"道恒:道是恒定不变的","常"是"恒"的意思,所以"常"是"道"的别名。"常使民无知无欲"的意思是"道"使民无知无欲,是"道"使民不学儒家的"仁义礼知",不是老子使民无知无欲。

○ 无知无欲

这里的"知"是指儒家"仁义礼知"的"知",是指精于算计、投机取巧等"智巧"与"伪诈","智者"是贪婪"智巧"工于"伪诈"的人。老子认为儒家的"仁义礼知"是违背"道"的,"常使民无知无欲使夫智者不敢为也"是说"道"使老百姓都是无"智巧",无"伪诈",无"贪婪"的正直的人,那么贪婪"智巧"工于"伪诈"的人就不敢妄为。

○ 徼:无为无不治

"弗居","弗志",就会"无为","无为无不为"。在第2章"指导现实实践——道的第二个应用"中,我们已经看到,相对于"妙"(对立统一相反相成的自然规律),"无为无不为"是"徼"。

在这里,"无为无不治"是"无为无不为"的"徼",相对于"无为无不治","无为无不为"可称为"妙"。

"弗为而已则无不治"就是"无为无不治"就是"无为而治",天下自然太平。

【译文】

不崇尚贤人,以避免他们之间的大争大斗,老百姓自然不会小争小斗;如果从舆论上鄙视珠器宝玉等难得的东西,可能使贤人不去作大盗,老百姓自然不会小偷小摸了;如果贤人心静不追求美色,老百姓的头脑自然不会混乱。

所以圣人治理,就是要打消人们的思想邪念,让人们吃饱肚子。就是要削弱人们的主观意志,"不争不盗不色",按"道"的自然规律办事,让人们有一个强健的身体。如果老百姓都是无"智巧",无"伪诈",无"贪吝"的正直的人,那么"智者"就不敢妄为。"无为无不为"是"妙","无为无不治"是其"徼",无为而治,天下自然太平。

【评论】

○ 老子看到的社会到处都在争夺

楚国人老子,在东周离职,赴秦隐居,才有著名的"老子出关"。之所以离职、隐居,是因为老子对当时的社会失去了信心:诸侯国反叛东周天子,各诸侯国间相互攻伐,诸侯国内大夫们勾心斗角,国无宁日。显然,老子认为就是这些"贤人"们祸害了天下,同时认为"智慧"多产生"智巧",看不到"智慧"为百姓带来什么好处,"智慧"祸害了天下。当时科学技术尚不发达,老子还没看到"智慧"对人类的贡献是如此伟大,只看到"智慧"产生的"智巧"在社会上横行霸道。老子思想受到当时科学发展的局限,出现偏差是自然的,老子《道德经》的注释者们认为这一章是老子主张"弃智",也是可以理解的。但老子自己很有"智慧",怎么会将"智慧"一棍子打死呢?

○ 智巧伪诈

"常使民无知无欲"的"知"不是现代"知识"的"知",在当时有它特定的含义。

"第18章 大道废有仁义"将论述"大道废有仁义"与"智慧出有大伪"就是指儒家的"仁义礼知"这种"智慧"导致"伪诈"。

"第19章 绝圣弃智见素抱朴"将论述"绝圣弃智""见素抱朴""绝学无忧"。老子说:"绝圣弃智,民利百倍;绝仁弃义,民复孝慈;绝巧弃利,盗贼无有。"还说:"见素抱朴,少思寡欲,绝学无忧。"这里的"圣"是指儒家,这里的"智"与"巧"是指儒家的"仁义礼知"(在老子看来,"仁义礼知"是一种"智巧",就是"精于算计,投机取巧")。这里的"学"也是指学习儒家的"仁义礼知"。

类似这样的论述还有很多,例如:

第10章"明白四达能无知乎",既然四面八方的事物都能办理,怎么可以无"智慧"呢?其实"知"指的是"仁义礼智"。

"第 65 章 以知治国国之贼"将论述"常知稽式:掌握以道治国的范式"与"明民与愚民",这里的"知"是指儒家的"仁义礼知","明民"是指用儒家的"仁义礼知"育民,"愚之"是不用儒家的"仁义礼知"育民,而是遵循以"道"治国。

○ 老子的乌托邦今天可能实现吗?

老子想叫"贤人"们"不争不盗不色",这种希望是理想化的,无法实现。当年的"贤人"就好比现在的某些官员与企业家,如果老子看到当今高度腐败的某些官员与企业家,他会怎么想,是否会开个同样的药方治一治呢?

从现代人的角度来讲,按照"对立统一"哲学思想的"量变到质变"的客观规律,要求他们不要过分自私,并用法律规定出一个度,还是可能的。也许将来又一个 2000 年以后,我们在治理社会时,可以逐步去接近老子的夙愿。

○ 常使民无知无欲

由于哲学家们对于"常"没有作出专门的解释,使"常使民无知无欲"的意思含糊——有些注释者对"常"的概念置之不理,有的说"总是要人民处于没有知识和欲望的状态",有的说"永远使百姓没有奸诈的心智,没有贪婪的欲望"。这些解释都容易让人误解老子"愚民"。

其实,当将"常"理解为"道"的别名的时候,"常使民无知无欲"的意思很明确,就是"道"使民无知无欲,"道"使民不学儒家思想,"道"使民不学"仁义礼知",不是老子"愚民"。

【参考各章】

第2章 相反相成无为无不为
——弗居:功成而弗居
——弗志:为而弗志
——道恒:"道"是恒定不变的
——指导现实实践:"道"的第二个应用

第7章 以其无私故能成其私

第18章 大道废有仁义
——大道废有仁义
——智慧出有大伪

第19章 绝圣弃智见素抱朴
——绝圣弃智
——见素抱朴
——绝学无忧

第10章 载营魄抱一能无离乎
——明白四达能无知乎

第65章 以知治国国之贼
——常知稽式:掌握"以'道'治国"的范式
——明民与愚民

第 4 章　道的特性空大宗隐

【原文】

　　道冲，而用之或不盈，渊兮，似万物之宗。湛兮，似或存。吾不知谁之子，象帝之先。

【理解】

　　"第 1 章 道与妙徼玄以及有无"说"道行：道循环运行永不停息"是"道"的重要特性之一；第 2 章"道恒：道是恒定不变的"，则说到"恒"是"道"的重要特性之一。这一章继续讲"道"的另外四个重要特性：道空、道大、道宗、道隐。

- **道的四大特性**

  ○ **道空**

　　"道冲"的"冲"同酒盅子的"盅"，是"空虚"的意思，"道冲"是说"道"是空，是"虚"，或说"空虚"。在第 1 章

"无的两大类存在"中,我们曾经说:

第一类"无"是变的,是"有无相生"的"无";

第二类"无"是不变的,是"永恒不变"的"道"。

为了表述方便,为了避免两类"无"的混淆,我们也可将这两类"无"分别称为"虚无"与"空虚"。

第5章"虚而不屈"就直接用"空虚"的"虚"表示"道"。

"道"的特性之一就是"空虚"。简称"道空"。

○ **道大**

"而用之或不盈",从"用"的方面知道,这个"道"是取之不尽用之不竭的,"用"什么有什么,"用"多少有多少。"渊兮"也说"道"很广,很深。"道"覆盖了"无"与"有"的整个宇宙,这个"道"还不够大吗?可见是大道。

第5章"虚而不屈"表示"道"充满了天地之间,并且取之不尽用之不竭。

第6章"绵绵若存用之不勤"说"道"连绵不断,取之不尽,用之不竭。

"道"的特性之二就是"道很大"。简称"道大"。

○ **道宗:似万物之宗也是"道母"**

"似万物之宗""象帝之先"是说,"道"是万物与天帝的宗主,主宰万物与天帝,万物与天帝也依赖"道"。

我们可通过"第16章 归根复命"将论述的"归根复命大循环过程:道"与"返朴归真小循环过程:道",知道

"道"用自然规律主宰万物与天帝的生、长、返朴归真、归根复命。这是"道"的自然规律的特性之三,是万物的宗主,简称"道宗"。

在"第1章 道与妙徼玄以及有无"中,笔者曾论述过"道始终掌控着有与无的变化:道母",我们能看出"道宗"与"道母"非常相似,她们究竟是什么关系呢?在"第16章 归根复命"中,笔者将在论述"道在有生于无时的掌控或主宰"回答这个问题,这里的"主宰"与"掌控"是一个意思,就是说"道宗"与"道母"是同一个概念。

○ **道隐**

"湛兮,似或存"是说"道"很深地沉静在下面,好像存在,但又看不见,听不到,摸不着。这是"道空"这个特性决定的。它就是"空""虚""空虚",但,它确实存在,只有理解了它,才能感知它,或者间接感知它。我们从第1章"获得道的方法"可见,既然都被找到了,怎么还会不存在呢?

另外,我们在"第21章 孔德之容惟道是从"中,将会看到"道"是可以从"德"间接感受到的(请阅读"'德''徼''妙''道'发现的全过程"与"'道隐'决不是神秘")。由此可见"道"的特性之四:"道"决不是不可知的,仅仅是直接感觉不到。简称"道隐"。

在"第14章"道"的四特性与道纪"中,将再论"道空、道大、道宗、道隐"四大特性。

【译文】

"道"是"空虚"的,使用"道"时,取之不尽用之不竭。"道"很广,很深,好像是万物的宗主,能主宰万物。"道"很深地沉静在下面,只能凭猜测来判断它的存在。我不知道"道"是怎么来的,好像在天帝之前就存在了。

【评论】

• **破除"道"的神秘性**

"道"的神秘性,在老子的各种注释版本中到处都是,足可使读者误入岐途。本章的"渊兮""湛兮",就开始让人感到难以理解了。其它各章还有不少,分列如下:

○ **玄妙**

在"第1章 道与妙徼玄以及有无"中,我们论述了"玄是妙与徼共同的名字""玄之又玄:徼""众妙之门",涉及到了"此两者同出而异名,同谓之玄,玄之又玄,众妙之门"。注意这里面出现了"玄"与"妙"。

第65章"玄德"深矣,远矣。

○ **恍惚**

第21章"道之为物,惟恍惟惚。"

第14章"是谓沕(mì)望。"与"迎而不见其首,随而不见其后。"

○ 兮,呵,矣等等感叹

第21章"惚兮恍兮,其中有象;恍兮惚兮,其中有物;窈兮冥兮,其中有精。"

第14章"寻寻呵,不可名也,复归于无物。"

第25章"萧呵,寥呵,独立而不改。"

第65章"玄德深矣,远矣。"

从第1章开始的注释,就没有明言"玄"与"妙"是什么,反倒又出现了"微妙""奥妙",这让读者就更加糊涂了,"微妙"与"奥妙"又是什么呢?又说"道"是洞悉一切"奥妙"变化的门径,可是读者找不到"道",怎么通过"道"去洞悉"奥妙"?也有的说,"有与无玄妙幽深玄妙而又玄妙"。还有的说,玄是深黑色,玄妙是深远的意思,有与无是玄秘的现象,玄秘中最高无上者,是产生"奥妙"的门户。读者对"玄妙"的概念还没弄清楚,又说"玄秘","玄秘"还产生"奥妙"。

"玄德"是什么,不知道,所以就说"玄德"深沉啊幽远啊。

对于"玄"与"妙"的认识就是这样云山雾罩,不知所云,神秘之极。

其他各章总是将"道"说得惚恍不定;带着感叹词的地方(例如:兮,呵,矣等等)更是惚恍;古诗的意境,是古典哲学著作的陷阱,使古今的专家也可能脱离了老子的意境,在想象的空间中失足。故而我们一定要从"道"的神秘性中走出来。

为了从"道"的神秘性中走出来,笔者首先在第一章就牢牢地掌握"玄"与"妙"的概念,彻底摆脱上述这些糊里糊涂的所谓博大精深的令人不知所云的说辞。

【参考各章】

第1章 道与妙徼玄以及有无

——道行:"道"循环运行永不停息

——"无"的两大类存在

——"道"始终掌控着有与无的变化:道母

——获得"道"的方法

——"玄"是"妙"与"徼"共同的名字

——玄之又玄:徼

——众妙之门

第2章 相反相成无为无不为

——道恒:"道"是恒定不变的

第5章 天地不仁多言数穷

——虚而不屈

第6章 谷神不死是谓玄牝

——绵绵若存用之不勤

第16章 归根复命

——归根复命大循环过程:道

——返朴归真小循环过程:道

——"道"在有生于无时的掌控或主宰

第21章 孔德之容惟道是从

——"德""微""妙""道"发现的全过程

——"道隐"决不是神秘

——道之为物,惟恍惟惚

——惚兮恍兮,其中有象;恍兮惚兮,其中有物。窈兮冥兮,其中有精;其精甚真,其中有信。

第 14 章 道的四特性与道纪

——是谓沕望

——迎而不见其首,随而不见其后。

——寻寻呵,不可名也,复归于无物。

第 25 章 有物昆成先天地生

——萧呵,寥呵,独立而不改。

第 65 章 以智治国国之贼

——玄德深矣,远矣。

第5章 天地不仁多言数穷

【原文】

　　天地不仁,以万物为刍(chú)狗;圣人不仁,以百姓为刍狗。
　　天地之间,其犹橐龠(tuó yuè)乎,虚而不屈(jué)。动而愈出,多言数穷,不如守中。

【理解】

- 天地不仁

  ○ 刍狗

　　古时候,用谷草扎成的狗,称为刍狗。古人视其有魂灵,用以祭祀。祭祀完毕,就不管它了,可随便践踏。

  ○ 天地:"道"

　　"天地之间"中的"天地"属于宇宙中的"有",虽然很大,但也是属于"万物"之一,就是我们通常意义下的天与地。

"天地不仁"中的"天地"并不表示宇宙中的"有",不是指"万物",而是指宇宙中的"道",是指自然规律。因为"有"或"万物"没有什么仁与不仁的问题。

因为圣人遵循的是"道",是自然规律,而不是遵循"万物"。又因为"圣人不仁"紧跟在"天地不仁"之后的语境,可以认定"天地不仁"中的"天地"是指"道",是指自然规律。

○ **道正:天地不仁**

自然规律对万物没有什么爱不爱的问题,就像对待刍狗一样,完全依自然规律使万物自生自灭。在"第18章 大道废有仁义"及第62章"道正:道不偏向为天下贵"和第81章"天道无亲恒与善人"中,可见到一而再再而三的相关论述:"道"不亲近任何人,也不疏远任何人,绝对公正,可称为"道正"。"道正"是"道"的特性之一。

○ **相反相成:以不仁达到至仁**

天人合一,圣人遵循自然规律对待万物,对老百姓没有什么爱不爱的问题,也像对待刍狗一样,也就没有偏爱一部分人的问题,使老百姓自生自灭。依相反相成的自然规律以不仁达到至仁,不但能达到最大限度的爱人,而且是爱所有的人。这是老子以"道"反对儒家"仁义礼知"的学说。

• 多言数穷

○ 虚而不屈:"道空""道大"

"天地之间,其犹橐龠乎,虚而不屈,动而愈出"意思是,天地之间就像一个大风箱,空虚静卧,随时都可被驱动,一驱动就可以出风,越驱动风就越多,这些风是无穷无尽的。

第4章"道空"曾说,"道"的四个特性之一就是"空虚","虚而不屈"的下文又是"多言数穷,不如守中"。在这种语境中,这个"虚而不屈"的"虚",一定表示"道",并且表示"道"的特性之一"道空"。显然,"虚而不屈"表示"道"充满了天地之间,并且取之不尽用之不竭,这正是第4章"道大"说的"道"的特性之一。

所以,"虚而不屈"表示"道"的两大特性"道空"与"道大"。

○ 动而愈出多言数穷

第2章"弗言:行不言之教"曾说,"言"是主观不当的政策。圣人不要用主观不当的政策干扰老百姓。就好像驱动大风箱会放出风一样"动而愈出",主观不当的政策就是一个驱动力,可以驱动"道",源源不断地放出自然规律,以导致主观不当的政策失败。

如果主观不当的政策多了,没有有效的政策挽回败局,很快就会"黔驴技穷",这就是"多言数穷"。

○ 守中

由于"中"是"冲",第 4 章"道空"曾说,"冲"是"空虚",又处在"多言数穷,不如守中"的语境中,所以"中"就是"道"。当然,上文刚刚讲过,"空虚"就是"道",自然"中"就是"道"。

那么,"守中"就是遵守"道"的自然规律。

【译文】

"道"掌控万物千变万化,对万物没有什么爱不爱的问题,就像对待刍狗一样;圣人遵循"道"的自然规律,对老百姓没有什么爱不爱的问题,也像对待刍狗一样。

天地之间就像一个大风箱,空虚的"道"充满了天地之间,并且取之不尽用之不竭。圣人不要用主观不当的政策驱动"道",以免自然规律出现,导致你政策的失败。如果主观不当的政策多了,很快就会"黔驴技穷",不如遵守"道"的自然规律。

【评论】

• **是否读得懂**

○ **"天地不仁""虚而不屈""不如守中"的文学手法**

"虚而不屈"只讲"虚",不讲"道",比较含蓄,需要读者自行理解。"不如守中"不但不讲"道",为了避免重复,又将"虚"换成"中",这样可能艺感强,诗味儿浓。"天地不仁"的"天地"是实际的"物",没有讲抽象的"道",但这些描述放在一起,其中蕴含的真意却更显得扑朔迷离。

老子是在作诗,以诗歌表达哲学思想。这种作品受到自古以来的哲学家、文学家、史学家以及各种名人的高度赞扬。孔子曰:"不学诗无以言"。殊不知,这种诗化的哲学著作,给我们的文化传承带来了多少麻烦,有多少哲学家,花费了多少宝贵的时间,撰写了多少著作,而后人一注释,再注释,没完没了的注释,结果读者还是没理解,还产生了严重的名人误导,这种现象直到今天还在继续,实为憾事。以此可见,"五四"时期提倡白话文是多么重要。

○ 语境:上下文语言环境

这一章的原文中,出现了三处上下文的关系:

第一."天地不仁"的下文紧跟着出现了"圣人不仁";

第二."虚而不屈"的下文紧跟着出现了"多言数穷";

第三."不如守中"的上文刚刚出现过了"多言数穷"。

这里的"天地"与"圣人","虚"与"言","言"与"中"分别构成了一种"上下文语言环境",简称"语境"。由于"圣人"遵循"道"行事,故认为"天地"指的是"道";由于"言"是主观不当的政策,故认为"虚"指的是"道";同样,由于"言"是主观不当的政策,故认为"中"指的也是"道"。

就这样,我们可以在老子诗的"上下文语言环境"中读出老子想说的话。

- **局限性**

  ○ **"人之道"并非"天之道"**

  "天之道"是指自然规律,"人之道"是指社会规律。"天人合一"使好多自然规律启发了人们对社会规律的认识,但并不是所有的社会规律全可用自然规律加以解释。社会问题就是人与人之间的关系问题,"以不仁达到至仁"只是个理论问题,是一个理想,是乌托邦,实际是行不通的。

【参考各章】

第18章 大道废有仁义
——大道废有仁义
第62章 道者万物之主为天下贵
——道正:道不偏向为天下贵
第81章 天道无亲恒与善人
第4章 道的特性空大宗隐
——道空

——道大

第2章 相反相成无为无不为

——弗言:行不言之教

第 6 章　谷神不死是谓玄牝

【原文】

　　谷神不死,是谓玄牝。玄牝之门,是谓天地根。绵绵若存,用之不勤。

【理解】

- "玄牝"是具有母性的"道"

○ "谷神"就是"道"

　　古时称可回音或迅速传音的山谷为"谷神"。"谷"是空虚的意思,第 4 章"道空"说"空虚"是"道"的特性之一,就是说"谷神"就是"道"。

　　我们也可用程序的方式证明如下:
　　因为"谷神不死,是谓玄牝",
　　所以"谷神"是"玄";
　　因为 第 1 章说"玄"是"妙"与"徼"共同的名字,

所以"玄"是"妙";

因为 第1章"获得道的方法"中又说"道"含有无穷多个"妙",

所以"妙"是"道";

所以"谷神"就是"道"。

○ "玄牝"是具有母性的"道":道母

"玄牝"是具有母性的"道",将"道"比喻为母性的养育孩子的行为。

第20章"食母是哺育我的道"特别论述了"道"的母性是养育,而不是生育。这样,有利于"道""有""无"的区别。

从下面的"玄牝之门是谓天地根"可知,这个具有母性的"道"就是"道母"。

○ 玄牝之门是谓天地根

"玄牝"应用之一是生育,就是第1章"出道:万物起源"所说的,"天地"由"无"演化而来,这个"无"是"有无相生"的"无",不是"道",同时在第1章里老子又说"道始终跟随并掌控着有与无的变化:道母"。老子在这里将掌控由"无"演化出"天地"的"道",形象地认为有一个"玄牝之门",并形象地称为天地的根基。这就是"玄牝之门是谓天地根"。

"门"的含义有两个,一个是"门本身",一个是"掌控开门"。

这个"玄牝之门"的含义不是说"道"是"门本身",是说"道""掌控开门"。

我们曾在第1章"入道:获得道的方法"中,将"徼"称为入道的"众妙之门",这是个形象的比喻。它与出道的"玄牝之门"形成了鲜明的对照,都是老子诗化的语言。

- **重复"道"的三个特性**

  ○ **谷神不死:道恒**

第2章"道恒:道是恒定不变的"已讲过"道恒"是"道"的特性之一,"道"当然不会死。

  ○ **绵绵若存用之不勤:"道大""道隐"**

"绵绵若存用之不勤"是说"道"连绵不断,取之不尽,用之不竭。第4章"道大"就说"道"的特性之一就是"道很大"。

"若存"还说"道"好象感觉得到又好象感觉不到,第4章"道隐"就说这也是"道"的特性之一。

【译文】

"道"是恒定不变的,这个"道"具有母性。"道"始终跟随并掌控着"有"与"无"的变化,可由"无"化出天地,具有母性的"道"对天地出生的掌控作用被形象地称为"玄牝之门"又形象地被称为天地的根基。这个

"道"或隐或现,绵延不断,取之不尽,用之不竭。

【评论】

• 门可出入却是不同的概念

"门"属于"道",可入门,就是第一章的"众妙之门",也可以出门,就是"道"掌控的"玄牝之门"。"众妙之门"与"玄牝之门"都与"道"有密切的关系,但它们不是同一个"门"的概念。

○ 入门:众妙之门

"众妙之门"的门内是抽象的"妙",或者说"道",或者说"空虚"。我们人类首先在"有"这个范畴内,一个一个地观察具体的自然规律"徼",然后根据已掌握的这些自然规律"徼"去搭建这个"众妙之门"。搭建"众妙之门"的过程,就是探索其"妙"的过程,"众妙之门"一旦被呈现出来,开门就是"空虚"的范畴,就是"空虚"的"妙"。这个"妙"就是一条抽象的自然规律,就这样探索"道",而成为入道者,到现在,这仍然是现代科学研究的一个基本方法。

○ 出门:玄牝之门

"玄牝之门"的门内是"无",是"有"与"无"变化的"无",门外是"有",在"道"的掌控下"有"与"无"相互转化,"无"生成"有","有"归根复命为"无"。

"第16章 归根复命"阐述了这个变化"至虚守静：道"与"静极生动：道"，如第16章中图16.1所示，"玄牝之门"作用在"守静"的时刻，就是说"道"掌控"玄牝之门""守静"。"守静"达到极点产生"动"，即产生了"有"。

【参考各章】

第4章 道的特性空大宗隐
——道空
第1章 道与妙徼玄以及有无
——"玄"是"妙"与"徼"共同的名字
——入道：获得"道"的方法
——出道：万物起源
——"道"始终跟随并控制着"有"与"无"的变化：道母
——众妙之门
第20章 我独异于人贵食母
——"食母"是哺育我的"道"
第2章 相反相成无为无不为
——道恒："道"是恒定不变的
第4章 道的特性空大宗隐
——道大
——道隐
第16章 归根复命
——至虚守静：道
——静极生动：道

第 7 章　以其无私故能成其私

【原文】

天长地久,天地所以能长且久者,以其不自生,故能长生。是以圣人退其身而身先,外其身而身存,以其无私,故能成其私。

【理解】

○ "无私"是"弗居"

这里讲的"无私",就是第 3 章"不争:不尚贤使民不争",不为私去争。就是第 2 章"弗居:功成而弗居",功成事就不居功,不去争好处。

○ 相反相成:以其无私故能成其私

通过对"以其无私故能成其私"进一步理解,为什么将"弗居"列入"无为无不为"的"五弗"内容之一呢?是因为它体现了对立统一相反相成之"妙"。请注意,这个"妙"不是通常说的"妙不可言"的"妙",这个"妙"是自然规律,是"道"。

【译文】

天长地久,天地之所以能够长久地存在,是因为它们不是为了自己的生存,而是按自然规律自然地运行,所以能长存。因此,圣人处事谦让,不去争先,反而在众人之先;置自己于度外,反而保全自身。正因为圣人无私,所以能成就他的私。

【评论】

○ **物极必反:"大公无私"到极点即是"大私"**

矛盾的对立统一规律告诉我们,对立面的双方是相互转化的,对立相生,物极必反,这是一个"妙",一个抽象的自然规律。按照物极必反的自然规律,我们可以将公与私的关系解释为:大公无私到极点,即是大私。

○ **从"天之道"引入"人之道"**

"天长地久",是以其不自生,故能长生。对立统一相反相成的"天之道",是相反相成具体的自然规律;"以其无私故能成其私",是"人之道",是具体的社会规律。这是从"天之道"揭示了"人之道"。待到"第9章功遂身退天之道也"时,我们会看到"天之道"与"人之道"的概念。这里说的"人之道"是"顺天之道的人之道"。

其实,第2章"无为无不为",第3章"无为无不治"都是将"天之道"运用于"人之道"的例子。以后我们还会发现"天之道"与"人之道"的矛盾之处,那时我们也会探求选择"天之道"的"人之道"。

【参考各章】

第3章 无知无欲无为无不治
——不争:不尚贤使民不争
——无为无不治
第2章 相反相成无为无不为
——弗居:功成而弗居
——无为无不为
第9章 功遂身退天之道也

第 8 章　上善若水不争之争

【原文】

　　上善若水。水善利万物而不争,处众人之所恶,故几于道。

　　居善地,心善渊,予善天,言善信,政善治,事善能,动善时。

　　夫唯不争,故无尤。

【理解】

○ 上善若水故几于道:近似的"道"

　　"上善若水。水善利万物而不争,处众人之所恶,故几于道"的意思是,崇高的善人就是圣人,好象水一样,能滋润万物让它们生长,且不与万物争什么,处在众人厌恶的的低处,所以柔弱的水性非常接近于"道"。

○ 夫唯不争故无尤

"夫唯不争,故无尤"意思是,正因为圣人不争,所以没有过失。正因为没有过失,才不会招来怨恨与责怪,才不会树敌,也就没有什么忧患。没有忧患就是胜利。

● 老子所推崇的"圣人像水"的三个特点

圣人应像水一样,具备超级强大的办事能力,做名副其实的公仆,拥有优秀的个人品德:

○ 超级强大的办事能力

政善治,圣人从政应治国清明。像水净化污物。

事善能,善于处理疑难事件。像水依容器成形。

○ 名副其实的公仆

予善天,对百姓一视同仁。好像上天播洒雨露般广泛、均匀地施以恩惠。

言善信,对百姓言而有信,说到做到。像水遇关则止遇开则流。

动善时,为百姓办事要讲天时地利人和。像水冬天成冰夏天蒸发。

○ 优秀的个人品德

居善地,自己的衣食住行要俭朴。像水处在低处一样。

心善渊,自己的心地宽广、深沉、冷静。像水的深渊一样。

【译文】

崇高的善人就是老子的圣人,这样的人好像水一样,能滋润万物让它们生长,且不与万物争什么,处在众人厌恶的的低处,所以柔弱的水性非常接近于"道"。

像水处在低处一样,圣人居住的地方应在众人之下;像水的深渊一样,圣人的心胸应广深冷静;像水滋润万物一样,圣人应效法天对大众关爱一视同仁;像水遇关则止遇开则流一样,圣人应言而有信;像水净化污物一样,圣人从政应治国清明;像水依容器成形一样,圣人办事会依条件灵活解决问题;像水冬天成冰夏天蒸发一样,圣人处理国家大事要顺应天时地利人和。

正因为圣人不争,所以没有过失。

【评论】

○ "水近似于道"的务实意义

第4章"道空"说我们感觉不到"道"的存在;"道隐"说我们直接感觉不到"道"的存在。这就为我们遵循"道"行事带来困难。凡是理想化的东西,其可行性都存在极大的问题。为此,往往需要为这些理想付诸实践的可行性寻求近似的方法。这里,老子找到了

"水"来模拟空虚的"道"。"水"是万物之一,很具体,用"水善利万物而不争,处众人之所恶"来类比"道",很容易理解。

老子还为教导人们遵循"道"而寻求到好多"道"的近似物。例如,雌,婴儿等。

○ 不争之争:相反相成

正因为已是圣人了,"不争"就没有过失,实为居上,这正是"不争之争",就像第7章说的"相反相成:以其无私故能成其私"。

这一章的"不争",是说以柔弱的姿态去做利于大众的事,而不去争自己的利益。

第3章"不争:不尚贤使民不争",是说不要启发民众去争自己的利益。

第2章"弗居:功成而弗居",是说当你功成事就时,不要居功,不去争好处。

不管哪种讲法,强调的都是"不争",可见老子对"不争"的重视,"不争"实为"弗居"的主要内容,是"无为"的前提。"无为无不为"就是"相反相成"。

○ 水可冲决一切束缚

当水被围困,且水越积越多,狂风大作时,水可怒吼冲决一切束缚。在"第80章 天下莫柔弱于水攻坚强"中,老子论述了"天下莫柔弱于水而攻坚强者莫之能胜",其意思是,天下没有比水更柔弱的东西了,然而在攻破坚强的东西时,没有不能胜的。没有别的东西能代替水的力量。

就是说水柔弱居下的特性是有条件的,这就是真理的相对性。在和平发展时期,圣人可"上善若水,水善利万物而不争,处众人之所恶";在社会急剧变化时期,则可能呈现水冲决一切束缚的状态,那就不是"不争"了。

老子为什么出关?因为老子正处在春秋战国时期,谁也没将老子当回事,老子将自己处于"社会束缚与被束缚"之外,于是老子自己默默地"出关"了。

【参考各章】

第4章 道的特性空大宗隐

——道空

——道隐

第7章 以其无私故能成其私

——相反相成:以其无私故能成其私

第3章 无知无欲无为无不治

——不争:不尚贤使民不争

第2章 相反相成无为无不为

——弗居:功成而弗居

第80章 天下莫柔弱于水攻坚强

——天下莫柔弱于水而攻坚强者莫之能胜

第 9 章　功遂身退天之道也

【原文】

持而盈之,不如其已;揣而锐之,不可长保;金玉满堂,莫之能守;富贵而骄,自遗其咎。功遂身退,天之道也。

【理解】

○ 物极必反是"天之道"

"物极必反"是辩证法对立统一的一条自然规律,是一条"妙",这一条"妙"可由下列四条"徼"得到:

持而盈之,不如其已;
揣而锐之,不可长保;
金玉满堂,莫之能守;
富贵而骄,自遗其咎。

"物极必反"是自然规律,是"道",也称为"天之道"。

○ 物不极可不反也是"天之道"

事实上,"物极必反"是自然规律,"物不极可不反"也是自然规律。我们可遵循"物极必反"这条自然规律,也可遵循"物不极可不反"这条自然规律。

○ 功遂身退天之道也

"功遂身退"就是第 2 章"弗居:功成而弗居"的"五弗"之一"弗居"。也许,"功遂身退"是老子得到"弗居"的依据之一。

如果功遂身不退,结果可能是功高盖主,带来祸患,这就是物极必反;如果功遂身不退,还可能损害百姓的利益,带来祸患,这也是物极必反。

"功遂身退"就是自觉造成"物不极"的局面,以此遵循"物不极可不反"这条自然规律。所以说"功遂身退,天之道也"。

○ 择"天之道"的"人之道"

由于"物极必反"与"物不极可不反"都是"天之道",所以,遵循了"物不极可不反"即是遵循了"天之道"。不过我们仅仅是在"物极必反"与"物不极可不反"两个"天之道"之间做了一个选择而已。这个选择是一种"人之道"。我们不妨称这种"人之道"为"择天之道的人之道"。

【译文】

掌握并控制使其满盈,不如趁早停止;捶打使其尖锐,不可能长久地保持其锋利;金玉满堂,没有人能守得住;富贵而又骄横,给自己留下灾祸。功成身退,才符合"天之道"。

【评论】

- **"天之道"与"人之道"**

  ○ 天之道:老子第一次提出"天之道"

  老子在这一章里谈到"天之道",为"道"起了个别名。事实上,从第1章开始谈的"道"都是"天之道"。但是,没有谈"人之道"。

  ○ 人之道:择"天之道"的"人之道"

  老子第一次提出"人之道"是在"第68章 人之道为而弗争",从第68章至"第81章 天道无亲恒与善人",集中研究了"人之道"。仅在第81章中,就涉及到两条"人之道":

  圣人执左契不以责于人:人之道;

  恒与善人救不善人:人之道。

  我们在这里提出"人之道",是因为不谈"择'天之道'的'人之道'",就不可能说清楚"功遂身退,天之道也"。

在《现代汉语词典》中,"人道"或"人之道"是指爱护人的生命,关怀人的幸福,尊重人的人格和权利的道德。人类总是在遵循自然规律的"天之道"的过程中,以"人道"或"人之道"精神寻求有利于人生的平坦大"道"。

○ 顺"天之道"的"人之道":

凡是谈到圣人应该或如何遵循"道"时,那就是谈"人之道"。那时的"人之道"都是完全学习"天之道",我们不妨称其为"顺'天之道'的'人之道'"。

○ 离"天之道"的"人之道":社会规律的"人之道"

从"第27章 贵师爱资是谓要妙"开始,就已经出现了与"天之道"没关系,或说与"天之道"隔离开来的,独立于"天之道"的"人之道"了。我们不妨称其为"离天之道的人之道"。

我们知道"天之道"是自然规律,而这里的"离'天之道'的'人之道'"是社会规律。所以"离'天之道'的'人之道'"也可称为"社会规律的'人之道'"。

○ 逆"天之道"的"人之道":难以选择的"人之道"

然而,"功成身退"是个理想的结果,因为什么是"功成"?这是一个不易介定的概念。多少英雄豪杰,多么大智大勇,也躲不过"物极必反"这个"天道"的惩罚。有的是明知"功成",但决不"身退",大有一副舍我其谁的姿态。实际上,做不到"功成身退",这是"逆'天之道'的'人之道'",这样的"人之道"必招致失败。

- **无法选择的"人之道"**

例如"第27章 贵师爱资是谓要妙"中论述了"要妙:尊重老师爱惜鉴资",为我们提供了一条"人类学习之道":"故善人,善人之师;不善人,善人之资也。不贵其师,不爱其资,虽知乎大迷,是谓要妙。"在这条"道"上,有两条岔道,我们可任选一条这样的"人之道"走下去,会有不同的结果。

○ **"人之道"的"迷道":人各有志各有各的活法**

笔者从上学到教学半个多世纪以来,看到的总是大多数孩子选择"不贵其师,不爱其资,虽知乎大迷"的"道",这是一条"'人之道'的迷道"。两千多年的历史长河中是否也是这种状况居多呢?我想是的。今后再过两千年,"人之道"的这条迷道是否还大行其"道"呢?我想是的。人各有志,各有各的活法。

○ **"人之道"的"智道":家长不要立志瞎指挥**

只有少数孩子选择"贵其师,爱其资"的"道",这是一条"'人之道'的智道"。现在的家长千方百计地督促孩子走这条"道",收效甚微。原因是家长们违背了老子"无为无不为"的"天之道"。

"第2章 相反相成无为无不为"很明白地告诫人们

"弗志:为而弗志",就是当孩子按照自然规律成长时,要照顾孩子,但不要施加自己主观不当的影响,不然就是瞎指挥,就是违背了老子"无为无不为"的"天之道"。

○ 迷智相反相成的"人之道":望子成龙都是徒劳的

第27章展现了"不贵其师,不爱其资,虽知乎大迷,是谓要妙",同时也就有"贵师爱资是谓要妙",我们也论述了这样完全相反的两个"要妙"(分别为"'人之道'的迷道"与"'人之道'的智道"),它们构成了一体的"无法选择的'人之道'"。这就是"迷智"两条道构成人类社会"相反相成"的"人之道"。

"迷智相反相成的'人之道'"是基本的社会规律。我们看古今中外的社会规律,都是如此。奉劝好心的家长们,爱子心切、望子成龙都是徒劳的,只会给自己与孩子带来痛苦,解放自己与孩子们吧!

【参考各章】

第2章 相反相成无为无不为
——弗居:功成而弗居
——弗志:为而弗志
第68章 人之道为而弗争
——人之道为而弗争:老子第一次提出"人之道"
第81章 天道无亲恒与善人
——圣人执左契不以责于人:人之道
——恒与善人救不善人:人之道

第27章 贵师爱资是谓要妙
——要妙:尊重老师爱惜鉴资

第 10 章　载营魄抱一能无离乎

【原文】

载营魄抱一,能无离乎?专气致柔,能如婴儿乎?涤除玄鉴,能无疵乎?爱民治国,能无为乎?天门开阖,能为雌乎?明白四达,能无知乎?

【理解】

○ 载营魄抱一

"营",在中医理论中是"营气",也就是"精气"的意思,可理解为人的"精神",我们在这里论"道",当然就不是谈论一般的精神,应该是指"道的精神";"魄"是"体魄",就是可见的"人体",既然谈行"道",当然就得谈"人体行为";"载"是"负载"的意思。老子这句话是在考察负载着道的精神的人体行为与精神是否一致,如果一致就称为"载营魄抱一"。简单地说,人与道合一称为"载营魄抱一"。

"载营魄抱一,能无离乎"的意思是,负载着道的精神的人体行为与精神一致,这样的状况能一直保持下去吗?

○ 涤除玄鉴能无疵乎:上下文语言环境

"载营魄抱一"与"玄鉴"构成一对"上下文语言环境",在上文出现"载营魄抱一"的情况下,下文"玄鉴"中的"玄"当然是"道"的意思,"玄鉴"也就是反映"道"的镜子。问题是一般的镜子怎么可能反映"道"呢?

由上下文语言环境可知,这里所说的"镜子",在老子的周围怎么会是用来照什么与"道"不相干的东西呢? 只有能反映"道"的"心镜"才有意义,所以"鉴"只能是"心镜","玄鉴"是反映"道"的"心镜"。

"涤除玄鉴,能无疵乎"的意思是,反映"道"的"心镜"能清洁得没有任何瑕疵吗?

○ 明白四达能无知乎

第3章"无知无欲""智巧伪诈",第18章"大道废有仁义""智慧出有大伪""老子笔下的智慧是儒家学说",第19章"绝圣弃知""绝学无忧",第65章"以知治国国之贼:治国法则是道"都将"知"理解为儒家的智巧、伪诈。

所以"明白四达,能无知乎"的意思是,对国家的事务明明白白,办理得妥妥贴贴,能不运用儒家的智巧、伪诈吗?

○ 爱民治国能无为乎

第2章"无为无不为",第3章"无为无不治"都论述了"无为无不为"。因此,"爱民治国,能无为乎"的意思是,爱民治国能杜绝主观不当的政策,完全遵循"道"的自然规律办事吗?

○"载营魄抱一"的标准:"四无""两像":雌婴

"四无"是无离、无疵、无为、无知,已经论述过了,"两像"就是像婴、像雌:

"专气致柔,能如婴儿乎"的意思是,能像婴儿那样不会有主观不当的行为,不惹事生非吗?

"天门开阖,能为雌乎"的意思是,感觉器官感知好的拒绝坏的,能像雌性那样宁静而没有浮躁的行为吗?

【译文】

负载着道的精神的人体行为与精神一致,这样的状况能一直保持下去吗?反映"道"的"心镜"能清洁得没有任何瑕疵吗?爱民治国能杜绝主观不当的政策,完全遵循"道"的自然规律办事吗?对国家的事务明明白白,办理得妥妥贴贴,能不运用儒家的智巧、伪诈吗?

【评论】

○ 意境:老子诗的意境

在谈诗的意境时我们特别谈老子诗的意境,谈读者自己随便想象的诗的意境对于理解老子的思想来说,是没有任何意义的。

对待老子"诗"化的语言,必须紧紧围绕老子的"道"来解释它。

对于"营"仅仅理解到"精神"是不够的,既然已进入到"精神"范畴,自然也就进入"道",因为如果误将它理解成别的"精神"(例如儒家"精神")有什么意义呢!在这里它只能理解为老子的"精神",那就是"道"。

对于"魄"仅仅理解到"身体"是不够的,既然涉及到"道",就得有依"道"行事的"行动"。

这样,不但"营"与"魄"意义明确,而且"载"与"抱一"的概念跃然纸上。因此,我们就有了"载营魄抱一"的译文"负载着道的精神的人体行为与精神合一"。

○ 张居正为皇帝讲《关雎》

读者在读《老子》时,一定要在老子诗的意境中读出老子想说的话。为此,我们可以看看张居正怎么为皇帝讲《诗经》。

《张居正讲评〈诗经〉皇家读本》在面对皇帝的素质教育需求时,是怎么讲的呢?例如,《关雎》"窈窕淑女,君子好逑"这句话,张居正是这么写的:"以是而配君子,必相与和乐而恭敬,可以奉神灵之统,可以理万物之宜,正位于中宫。"把淑女解释成令皇帝高兴、对皇帝恭敬的皇后,而好逑指的是这样的皇后位于中宫、负责领导后宫,是按神灵的意思安排的。

年轻知识分子读《关雎》,是满目风情;清官读《关雎》,是满眼贤内助;好皇帝读《关雎》,就必定满眼家、国、天下,要把爱情和天下稳定联系到一起。这就是在诗的意境中各取所需。既然《老子》是用诗化语言写的,读《老子》必须在老子诗的意境中读出老子想说的话。

○ 对"诗"化语言理解的两种思考方式

我们通过这一章的"意境:老子诗的意境"与"涤除玄鉴能无疵乎:上下文语言环境"可知,读懂这一章的要害是弄懂"载营魄抱一"与"玄鉴",其实,读其他章也有类似的问题。因此读老子用诗化语言写的《老子》,一般可以考虑如下方法:

第一、对待"诗"化的语言,紧紧围绕"道"来解释它;

第二、对待"诗"化的语言,紧紧围绕"语境"来解释它。

用这两种思考方法,可突破理解老子诗化语言的难度。

【参考各章】

第3章 无知无欲无为无不治
——无知无欲
——智巧伪诈
第18章 大道废有仁义

——大道废有仁义
——智慧出有大伪
——老子笔下的"智慧"是"儒家学说"
第 19 章 绝圣弃知见素抱朴
——绝圣弃知
——绝学无忧
第 65 章 以知治国国之贼
——以知治国国之贼——治国法则是"道"
第 2 章 相反相成无为无不为
——无为无不为
第 3 章 无知无欲无为无不治
——无为无不治

第11章　相辅相成地之道

【原文】

卅辐共一毂（gǔ），当其无、有，车之用。埏（shān）埴（zhí）以为器，当其无、有，器之用。凿户牖（yǒu）以为室，当其无、有，室之用。故有之以为利，无之以为用。

【理解】

○ 车皿房的"有"与"无"相辅相成：微

"卅辐共一毂，当其无、有，车之用"意思是，车轮的三十根笔直的辐条一端支撑在车轮的圆形轮圈上，另一端环绕在车轮的圆毂上，使圆毂构成车轮，同时圆毂中空，才可能将车轴嵌入，使车能运转，这样圆毂的"无"与"有"对立统一相辅相成，使车能载物坐人并前行。

"埏埴以为器，当其无、有，器之用"意思是，将水与粘土和成泥制成为器皿,例如盆或碗,皿内的空间与其胎的"无"与"有"对立统一相辅相成,使皿能盛东西。

"凿户牖以为室,当其无、有,室之用"意思是,建造房屋时,留出门与窗户,门窗及房内空间与墙壁房盖儿的"无"与"有"对立统一相辅相成,构成房屋,使屋能住人。

○ "有"与"无"相辅相成:妙

车、皿、房这些物的"有"为我们提供了可利用的实体;"无"又为我们提供了可利用的功能。这样,"无"与"有"对立统一相辅相成,为我们提供了可利用的器物。

就是说,"车""皿""房"的具体实例"徼",抽象出"有"与"无"相辅相成的自然规律。这就是一条"妙"也就是"道"。

这就是"故有之以为利,无之以为用"。

【译文】

三十个辐条支撑在圆毂上,同时圆毂中空,使车能运转,这样圆毂的"无"与"有"对立统一相辅相成,使车能载物坐人并前行。

将水与粘土和成泥制成为器皿,皿内的空间与其胎的"无"与"有"对立统一相辅相成,使皿能盛东西。

建造房屋时,留出门与窗户,门窗及房内空间与墙壁房盖儿的"无"与"有"对立统一相辅相成,构成房屋,使屋能住人。

这些都是"无"与"有"相辅相成的自然规律,构成了对我们有用的器物。

【评论】

○ 对立统一相辅相成的通俗化与深刻化

"车皿房的有与无相辅相成"揭示的这一条自然规律的"徼"比第 2 章"对立统一相反相成的自然规律"的"徼"更具体、更生活化,也更深刻。

○ 车皿房的"无"

对老子的诗化语言,我们不能仅从字面上翻译。例如,车的辐条之间不一定留下空间,也许老子那个时代,车轮上用的都是留有空间的辐条,不过,这个空间没有什么作用。倒是没有提到的圆毂是中空的,车箱也是空的,这些空间是不可少的,无疑圆毂与车箱是构成车的"无"。这次"译文"中只提了圆毂中空,那是强调转动才是车轮必备的功能。

为什么碗的构成因素中必须包括碗内的空间?显然,实心的东西还是碗吗?可能是块砖头。对于碗,习惯的观察与思维,往往会让我们忽略了碗内的空间。

同理,对于房屋而言,仅仅门窗的空洞是"无"吗?有的人可能说门窗仅仅是薄了一些,不能说是"无",可能老子那个时代,门窗只是两个空洞。然而,房屋内的空间确实是"无"。

地之道：科学技术

庖丁解牛追求"大道"

阅读王蒙《庄子的享受》"庄子论养生"中，庄子讲了一个庖丁解牛的故事。庖丁不费什么力气，就能把牛大卸八块，对这样一个科学技术问题，庖丁说："在下追求的是大道。"王蒙说："这种说法妙极。"

悟出"地之道"

牛身上，哪儿可以进刀，哪儿不可以进刀，是牛身的结构决定的，是自然规律，是"天之道"；真正在牛身上施刀是技术高超的宰牛人实现的，是科学技术，是"人的主观行为"。显然，实现"人的主观行为"时，利用了"天之道"的自然规律，构成了"人的主观行为"与"天之道"的结合体，可称为"合之道"。"合"的形象是人站在一块地上，为了与"人之道""天之道"相呼应，不妨称"合之道"为"地之道"。

联想俗话"地道"

这样，就想起俗话说的"地道"。当一个人制作了一件精致的工具，或是制作了一个装饰品或摆件的时候，就有人说，这个玩意儿真"地道"，与"地之道"的意思完全一致。"地道"表达的是一种客观规律，就是"地之道"。

○ **车皿房的"地之道"**

"车皿房的有与无相辅相成"涉及到车皿房的科学技术,那是2000多年前的(恐怕也是最早的)科学技术问题。

人利用挡风避雨的自然规律,建造了适于人居住的房子;利用"有"围绕一块"无"可盛饮食的自然规律,制造了适于人用的盆、碗、盘子;利用圆的东西可以滚动的自然规律,制造出人坐的车。

车皿房是最早的科学技术,是"人的主观行为"与"天之道"相结合的产物。先秦时代,科学技术极少,老子的观点有局限性也是自然的,所以老子没有说那个唯一的"地之道"。

当前,科学技术空前发达,"地之道"比比皆是。国际国内有数不清的高等院校,开设了很多的科学技术专业,每个专业设有学士、硕士、博士学位,开设了诸多的科学技术课程。那些课程里讲了诸多的科学技术,提供了数不清的"地之道"的实例。我们只须注意一下书店与图书馆里科学技术书籍的数量就知道现在的"地之道"太丰富了,是老子那个时代无法想象的,而且现在科学技术的发展速度是空前的,随时随地都更新出大量的"地之道"。

第14章:"道纪:道的应用"说"执古之道,以御今之有,以知古始,是谓道纪"。就是说,利用已知的"道",掌控当时"物"的世界,是"道"的应用之一,可惜那时能掌握的"地之道"太少了,可见当今"地之道"对老子"道"应用的贡献是多么巨大。同时我们从中也能看到老子的远见卓识。

【参考各章】

第 2 章 相反相成无为无不为
——对立统一相反相成的自然规律
第 14 章 道的四特性与道纪
——道纪:"道"的应用

第12章　可以为腹不为目吗

【原文】

　　五色令人目盲；五音令人耳聋；五味令人口爽；驰骋畋(tián)猎，令人心发狂；难得之货，令人行妨。是以圣人为腹不为目，故去彼取此。

【理解】

　　"五色令人目盲；五音令人耳聋；五味令人口爽；驰骋畋猎，令人心发狂；难得之货，令人行妨"意思是，统治者天天被五彩缤纷的景象包围，只感到赏心悦目，完全看不到老百姓穿的破衣烂衫；天天欣赏着各种音乐，就听不到老百姓冤屈的啼哭呐喊声；天天山珍海味、酗酒无度、吃喝玩乐，不顾老百姓吃糠咽菜、不知老百姓忍饥挨饿的滋味；车马任意驰骋，到处践踏行猎，威风凛凛，得意洋洋，不顾老百姓的安全，不顾邻国的威胁，只顾享乐；从正常渠道难以得到的宝物，为了得到它，就会想办法贪污、盗窃、杀人越货，妨害大众。

○ 过犹不及：过分吃喝玩乐就会失掉民心

所以，如果是圣人统治，就要懂得"对立统一过犹不及"，不要过分吃喝玩乐，首先是让大众吃饱，其次是让大众吃好。否则，就会失掉民心。

○ 物极必反：贪得无厌走向反面

第9章论述了"物极必反是天之道"。所以，如果是圣人统治，就要懂得"对立统一物极必反"。不要极度声色犬马，不要极度吃喝玩乐，不要贪得无厌。贪得无厌一定会走向反面。

【译文】

五彩缤纷，使人视觉失明；多种音乐，使人听觉失灵；丰盛的食物，败坏人的口味；纵情狩猎，使人心极度贪婪；从正常渠道难以得到的宝物，使人陷入盗窃。因此，圣人的理想是全社会都抛弃声色犬马，抛弃物欲与精神享受，只要吃饱肚子即可，过俭朴的生活。

【评论】

○ 过犹不及：可以为腹不为目吗

春秋战国时期，老子看到社会上的心理诱惑，纵情声色，物欲横流，吃喝玩乐，统治者穷奢极欲，横征暴敛。在老子眼里，这个社会糟糕之极。为了济世救民，老子就开了个极端的偏方:要人们"为腹不为目"。在老子的心目中,社会的形态应该是"小国寡民""邻邦相望,鸡犬之声相闻,民至老死,不相往来",这是在"第67章 小邦寡民食服居俗"论述的。

这是历史上第一个"乌托邦"的思想,没有什么结果。老子的思想有可贵的人民性,但"过了","过犹不及","过犹不及"是"天之道",是客观规律。老子自己违反了自己提出的"道"。

○ **过犹不及:完全彻底地消灭剥削**

几千年过去了,经过了奴隶制社会、封建社会、资本主义社会,直到20世纪,社会上残酷的压迫与残酷的剥削依然如故,导致国际共产主义革命发生,意欲消灭残酷的压迫与残酷的剥削,社会形态发生了翻天覆地的变化,社会主义国家诞生,下层老百姓第一次翻身得解放,这个改变印证了老子的人民性。但由于希望完全彻底地消灭压迫与剥削,还是误入了"乌托邦"的陷阱,致使革命发生了极其严重的挫折。消灭残酷的剥削,无疑是正确的,完全彻底地消灭剥削,就"过了","过犹不及",所以我们当年付出了沉重的代价。

○ **相反相成:社会主义与资本主义**

同时,资本主义国家统治者一方面一心一意地围剿社会主义,一方面也吸收了马克思的思想,收敛甚至取消剥削的某些残酷性,同时为社会兴办福利,形成庞大的中产阶层,其中包括大批工人。为什么美国、瑞典的工人不起来推翻资产阶级的统治?因为大部分工人都进入了中产阶级。但资本主义社会顽强地保持着剥削性,同时展开更大的剥削,形成了劳资两利的国际大局。

没有国际共产主义运动就不会有资本主义国家的转变,反映了"道",反映了社会主义与资本主义"相反相成"的客观规律。

"相反相成"是非常深刻的普遍的客观规律。我们在以前的各章中,都反复论证过了:

第2章"无为无不为"

第3章"无为无不治"

第8章"不争之争:相反相成"

第11章"有与无相反相成:妙"

【参考各章】

第9章 功遂身退天之道也

——物极必反是"天之道"

第67章 小邦寡民食服居俗

——小国寡民

第2章 相反相成无为无不为

——无为无不为

第3章 无知无欲无为无不治

——无为无不治

第8章 上善若水不争之争

——不争之争:相反相成

第 11 章 相反相成地之道

——有与无相反相成:妙

第13章　宠辱若惊贵大患若身

【原文】

宠辱若惊,贵大患若身。

何谓宠辱若惊？宠为下,得之若惊,失之若惊,是谓宠辱若惊。

何谓贵大患若身？吾所以有大患者,为吾有身,及吾无身,吾有何患？

故贵以身为天下,若可以寄天下；爱以身为天下,女何以托天下。

【理解】

○ 物极必反:宠为下

"第9章 功遂身退天之道也"论述了"物极必反是天之道","第12章 可以为腹不为目吗"论述了"物极必反:贪得无厌走向反面",都是在论述"物极必反"这条自然规律。

宠与辱是对立统一的关系，可相互转化。当过于"宠"时，就变为"辱"，故无论如何，"宠"都是不好的，或说"宠为下"。有的版本，将"宠为下"解释为"宠为上，辱为下"，似乎好理解，但这只是静态的理解，其实都是在解释"宠辱若惊"。

【译文】

受到宠爱或侮辱都感到害怕，把宠辱大患看得与自己的身家性命一样重要。

什么叫做"宠辱若惊"？受宠者居于下位，"宠"都是不好的，得到宠爱感到惊喜，失去宠爱感到惊恐，这就叫做宠辱若惊。

什么叫做贵大患若身？我之所以有大祸，是因为我有身体，如果我没有身体，我还会有什么祸可谈呢？

所以，重视自身且愿意为天下献身的人，可以将天下寄托给他；爱惜自身不愿舍身为天下的人，怎么可以将天下托付给他呢。

【评论】

○ **贵以身为天下：人之道**

原文使用的版本：

"故贵以身为天下，若可以寄天下；爱以身为天下，女何以托天下。"

其意思是说"重视自身且愿意为天下献身的人，可以将天下寄托给他;不愿舍身为天下的人,怎么能将天下寄托给他呢。"

另外还有一个版本:

"故贵以身为天下,若可以寄天下;爱以身为天下,若可以托天下。"

其意思是"重视自身且愿意为天下献身的人,可以将天下寄托给他;为了天下而爱惜自己身体的人,也可以将天下托付给他。"

其实,两者都在说"贵以身为天下",都说珍惜自身,只有珍惜自身,才可能管理好国家。这是一条社会规律,是谈人与人之间的关系,是"人之道"。

当前行贿受贿成风,首先损害自身,让自己在百姓面前毫无形象可言,百姓谁肯信任他?怎么将国家寄托给他?他怎么能管理好国家?这里根本谈不上为国家有什么牺牲不牺牲的问题。

【参考各章】

第9章 功遂身退天之道也

——物极必反是"天之道"

第12章 可以为腹不为目吗

——物极必反:贪得无厌走向反面

第 14 章　道的四特性与道纪

【原文】

视之而弗见，名之曰夷；听之而弗闻，名之曰希；捪(mín)之而弗得，名之曰微。三者不可致诘(jié)，故混而为一。其上不皦(jiǎo)，其下不昧。寻寻呵，不可名也，复归于无物，是谓无状之状，无物之象，是谓沕(mì)望。

迎而不见其首，随而不见其后。

执古之道，以御今之有，以知古始，是谓道纪。

【理解】

○ 道行："道"循环运行永不停息

"第1章 道与妙徼玄以及有无"论述过"道行：道循环运行永不停息"，那时的"万物起源：道的第一个应用"，是涉及到"有生于无"的运行过程；这里"复归于无物"涉及到"有复归于无"的运行过程。

在"第 16 章 归根复命"中将论述"归根复命大循环过程:道""返朴归真小循环过程:道""道行:道循环运行永不停息",我们将会看到"道"循环运行永不停息的整个过程。

● 道的四大特性:"空大宗隐"与"道纪"

除了"道行"与第 2 章"道恒:道是恒定不变的"以及第 5 章"道正:天地不仁"这三个特性外,在这一章再论第 4 章已论过的"道"另外的四大特性:道空、道大、道宗、道隐。同时,提出了"道纪"。

○ 道空

除了"视之而弗见,名之曰夷;听之而弗闻,名之曰希;捪之而弗得,名之曰微。三者不可致诘,故混而为一"之外,还有"其上不皦,其下不昧","复归于无物,是谓无状之状,无物之象"都是说"道空"。

○ 道大

在第 4 章已论过"道"的特性之一就是道很大。简称"道大"。这一章又说"寻寻呵",就是说,无边无际连绵不断啊,还是说"道很大",取之不尽,用之不竭。

○ 道隐:"微"与"德"被间接感到

在第 4 章已论过"道"的特性之一是"道隐"。"道"决不是不可知,仅仅是直接感觉不到。简称"道隐"。

这一章又说了两句"是谓忽望"与"迎而不见其首,随而不见其后"。就是说,这个"道"是恍惚看不见的样子。再说一次,"道"决不是神秘的,"道"本身是看不到的,"徼"是看得到的,"德"是看得到的。因而"道"可被间接感到。

○ 道宗:"道"掌握并控制宇宙

在第 4 章已论述过"道"的特性之一是"道宗"。"道"的自然规律是万物的宗主。简称"道宗"。这一章完全可从下面"道纪"的视角,再论"道"具有万物的宗主地位:"道"确实能掌握并控制宇宙的一切。

○ 道纪:"道"的应用

"执古之道,以御今之有,以知古始,是谓道纪"是说,用截止到今天知道的抽象的客观规律,把握今天具体的客观规律,进而掌握并控制今天具体的事物,也能够探知万物的起源。像这样,应用"道"指导现实实践,并探求万物起源的做法,就被称为"道纪"。

"道纪"就是表示"道"的应用,我们也可从已知的"道"的应用中,看到"道"能掌握并控制宇宙的一切,从而感受"道"在万物之上的宗主地位。

○ "一":"道"的别名

第 4 章就已论过,"道"的最根本的特性就是"空虚"。本章一开头就描述了这个"空虚":

"三者不可致诘,故混而为一"意思是,视觉看不见,听觉听不到,触觉摸不到。既然这三种方式都难以捕捉,就是"空虚"就是"道",那就笼统地称这个"道"为"一"。

【译文】

视觉看不见,叫做"夷";听觉听不到,叫做"希";触觉摸不到,叫做"微"。这三者追问不清,分不清楚所以就混在一起称为"道"。它前头不显得怎么明亮,它后面也不显得怎么阴暗,无边无际连绵不断啊,说不清叫什么,也不是实物,是空虚。这就是没有形状的状态,没有物体的形象,这就是恍惚看不见的样子。

迎着它,看不见它的前头,跟着它,也看不见它的后头。

用截止到今天我们掌握的"道",即抽象的自然规律,指导现实实践,并能探求万物起源,这是"道"的两个应用,被称为"道纪"。

【评论】

在"第1章 道与妙徼玄以及有无"与"第4章 道的特性空大宗隐"中,我们曾经讨论过"无"与"有"的"抽象性"与"具体性",同时讨论过"无"的分类。在此,我们再次讨论这些问题。

○"无"的抽象性与再论"无"的分类

"无"是看不见听不着摸不到的东西,即具有"夷""希""微"三点特征,是老子时代人们用感官感觉不到的东西。我们知道,现代科学技术延伸了人的感觉器官,例如望远镜、显微镜、电话、无线电话、电视等的出现,温度等各种各样传感器的出现,扫雷等各种各样测试仪器的出现,都扩大了我们的感觉范围。

第一类"无",可"有无相生"。

从"看不见听不着摸不到"的特征来讲,"无"与"有"很难区分。例如,人是由受精卵发育而成的,而受精卵产生以前,是"看不见听不着摸不到"的,就是"无",于是对于生孩子,人们就说是"无中生有"。其实卵子与精子都是"有",应该是"有中生有"。再比如种子发芽才是植物,种子与植物都是看得见摸得着的,当然种子与植物的关系更是"有中生有"。

"夷""希""微"三点特征比较直观,容易理解为"无",但它们不是本质性的特征,因此除了"夷""希""微"三点特征外,"无"还有最本质的特征,那就是抽象性。万物起源,是说天地来源于"无",又归根复命于"无",称为"有无相生"。

第二类"无"是"永恒不变"的"道"。

除了抽象性以外,"永恒不变"的"道"还具有规律性,就是"抽象的客观规律"。例如"对立统一"是"道","相反相成"是"道","相辅相成"是"道","物极必反"是

"道","过犹不及"是"道",等等,都是"永恒不变"的"道"。

最难理解的是"道"的"抽象性"。所以老子在《道德经》中反复讲"道",实质上反复讲"空"。例如本章原文第一段。

后文我们还会反复讲到"空",不少注释者把这些解释为"歌颂'道'","模糊""恍惚"等等,让读者觉得"不可知"。这样讲很有害,将老子的《道德经》神秘化了,使得注释比老子的原文还难懂。其实,用现代的语言来说,这些都是描述"道"的"抽象性",或者说描述"空"的"抽象性"。

我们将在"第15章 善为道者微妙玄通"中,继续讨论"道"的特性。

○ **"道"具备"有"的形态:"徼"**

老子的"道"有两个形态,一个是"空"或说"空虚",就是"妙"的形态;一个是"有",就是"徼"的形态。"空"或说"空虚"就是抽象的自然规律,是其本质,也称为"天之道";"有"就是具体的自然规律,是其可见的部分表象,充分体现了"道"的应用。

"道"包含若干条的"妙",而每一条"妙",无一不包含若干条"徼"。我们可通过"徼",观察到每一条"妙",所以"道"可完全展现在我们面前,我们完全可以从"道"的神秘感中走出来。

正如第1章"'徼'是'妙'的一个具体的自然规律:

'徼'是'妙'的实例"所说,圣人通过"有"观察"道"的"徼",进而由'徼'悟到"空"的"妙"。"妙"是一条抽象的自然规律,"道"是所有抽象的自然规律,"妙"是"道"之一。"妙"就是"道",若干"妙"也是"道",在不同的条件下,提到"道"时,就包含量的观念,例如原文"执古之道",就是老子写《道德经》时,人们掌握"道"的多少,有的版本将"执古之道",写为"执今之道",这就可能有量的差异;今天,经过 2000 多年,我们读老子《道德经》时,"执今之道",的"道"要比老子写《道德经》时,丰富多了,也就是说,我们对"道"的认识深刻多了。

【参考各章】

第 1 章 道与妙徼玄以及有无
——"无"的两大类存在
——万物起源:"道"的第一个应用
——道行:"道"循环运行永不停息
——"徼"是"妙"的一个具体的自然规律:"徼"是"妙"的实例

第 16 章 归根复命
——归根复命大循环过程:"道"
——返朴归真小循环过程:"道"
——道行:"道"循环运行永不停息

第 2 章 相反相成无为无不为
——道恒:"道"是恒定不变的

第 5 章 天地不仁多言数穷

——道正:天地不仁
——相反相成:以不仁达到至仁
第4章 道的特性空大宗隐
——道空
——道大
——道隐
——道宗
第15章 善为道者微妙玄通

第15章 善为道者微妙玄通

【原文】

　　古之善为道者,微妙玄通,深不可识。夫唯不可识,故强为之容:

　　豫兮,若冬涉川;犹兮,若畏四邻;俨兮,其若客;涣兮,其若凌释;敦兮,其若朴;旷兮,其若谷;浑(hún)兮,其若浊;澹(dàn)兮,其若海;飂(liú)兮,若无止。

　　孰能浊以止?静之徐清。孰能安以久?动之徐生。保此道者,不欲盈。夫唯不盈,故能蔽而新成。

【理解】

- **微妙玄通:诗的意境与上下文语境**

　　从第1章"'玄'是'妙'与'徼'共同的名字""'徼'是'妙'的一个具体的自然规律:'徼'是'妙'的实例""获得'妙'的方法"可知,"玄通"之"玄"是将"徼"与"妙"紧密联系在一起的,"玄通"是由"徼"发现"妙"的通达路线。依据上下文语境,在这里"微"的含义只能是"精细地研究",这样,"微妙玄通"应该理解为:通过由"微"发现"妙"的通达路线,精细地研究"微",以发现"妙"。

• 三论"道"的四大特性

在"第 4 章 道的特性空大宗隐"与"第 14 章 道的四特性与道纪"中,一论再论"道"的四大特性:道空、道大、道宗、道隐。本章以老子本人研究"道"的感觉,三论"道"的这四大特性。

○ 道宗

善于研究"道"的人,细心、严肃、认真地研究"道",并就自己的感觉打了三个比方"豫兮,若冬涉川;犹兮,若畏四邻;俨兮,其若客",就是"小心谨慎",好像冬天趟水过河;"警惕深思",好像防备邻国进攻;"庄重严肃",好像做客赴宴;不敢加入任何的主观意念,就像"道"作为"宗主"掌控"有无相生"一样,它完全依客观的自然规律活动。

○ 道空

善于研究"道"的人,对"道"的认识刚刚有点儿眉目,就又感觉不对,那一点灵光瞬间就消失了,于是发出感叹:"涣兮,其若凌释;敦兮,其若朴;旷兮,其若谷"。就是说"轻缓涣散",好像冰块慢慢消融;"敦厚质朴",好像万物的原始状态;"心内空空的",好像面对空旷的山谷。万物还是原来的老样子,什么也没得到,只知道"道"还是"空虚"的。

○ **道隐**

接着,发出第二个感叹:"湷兮,其若浊。"意思是"水声深沉",好像一潭浊水。也就是说,虽然对"道"未获得进一步的认识,"道"还是若隐若现的。但,对"有"的观察,总是有感知方面的收获的。

○ **道大**

同时,发出第三个感叹:"澹兮,其若海;飂兮,若无止"。就是说"平静宽广",好像大海一样;高空飘风,好像没有止境。"道"还是那么大,取之不尽,用之不竭。

老子在这儿说的决不是"道"有多神秘,而是借这些比喻阐释"道"的四大特性。可见"道"的四大特性多么重要。

• **动之徐生蔽而新成**

○ **静之徐清动之徐生:静心来思考终会"入道"**

混浊的一大缸水,只须用足够的时间静下来,慢慢会变清;母亲受孕,小生命的成长就被启动,只须足够的月份慢慢生长,期满便会降生。

研究"道",更须遵循"道"。老子可能认为,对大自然进行了一辈子的观察,只要静下心来,认真思考,总会想清楚。只要持续不断地研究,总会获得"道"。

这里提到的是"有生于有"的过程。下一章,即"第16章 归根复命",论述了"致虚守静:道"与"静极生动:道",将会展现"万物旁作"那种"有生于无"的过程。

○ **相反相成:蔽而新成**

"保此道者,不欲盈。夫唯不盈,故能蔽而新成"。此"道"是"相反相成"的自然规律,善为"道"者,不会追求完满。正因为不完满,故能破旧而更新。"第16章 归根复命"论述了"返朴归真小循环过程"与"归根复命大循环过程",这都是"道",体现了老子"蔽而新成"的成果。

【译文】

古时候善于行道的人,通过由"徼"发现"妙"的通达路线,精细地研究"徼",以发现"妙"。如果不能这样解读"微妙玄通",会感到"深不可识",对于"深不可识",我们可以这样描述"道"以及行道人的心态,就是"小心谨慎",好像冬天趟水过河;"警惕深思",好像防备邻国进攻;"庄重严肃",好像做客赴宴;"轻缓涣散",好像冰块慢慢消融;"敦厚质朴",好像万物的原始状态;"心内空空的",好像面对空旷的山谷;"水声深沉",好像一潭浊水;"平静宽广",好像大海一样;高空飘风,好像没有止境。

谁能消除浑浊？"静"下来就能慢慢澄清；只要安"静"久了，一旦动起来，就会慢慢显出生机。这是"相反相成"的自然规律，或者说这就是"道"，善为"道"者，不会追求完满。正因为不完满，故能破旧而更新。

【评论】

○"微妙玄通"是老子古典诗化哲学

"微妙玄通"表达的是老子古典诗化的哲学，导致2000多年来的哲学家们误解了诗的意境，将"玄"解释为"深奥"或"深邃"，将"微妙玄通"解释为"精微玄妙"或"微妙通达，深刻玄远"或"深妙难通"，或者干脆对这一句极其重要的四言诗就像没看见一样，根本不屑一顾。所以我们在这里，不妨再论怎么读老子古典诗化的哲学。

"微妙玄通"是古典诗化哲学的范例，"微妙玄通"四个字是"实"的，或者说其形态为"有"；这四个字之间是"虚"的，或者说其形态为"无"，这样，"有"与"无"相反相成，就构成了古典诗的意境，读者面对诗的意境，个人可有个人的理解，这是文学。但，在这里读的是哲学，而且是老子的哲学，我们只能从诗的意境中选择哲学，而且要紧紧抓住老子"道"的哲学，才有可能作出正确的理解。当然"微妙玄通"字的顺序颠倒便不在话下了。

我们按上述思想理解"微妙玄通"，以现代白话文的形式表述,就是本章"理解"中的"微妙玄通:诗的意境与上下文语境"下的内容。

○ **"微妙玄通"是深不可识的吗?**

如果将"微妙玄通"解释为"精微玄妙"或"微妙通达,深刻玄远"或"深妙难通",或干脆解释为"神秘",那么"微妙玄通"是深不可识的,古之善为道者,也是深不可识的,"道"更是深不可识的。但如果将"微妙玄通"解释为本章"理解"中的含意,那么"微妙玄通"是可认识的,当然,"道"更是可认识的。

老子是一位伟大的大哲学家,老子的《道德经》是历史上的瑰宝。这份珍贵的遗产已被传承了2000多年,今后还会继续被我们与我们的子孙传承下去,为了更好的传承,我们不得不消除传承的障碍,这个障碍就是"道"的神秘性,就是老子的神秘性。对"道"要作出正确的解释,为此,也不能不谈老子为我们留下的问题。

无疑,老子是"善为道者",老子可能认为,在春秋战国时代,除了老子自己以外,对"微妙玄通",所有人都处于"深不可识"的状态。但,"微妙玄通"对于后世来说也永远都只是"深不可识"的吗?

老子的"深不可识"这句话是错误的。这个错误致使2000多年来那么多大哲学家将"道"或"善为道者"说得那么神秘而不可知;或是索性回避这个问题,例如,回避对"微妙玄通"的解释,回避对"徼、妙、玄、道"

的解释。但恰恰这些地方是最需要解释的。如果老子地下有知,听到我们说他这句话错了,他老人家肯定会很高兴,因为这样对老子《道德经》的传承最为有利。

○ **胡适谈经典**

我们小人物往往不敢怀疑经典,不敢怀疑名家。为了获取真知,只好搬出大名家胡适说的话。

胡适名言:"读古人的书,一方面要知道古人聪明到怎样,一方面也要知道古人傻到怎样。"

"第27章 贵师爱资是谓要妙"对"要妙:尊重老师爱惜鉴资"有一个论述:对古人,正确的要学习,错误的不要学习,并且要反其道而用之。

【参考各章】

第1章 道与妙徼玄以及有无

——"玄"是"妙"与"徼"共同的名字

——"徼"是"妙"的一个具体的自然规律;"徼"是"妙"的实例

——获得"妙"的方法

第4章 道的特性空大宗隐

——"道"的四大特性

第14章 道的四特性与道纪

——再论"道"的四大特性

第16章 归根复命

——致虚守静:道

——静极生动:道
——返朴归真小循环过程:道
——归根复命大循环过程:道
第27章 贵师爱资是谓要妙
——要妙:尊重老师爱惜鉴资

第16章　归根复命

【原文】

至虚极也,守静笃也。万物旁作,吾以观其复也。天物芸芸,各复归于其根,曰静。静,是为复命。

复命,常也。知常,明也。不知常,妄。妄作,凶。知常,容。容乃公,公乃王,王乃天,天乃道,道乃久,没身不殆。

【理解】

○ **有无相生:道**

整个宇宙充满着"道""有""无"。其中,"道"无时无刻都在注视并控制着"有无相生"的整个大循环过程;或者说,"道"无时无刻都在掌控着"有无相生"的整个大循环过程,如图16.1所示。

"有无相生"的整个大循环过程也是"道"。

整个过程包括四个关键的子过程:

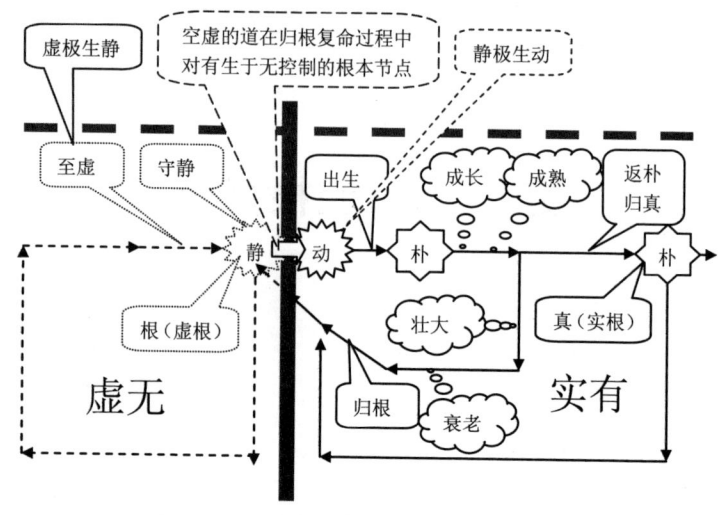

图16.1 归根复命大循环过程示意图

"虚极生静";

"至虚守静";

"静极生动";

"归根复命"。

其中,"虚极生静"与"至虚守静"及"静极生动"是在"无"的境域里发生的,或者说,是在"虚"的境域里发生的,以完成"无中生有",或者说,"有生于无"。是"有无相生"整个大循环过程的"虚半环"。

"归根复命"是在"有"的境域里发生的,或者说,是在"实"的境域里发生的,以完成"有死为无",或者说,"有归于无"。是"有无相生"整个大循环过程的"实半环"。

- **有生于无：道**

  ○ **虚极生静：道**

  "至虚极也，守静笃也"的过程是在"无"的境域内发生的，我们是观察不到的。这恰恰是"有生于无"的关键问题。

  "至虚极也，守静笃也"是说"虚"就是"有无相生"的"无"，在"道"的掌控下，这个"无"发展到极限的状态，我们称这个极限状态为"静"，这就是"至虚极也"，也就是"虚极生静"，是"道"。

  ○ **至虚守静：道**

  当"虚极生静"完成后，"道"切实地坚守这个"静"，就是"守静笃也"，也就是"至虚守静"，是"道"。

  ○ **静极生动：道**

  "万物旁作，吾以观其复也。""道"切实地坚守这个"静"，一直到"静"瞬间变为"动"，即"静极生动"，一下子"有生于无"，万物普遍萌生，这就是"万物旁作"。我们在"有"的境域里看到了"万物"，并且可继续看着万物生长、成熟、壮大、衰老等直至死亡的整个过程，这就是"吾以观其复"。

  "静极生动"是"道"，是"有生于无"。在这里可以更深刻地理解第1章"万物起源"："道"的第一个应用。

○ "道"在"有生于无"时的掌控或主宰

在"有生于无"的过程中,"道"是不变的自然规律,她掌控或主宰着整个过程。对于"道",这里既没有说是"道母"的地位,也没有说是"道宗"的地位。

在"第4章 道的特性空大宗隐"中已论述过"道宗:似万物之宗",在"第62章 道者万物之主为天下贵"中将会论述"道者万物之主:道宗",都是说"道"的特性之一:"道宗"。

在"第6章 谷神不死是谓玄牝"中已论述过"玄牝是具有母性的道"与"玄牝之门是谓天地根"是说"道"的母性:"道母"。

不管"道宗"还是"道母",都是说"道"掌控或主宰着整个宇宙的发展变化。就是说"道宗"与"道母"是一个意思。

对于"有生于无"来说,"静"是"道"掌控的一个节点。"道"在"有无相生"与"有生于有"过程中掌控着无数节点,节点"静"是"道"掌控"有无相生""有生于无"的根本性节点,如图16.1所示。

• 归根复命:道

○ 归根复命大循环过程:道

"复命"的过程是在"有"的境域内发生的,也称"归根复命",我们是可以观察得到的。这就是老子说的

"万物旁作,吾以观其复也"。就是说万物普遍萌生,我可以观察它们的"归根复命"过程,如图16.1所示。

"归根复命"过程包括万物活动的六个部分:

1. 出生;
2. 成长;
3. 成熟;
4. 壮大;
5. 衰老;
6. 归根。

在第2至5部分,我们可以完全观察到它们的变化。第1部分看到了它们的出生,却看不到它们的来源,这就让我们感到"无"的存在。第6部分看到了它们的死亡,却看不到它们去哪儿了,又让我们感到"无"的存在。这就告诉我们"有生于无","有"也"归根复命"到"无"。

"归根复命"过程是"有无相生"的大循环过程,是恒定不变的自然规律,是"道"。

○ **返朴归真小循环过程:道**

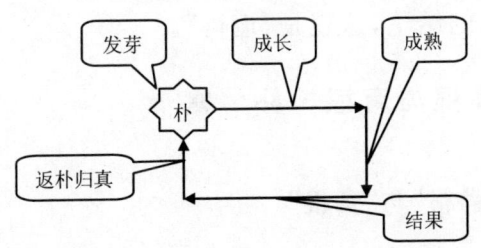

图16.2 返朴归真过程小循环示意图

在"万物旁作,吾以观其复"的过程中,看清了"归根复命大循环过程"的同时,自然会看到"返朴归真"的过程。如果看不清"返朴归真",也就不能彻底理解"归根复命大循环过程"。

作为"归根复命"的一部分,万物成熟后,留下"种子",进入"返朴归真"过程如图 16.2 所示。"返朴归真"过程是"有有相生"的小循环过程,也是恒定不变的自然规律,是"道"。

这里谈到的"种子"可理解为植物的"种子",也可理解为根生植物的"根"。更广泛地看,还可理解为动物的"精子"与"卵子"等等。

○ 道行:"道"循环运行永不停息

在"第 1 章 道与妙徼玄以及有无"中就论过"道行:'道'循环运行永不停息",因为那时论"万物起源:'道'的第一个应用",已经涉及到"道"循环运行永不停息的问题。

这一章充分论述了"归根复命大循环过程:道"与"返朴归真小循环过程:道"之后,显然有"道"循环运行永不停息的结论,这就是"道行"。

• 静根与真根·朴·常

○ "静根"与"真根"

"各复归于其根,曰静"意思是"归根复命"的终点

"根",称为"静"。"静,是为复命"意思是"归根"到"静"是为了"复命"。"复命"也称为"归根复命"。

有的人有时候也称"返朴归真"为"返朴归根"。为了区别,可称"返朴归真"的"根"为"真根",处在"有"的境域中;"归根复命"终点的"根"可称为"静根",处在"虚无"的境域中。

朴

动植物繁殖的小生命就是"朴"。这一章没有提到"朴",我们说"朴",是因为在这里容易将"朴"的概念说清楚。

○ "常"是"道"的别名

"复命,常也"是什么意思呢?第 2 章"道是恒定不变的"、第 3 章"常:道的别名"早已论过,"复命,常也"是说"复命"是"道",或者说"归根复命"是"道"。"常"是"道"的别名。

【译文】

在"道"的掌控下,这个"虚无"发展到极限的状态,我们称这个极限状态为"静"。"道"切实地坚守这个"静",一直到"静"瞬间变为"动",一下子"有生于无",万物普遍萌生,我们可以观察它们的"归根复命"过程,如图 16.1 所示。万物各种各样,都返回自己的根。这个根就是"静",由"静"生成万物,万物又归根于"静"就叫做"复命"。

"复命"是恒定不变的自然规律,认识到这种自然规律及其恒定不变的特性就是聪明,如果认识不到这种自然规律及其恒定不变的特性,轻举妄动,就会有灾祸。认识这种自然规律及其恒定不变特性的人会包容一切,包容一切就会公正,公正才会领导,这种领导就能遵循自然规律,就是遵循"道",就能长久,终身不会有危险。

【评论】

在这一章中,存在着一个误解:好象"静"与"道"是一回事。另外,"复命,常也"仅仅被解释为"复命"称为"常",反倒没称为"道"。

○"静"不是"道"

上文曾论过,"至虚极也,守静笃也"中的"虚"就是"有无相生"的"无",在"道"的掌控下,这个"无"发展到极限的状态,我们称这个极限状态为"静"。

在第1章"无的两大类存在"中笔者曾论述过,就像"有"可分类一样,宇宙中的"无",依其存在的形式也可分为两大类:第一类"无",是变化的,可"有无相生"。这类"无"在一定条件下能变成"有"。第二类"无"是不变的。"永恒不变",就像第2章"道是恒定不变的"那样,老子特别称其为"道",它充满了整个宇宙,也就是充满了全部第一类"无",也充满了全部"有"。

"道"是不变的自然规律,在"静"这个根本节点上,安安稳稳地等待"转化",称为"守静";对实实在在的"守静","道"将遵循自然规律掌控着"静"质变为"动","无"质变为"有",即"万物旁作",完成"有生于无"。

○ **是谁在"致虚守静"**

是谁在"致虚守静"？笔者看过《老子道德经译注》的十几个不同版本,都说老子叫人"致虚极,守静笃"。如果是这样,那么：

第一,"归根曰静"无法解释。难道"归根"可归到人脑子里去吗？

第二,"致虚极,守静笃"的"极"与"笃"都是理想状态,只有"道"掌控下的"虚无"才富有这个理想"极限"状态的特性,任何人都是无法做到的。

这种不好理解的极端状态的渲染,是导致宗教出现的原因之一。"致虚极"是"道"掌控着"虚无",使"虚无"发展到极限状态,"虚极生静",即"无"发展到极限状态,就是"静"。"静"是"无"变成"有"之前的一个极限状态。

"守静笃"等待自然条件的成熟,使之"静极生动",最后"无中生有",那就是"道"掌控"静"态的"无"生成万物的过程,"是'道'在致虚守静"。这个过程往往被称为"'道'生成万物的过程",这个说法容易被误解,或者已经被误解。

○ "常"为什么就是"道":上下文语境

"复命,常也"是诗化的哲学。老子没说"复命是道",只说"复命,常也",而且紧接着反复使用"知常"与"不知常",作为诗化的语言,老子这样文学化的讲法增大了理解的难度。

"复命,常也"与"知常""不知常"又构成了老子的"上下文语境",在这种"语境"下只能将"常"理解为"道"。

在宇宙内研究"道""有""无"三者,"有"与"无"都是变化的,例如"有无相生","无"可变为"有","有"一定变为"无",只有自然规律"道"是恒定不变的。在宇宙内研究"道""有""无"三者的关系时,虽然"恒定不变"是"道"的一条特性,但这条"恒定不变"的特性与"道"之间存在"充分且必要条件"的关系,就是说"道"一定是"恒定不变"的,反之,"恒定不变"的一定是"道"。所以称"道"为"常"或"恒"。

【参考各章】

第1章 道与妙徼玄以及有无
——万物起源:"道"的第一个应用
——"无"的两大类存在
——道行:"道"循环运行永不停息
第4章 道的特性空大宗隐
——道宗:似万物之宗

第62章 道者万物之主为天下贵
——道者万物之主：道宗
第6章 谷神不死是谓玄牝
——"玄牝"是具有母性的"道"
——玄牝之门是谓天地根
第2章 相反相成无为无不为
——道恒："道"是恒定不变的
第3章 无知无欲无为无不治
——常："道"的别名

第 17 章　猷兮贵言

【原文】

太上,不知有之;其次,亲而誉之;其次,畏之;其次,侮之。信不足焉,有不信焉。猷兮,其贵言。功成事遂,百姓皆谓我自然。

【理解】

○ 太上不知有之

"太上,不知有之"意思是,最上等的统治者都是深思熟虑后方始行动,很少发表"政令",老百姓不知道他的存在。

○ 猷兮其贵言

第 2 章 "1. 弗言:行不言之教" 就说一个好的领导,不发表主观不当的"政令"。"猷兮其贵言"是说最上等的统治者应该是深思熟虑,很少发表"政令"。

我们再参考第5章"多言数穷",第23章"希言自然",第56章"知者不言",第63章"过犹不及:轻诺必寡信"等。

进一步分别论说,如果统治者主观不当的政策发布多了,又没有有效的政策挽回败局,很快就会"黔驴技穷"。少发表主观不当的政策是合乎自然规律的。真懂得"道"的人不随便发表主观不正当的政策,随便发表主观不正当政策的人是不懂得"道"的人。这种人轻易答复别人的要求,势必要失信。这样,怎么管理好国家呢?

【译文】

最上等的统治者,老百姓不知道他的存在;第二等的统治者,老百姓亲近他并且称赞他;第三等的统治者,老百姓畏惧他;最差的统治者,老百姓侮辱他。后两等统治者诚信不足,老百姓才不信他。最上等的统治者应该是在行动前深思熟虑,很少发表"政令"。待到功成事就,老百姓都说,这本来就是自然而然的事情。

【评论】

○ **贵言**

这里的"言",不是一般"说话",而是"政令"的意思。"贵言"就是很少发表"政令"。这一章的内容是对

第二章"1.弗言:行不言之教"明确的解释,那里的"不言"是"无为"的"五弗"之一,是不发表主观不正当的政策。老子《道德经》译注的诸多作者误将"不言"解释为"不说话",有的作者对"不言"没作解释,不解释与解释为"不说话"的效果一样,都会致使读者不得要领。

【参考各章】

第2章 相反相成无为无不为

——1.弗言:行不言之教

第5章 天地不仁多言数穷

——多言数穷

第23章希言自然得者德也德者道也

——希言自然

第56章 知者不言言者不知

——知者不言

第63章 轻诺必寡信多易必多难

——过犹不及:轻诺必寡信

第18章　大道废有仁义

【原文】

大道废,有仁义;智慧出,有大伪;六亲不和,有孝慈;国家昏乱,有忠臣。

【理解】

○ 大道废有仁义

第5章"道正:天地不仁",这是老子以"道"反对儒家"仁义礼知"的学说。天地对万物没有什么爱不爱的问题,就像对待刍狗一样,完全依自然规律使万物自生自灭。圣人效法天地对待老百姓,也就没有偏爱一部分人的问题,使老百姓自生自灭。第5章又说"相反相成:以不仁达到至仁",就是依相反相成的规律以不仁达到至仁,不但达到最大限度的爱人,而且爱所有的人。

在第62章"道正:道不偏向为天下贵"中,可见到同样的论述。

老子认为"大道废,有仁义",就是说"大道被废弃了,才有提倡仁义的需要",老子认为"仁义"是儒家一种人为的主观不正当的伪善,因为仁义说的"爱人"是爱一部分人,决不可能爱所有的人。

○ 智慧出有大伪

在这里,老子说的"智慧"是指儒家的"仁义礼知"。他认为这种"智慧"是一种骗人的"智巧",我们可参考:

第3章"无知无欲"
第10章"明白四达能无知乎"
第19章"绝圣弃知"
第65章"以知治国国之贼"

【译文】

大道被废弃了,才有提倡仁义的需要;聪明智巧的现象出现了,伪诈才盛行;家庭出现了纠纷,才能显示出孝与慈;国家陷于混乱,才能见忠臣。

【评论】

老子笔下的"智慧"是"儒家学说"
在如下各章里,都谈到"知":
第3章"无知无欲"
第10章"明白四达能无知乎"
第19章"绝圣弃知"

第65章"以知治国国之贼"

这些"知"都是"智慧"的意思,本章又谈到"智慧出有大伪"。老子是反对儒家学说的,在老子笔下,凡是以贬斥的语气写到"知""智慧""学习"之类的词,往往是针对"儒家学说"讲的。

在第10章"对'诗'化语言理解的两种思考方式"中,曾说:

第一、对待"诗"化的语言,紧紧围绕"道"来解释它。

第二、对待"诗"化的语言,紧紧围绕"语境"来解释它。

我们对待"儒家学说"的"知""智慧""学""学习"之类的词,也应该紧紧围绕"道"与"语境"来解释它。

例如,"智慧出有大伪"应被理解为"聪明智巧的现象出现了,伪诈才盛行"。

【参考各章】

第5章 天地不仁多言数穷
——道正:天地不仁
——相反相成:以不仁达到至仁
第62章 道者万物之主为天下贵
——道正:道不偏向为天下贵
第3章 无知无欲无为无不治
——无知无欲
第10章 载营魄抱一能无离乎

——"明白四达能无知乎"
——对"诗"化语言理解的两种思考方式
第19章 绝圣弃知见素抱朴
——绝圣弃知
第65章 以知治国国之贼

第19章　绝圣弃知见素抱朴

【原文】

绝圣弃知,民利百倍;绝仁弃义,民复孝慈;绝巧弃利,盗贼无有。此三者以为文,不足。故令有所属:见素抱朴,少思寡欲,绝学无忧。

【理解】

○ 绝圣弃知

在第2章"圣人是既有高度智慧又懂得道的人"中讲的"圣人"是"老子的圣人",是老子尊重的理想的国家领导人。老子自己"是既有高度智慧又懂得道的人",但不是国家领导人;在老子眼里的国家领导人,是一个"既有高度智慧又懂得道的人"吗？显然不是。"老子的圣人"是理想的"圣人"。

这一章"绝圣弃知"讲的"圣"或者说"圣人"是"孔子的圣人",是既有高度智慧又懂得儒家理论的人,是老子鄙视、反对的,有的就是真实的国家领导人。

"知"是指儒家理论"仁义礼知",老子认为这个"知"是骗人的"智巧"。老子在"第18章大道废有仁义"中,就揭露了当时社会的弊病,极力反对儒家理论"仁义礼知",并在这里叫我们抛弃"仁义礼知"。

关于"知"的论述可参考如下各章:

第3章 不尚贤无知无欲

第10章"明白四达能无知乎"

第65章 以知治国国之贼

"绝圣弃知"就是抛弃儒家理论,抛弃聪明"智巧"的"仁义礼知"。

○ 见素抱朴

老子反对"仁义礼知",要求人们一定遵循"道"行事,但"道"属于"无"的境域,不易被认识,给人们遵循"道"的行为造成了困难。

怎么才能遵循"道"呢?"朴"属于"有"的境域,容易被认识。"朴"不会有主观不当的政策,如果我们以纯洁的"朴"为榜样,紧紧抓住"朴",就自然可以遵循"道"的自然规律。这就是"见素抱朴"的意思。

关于"朴"的论述可参考:

第32章 将守道转化为守朴

——侯王守朴

第37章 守道及其镇之以朴

——吾将镇之以无名之朴

——"朴"是实践哲学

○ **绝学无忧**

"绝学"的"学",不是现代学习的"学",它有特定的含义。"绝学"就是抛弃儒家的"仁义礼知"。在这里,具体地说就是抛弃"圣智""仁义""巧利"。

"仁"就是爱人,"义"就是父慈子孝、夫唱妇随、兄友弟恭、长惠幼序、朋谊友信、君敬臣忠,"巧利"就是巧诈利诱。

"绝学无忧"的意思是,抛弃儒家的"仁义礼知",以除忧患。

【译文】

抛弃聪明智巧,老百姓可得到百倍的好处;抛弃仁义,老百姓就能恢复父慈子孝;抛弃巧诈利诱,盗贼自灭。"绝圣弃智""绝仁弃义""绝巧弃利"这三者还仅仅是说得明白,对于治理社会来讲,光有这些说法是不够的。所以要使统治者与老百姓都明确怎么做,我们应以纯洁的"朴"为榜样,紧紧抓住"朴",就自然可以遵循"道",减少私欲,抛弃儒家的"仁义礼知",以除忧患。

【评论】

○ **见素抱朴:遵循"道"的近似方法**

有的哲学专家将"见素抱朴"从字面上译为"表现

纯洁，内心质朴"，这似乎不是老子的意思。根本的问题在于："朴"不会产生主观不当的政策，"朴"不会惹是生非，"朴"不会到处树敌。在此，老子是想为"道"寻找前进的出路。

老子在"第18章 大道废有仁义"中，揭露了当时社会的弊病，极力反对儒家理论"仁义礼知"，主张以"道"治国，但理想的"道"不便实践。所以，这一章为当时社会的治理开了一剂药方"见素抱朴，少思寡欲，绝学无忧"。老子认为以"朴"为榜样，就可以使领导者遵循"道"的自然规律，药到病除。

老子的时代已过去2000多年了，当时没有人采用这个药方，现在还是没人采用这个药方，证明这剂药方还是理想化的乌托邦。但是，老子面对人们不易感知的理想的"道"，寻找到一个人们容易感知的"朴"，向着人类的实践活动迈进了一大步，这种思想是非常可贵的。

【参考各章】

第2章 相反相成无为无不为
——圣人是既有高度智慧又懂得"道"的人
第18章 大道废有仁义
第3章 不尚贤无知无欲
第10章 载营魄抱一能无离乎
——"明白四达能无知乎"
第65章 以知治国国之贼

第32章 将守道转化为守朴
——侯王守朴
第37章 守道及其镇之以朴
——吾将镇之以无名之朴
——"朴"是实践哲学

第20章　我独异于人贵食母

【原文】

唯之与阿,相去几何?美之与恶,相去若何?人之所畏,不可不畏,荒兮,其未央哉!

众人熙熙,如享太牢,如春登台。我独泊兮,其未兆;沌沌兮,如婴儿之未孩;儽儽兮,若无所归。

众人皆有馀,而我独若遗。我愚人之心也哉!俗人昭昭,我独昏昏。俗人察察,我独闷闷。

淡兮,其若海,望兮,若无止。众人皆有以,而我独顽似鄙。

我独异于人,而贵食母。

【理解】

○"食母"是哺育我的"道":道母

第6章"'玄牝'是具有母性的'道'""玄牝之门是谓天地根"讲述了"道"的母性。这里自然地认为"食母"就是哺育我、哺育万物的"道"。

第1章"道始终掌控着有与无的变化:道母"说"道"掌控着万物的自然规律,是"道母"。"道"随时随地掌控万物,掌控我的发展变化,使万物及我一时一刻也不脱离自然规律。

○ **我独异于人而贵食母**

处在广阔无边的世俗的社会里,什么时候是个头啊?人们好象很高兴地活着,唯独我这样孤独,筋疲力尽没有出路!众人都富富裕裕明明白白,唯独我缺衣少食糊糊涂涂!——在这样的社会环境中,老子感到害怕,没出路,苦闷,于是感叹"我独异于人而贵食母"。就是说,唯独与人不同的是,老子极度重视哺育他的"道"。

【译文】

恭敬顺从的应诺与怠慢的答应,相差多少?美好和丑恶,又相距多大?人们所畏惧的,不能不畏惧。这世俗的社会如此广阔无边,好像没有尽头呀!

众人都熙熙攘攘、兴高采烈,如同去参加盛大的宴席,如同春天里登台眺望远处的美景。而我却独自淡泊宁静,唯独我没有任何向往的念头。混混沌沌啊,如同婴儿还不会发出嘻笑声。疲倦闲散啊,好像浪子还没有归宿。

众人都有所剩余,唯独我却像很匮乏。我真是只有一颗愚人的心啊!众人光辉自炫,唯独我昏昏沉沉;众人都那么明明白白,唯独我好象糊糊涂涂。

宁静啊,像大海;一眼望不到边啊,像汪洋飘泊无处停留。世人都精明灵巧有本领,唯独我好象愚昧而笨拙。

唯独与人不同的是,我极度重视哺育我的"道"。

【评论】

○ "有母""无母""道母"的区别

在"第1章 道与妙徼玄以及有无"中,我们就讲了"有"是万物之母:有母,"无"是万物之始:始母,"道"始终掌控着有与无的变化:道母。这一章又讲了"道母",同时显现了"食母"的母性。

如果打个比方说,"有母"是"生母",那么"始母"就是开始的"生母"。从生养这个角度讲,"道母"可说是"养母"。

"养母"与"生母"的区别是很有意义的,它关系到"道""有""无"的区别。

○ 聪明愁:没人听老子的"道"

老子是聪明人,发现了"道",主张以"道"治国,但未取得领导权,没人听他的"道"。最后,苦闷之极,只好"老子出关",留下了五千言的《道德经》,成为了历史上伟大的哲学家。

历史上,像老子这种情况,是很常见的现象,都陷入了"聪明愁"的境地。

孔子聪明,开创了儒家学派,主张以"仁义礼知信"治国,周游列国,不被重用,如丧家之犬,《论语》公冶长第五子曰:"道不行乘桴浮于海"。可看出孔子的情绪与处境,结果教出贤人七十弟子三千,留下四卷《论语》,成为历史上伟大的思想家。

陈独秀聪明,创建了中国共产党,在行进的道路上,却遭到国共两党夹击,夭折。

聪明人陷聪明愁,历史常常是这样的。

历史上,想革新的聪明人有几个成功的?

【参考各章】

第6章 谷神不死是谓玄牝

——"玄牝"是具有母性的"道"

——玄牝之门是谓天地根

第1章 道与妙徼玄以及有无

——"有"是万物之母:有母

——"无"是万物之始:始母

——"道"始终掌控着"有"与"无"的变化:道母

第21章　孔德之容惟道是从

【原文】

孔德之容，惟道是从。

道之为物，惟恍惟惚。惚兮恍兮，其中有象；恍兮惚兮，其中有物。窈兮冥兮，其中有精；其精甚真，其中有信。

自今及古，其名不去，以阅众甫。吾何以知众甫之状哉？以此。

【理解】

○ 道德："道"的所得就是"德"

"第38章 上德不德是以有德"将论述"什么是德"。按唐朝陆德明著《老子音义》的说法："道生万物，有得有获，故名德。"就是说，遵循"道"行事所得就是"德"。

"第23章 希言自然得者德也德者道也"将论述"得

者德也",魏晋青年才俊哲学家王弼著《道德真经注》《老子道德经注》《老子微旨例略》。他说,"故从事于道者……累少则得,故曰同于德也。"意思是说,"遵循道做事,得者德也"。

什么是"道德"?"道德"就是"德","道"的所得就是"德"。

○ **孔德之容惟道是从**

"孔德"就是"大德",或者说是"上德","第38章 上德不德是以有德"说"上德"就是老子说的"德"。"孔德之容惟道是从"意思是说,"德"是什么样子,完全是由"道"决定的。

○ **道隐:"微"与"德"是"道"的"象"**

"第4章 道的特性空大宗隐"论"道隐"时说,"道"决不是不可知,仅仅是直接感觉不到。是不是可间接感觉到呢?那就是通过"其中有象"的"象"间接观察"道"。

本章刚刚论过"道德:道的所得就是德","德"是"道"所得,也仅仅是"道"所得,"德"是道的"象"。

顺便再谈一下,"第14章 道的四特性与道纪"就说,"道具备有的形态:微"。"微"是"妙"的实例,也就是"道"的实例,完全可通过"微"观察"道"的形态,"微"也是"道"的"象"。

"第35章 执大象天下往"将论述"象:微与德",还会指出"徼"与"德"是"道"或"妙"的"象"。

○ 精:"道"的别名

"精",就是精神。这里"其中有精"的"精"在它所处的上下文语言环境中,还能有别的解释吗?这个"精"只能是"道"。

○ 通过"物"以"德"观察"道"

"道"是"空",是"空虚",绝不是"物",不是"有"。所以,"道之为物"绝不能理解为"道作为物"。在"孔德之容,惟道是从"之后这个语境之下,"道之为物"如果能反映"道"与"德"的关系,对理解下文会有帮助,因为能够以"德"观察"道"。我们明白"道""物""德"之间的关系非常密切,"道"无时无刻不在掌控着"物"的演化,演化着的"物"常常得到"德"。这样,我们完全可"通过物以德观察道",虽然看不见"道",但可见"道"的"象",那就是"德",这就是"其中有象";"以德观察道"时,中间隔着"物",当然被看到了,这就是"其中有物";看到了"象"与"物"自然就容易揭示"道",这就是"其中有精";我们依次看到了"象""物""道",就把"道"掌控着"物"的演化而得到"德"的整个过程的信息完全掌握了,这就是"其中有信"。

到此为止,我们已经解释了"道之为物,惟恍惟惚。惚兮恍兮,其中有象;恍兮惚兮,其中有物。窈兮冥兮,其中有精;其精甚真,其中有信。"

○ 吾何以知众甫之状哉以此

"自今及古,其名不去,以阅众甫。吾何以知众甫之状哉?以此"意思是,"德"的好名声是始终存在的,人们总是以道德为准,观察万物,从"有生于无",到"有生于有",道始终掌控着物的初始状态与发展过程。我怎么了解"道"始终掌控着万物的初始状态与整个发展过程呢?就是因为总能看到"德"。

我们将会看到,"第23章 希言自然得者德也德者道也"论述"德者道也:同于德者道也德之"时说:"得到'德'的人,也就得到'道'。"接着再看,"第28章 复归于朴朴散为器"论述"德者道也:道的实现"时也说:"不管我们是否懂得'道',有'德'就是有'道'。"这些都是以"德"来观察"道"。

【译文】

"德"是什么样子,完全是由"道"决定的。

通过"物"以"德"观察"道",恍惚不清,虽然恍惚不清,但"其中有象",这个"象"就是"德";虽然恍惚不清,但"其中有物",通过这个"物"可窥探"道";虽然感觉遥远幽深,但"其中有精",这个"精"就是"道";不但"道"是真切的,而且"其中有信",这个"信"就是"道"掌控万物的信息,即自然规律。

"德"的好名声是始终存在的,人们总是以"道德"为准,观察万物的初始与发展。我怎么了解"道"始终掌控着万物的初始与整个发展过程呢？就是因为总能看到"德"。

【评论】

○"德""徼""妙""道"发现的全过程

我们看"第2章 相反相成无为无不为""老子怎么获得妙的"：

首先发现了两个"徼"。

"天下皆知美之为美,斯恶矣;皆知善之为善,斯不善矣。"这是两个"徼"：具体的对立统一与相反相成的自然规律；

其次抽象出"妙"。

依据这两个"徼",抽象出"妙"：抽象的对立统一与相反相成的自然规律；

最后发现"妙"的很多"实际例子"。

"有无之相生也,难易之相成也,长短之相形也,高下之相倾也,音声之相和也,前后之相随也。"

在这个过程中,首先是发现"徼"。有没有发现"徼"的办法呢？如果有,就可以降低发现"徼"的难度。

例1.春天很容易看见桃花。桃花是"道"所得,就是"德"。如果是人栽的桃树开的桃花,那么这个人也有"德"。这就可发现一个"徼"：

春天暖和,桃花开了；

类似地,很容易发现第二个"徼"：

春天暖和,李花开了。

有了这两个"徵",就可抽象出一条"妙":

春暖花开。

我们看,将观察"德"与"老子获得'妙'的方法"对接,就可获得"'德''徵''妙''道'发现的全过程"。

○ 道之为物:通过"物"以"德"观察"道"

《老子》的注释专家,有的将"道之为物"的"物"说成"东西",有的说成"事物",似乎可以使"物"模糊起来,其实还是不能脱离"物"。如果将"道之为物"理解为"通过'物'以'德'观察'道'",问题会迎刃而解。

同时,将"其中有精"之"精"仅仅说是"精神",那么就不会弄明白"道"与"德"的关系。

○ "道隐"决不神秘

关于"道之为物,惟恍惟惚。惚兮恍兮,其中有象;恍兮惚兮,其中有物。窈兮冥兮,其中有精;其精甚真,其中有信。"由于"道之为物"没有被正确的理解,其后的文字就陷入了恍惚不清的状态之中。很多哲学家将"惟恍惟惚""惚兮恍兮""恍兮惚兮""窈兮冥兮"说得神秘了。这些地方恰恰是读者如饥似渴地需要解读的地方,却是没有被解读。

如果读者有兴趣,可再参看:

第4章 道的特性空大宗隐

——破除"道"的神秘性

——玄妙

——恍惚

——兮,呵,矣等等感叹

第15章 善为道者微妙玄通

——"微妙玄通"是深不可识的吗?

第36章 微明是妙弱胜刚强

——"妙""微妙""玄妙""玄之又玄"完全被误导了

第40章 下士闻道大笑了之

——再论"道"是可知的

○ 自今及古其名不去

《老子》的注释专家,对"自今及古其名不去"与"以此"之中的"名"与"此",既不说"道",也不说"德",含糊其辞。有的说"此"是"道"。

这一章就是以"德"观"道"。在老子的脑子里,一直保持名字的只能是"德";由于以"德"观"道",根据是"德",当然"此"也是"德"。只有这样理解,才能实现以"德"观"道"。

【参考各章】

第38章 上德不德是以有德

——什么是"德"

第23章 希言自然得者德也德者道也

——得者德也

第4章 道的特性空大宗隐

——道隐

第14章 道的四特性与道纪

——"道"具备"有"的形态:微

第35章 执大象天下往

——象:"微"与"德"

第23章 希言自然得者德也德者道也

——德者道也:同于德者道也德之

第28章 复归于朴朴散为器

——德者道也:"道"的实现

第2章 相反相成无为无不为

——老子怎么获得"妙"的

第4章 道的特性空大宗隐

——破除"道"的神秘性

——玄妙

——恍惚

——兮,呵,矣等等感叹

第15章 善为道者微妙玄通

——"微妙玄通"是深不可识的吗?

第36章 微明是妙弱胜刚强

——"妙""微妙""玄妙""玄之又玄"完全被误导了

第40章 下士闻道大笑了之

——再论"道"是可知的

第22章　曲则全者岂虚言哉

【原文】

曲则全,枉则直,洼则盈,敝则新,少则得,多则惑。

是以圣人抱一为天下式。不自见,故明;不自是,故彰;不自伐,故有功;不自矜,故长。

夫唯不争,故天下莫能与之争。古之所谓"曲则全"者,岂虚言哉!诚全而归之。

【理解】

○ 圣人抱一:使用诗化语言典故

"第10章 载营魄抱一能无离乎"说,人与道合一就是"载营魄抱一"。面对"圣人抱一",可依照对"载营魄抱一"的分析方法来解释"圣人抱一"。但,太麻烦了,这里"载营魄抱一"就是老子的典故,所以,圣人与"道"合一就是"圣人抱一",就是说,圣人不但相信"道",而且不出主观不当的政策,完全遵循"道"治理国家。

"是以圣人抱一为天下式。不自见,故明;不自是,故彰;不自伐,故有功;不自矜,故长"意思是,圣人不但相信"道",而且不出主观不当的政策,完全遵循"道"治理国家,成为天下的模范。不自我表现更聪明,不自以为是更彰显,不自我炫耀更让人觉得有功,不骄傲更受到大众的尊重,可能成为领导人。

○ 人之道:避免过犹不及

为了"避免过犹不及",不自见,不自是,不自伐,不自矜。同时为说得更明白些,首先说低调的好处:"曲则全,枉则直,洼则盈,敝则新,少则得,多则惑。"意思是说,弯曲益于保全,委屈利于正直,低洼容易积满,破旧才好更新。少取反倒可能多得,不正当的多得一定会带来祸患。

这是避免过犹不及的"人之道"。

"第24章 企者不立跨者不行"将讨论"过犹不及:自我背道而弛",那里指出"自见""自是""自伐""自矜"都是脱离实际过份自我的表现,完全背"道"而弛,一定会在大众面前孤立。从反面说明了避免"过犹不及"的"人之道"的重要性。

○ 无为无不为:夫唯不争故天下莫能与之争

"第2章 相反相成无为无不为"专门论述了"无为无不为",这一章提供了一个很好的应用"夫唯不争故天下莫能与之争",意思说,只有不争,所以天下没有人能跟你争。"古之所谓'曲则全'者,岂虚言哉!诚全而归之"意思是,古时候所说的"曲则全"不是瞎说的,是很中肯的,言之凿凿的大实话!在"道"的掌控下,完全不受损失地完成"返朴归真"与"归根复命"的整个过程。

【译文】

弯曲易于保全,委屈利于正直,低洼容易积满,破旧才好更新。少取反倒可能多得,不正当的多得一定会带来祸患。

圣人不但相信"道",而且不出主观不当的政策,完全遵循"道"治理国家,成为天下的模范。不自我表现更聪明,不自以为是更彰显,不自我炫耀更让人觉得有功,不骄傲更受到大众的尊重,可能成为领导人。

只有不争,所以天下没有人能跟你争。古时候所说的"曲则全"不是瞎说的,是很中肯的,言之凿凿的大实话!在"道"的掌控下,方能完全不受损失地完成"返朴归真"与"归根复命"的整个过程。

【评论】

○ 人之道:自然规律与社会规律的相容性

这一章我们看到的一些规律,有的是自然规律,有的是社会规律,有的既属于自然规律也属于社会规律,我们将它们分别列下:

自然规律：洼则盈，敝则新；

社会规律：枉则直，少则得，多则惑。不自见，故明；不自是，故彰；不自伐，故有功；不自矜，故长。

自然规律与社会规律：曲则全；

这些都是同一性质的"徼"，抽象成一条"妙"："人之道：避免过犹不及"。可见"自然规律与社会规律的相容性"。其实，其他章中也有类似的现象，例如第2章"对立统一相反相成的自然规律"中，就有这种情况，不过为了讲老子的自然规律，我们在那里没有说是客观规律。就像在这里为了讲"人之道"，我们也没有去理会自然规律。

○ **诚全而归之**

上文已谈过，"诚全而归之"就是在"道"的掌控下，完全不受损失地完成"返朴归真"与"归根复命"的整个过程。

对"诚全而归之"，笔者没有发现哪本有关注释老子的书谈到与"归根复命"有关的论述。有的专家将其解释为"大家应完全信服这个道理"；有的专家解释为"确实能把保全的效验归于'无为'而为的'道'。"有的专家根本就漠视"诚全而归之"，没有任何解释，然而这里恰恰是需要解释的地方。

这里谈"诚全而归之"，就是想指出老子想谈的就是这个"归"字，就是"归根复命"。

【参考各章】

第10章 载营魄抱一能无离乎
——载营魄抱一
第24章 企者不立跨者不行
——过犹不及：自我背道而弛
第2章 相反相成无为无不为
——无为无不为
——对立统一相反相成的自然规律

第23章
希言自然得者德也德者道也

【原文】

希言自然。故飘风不终朝,骤雨不终日。孰为此者?天地。天地尚不能久,而况于人乎?

故从事于道者,同于道;德者,同于德;失者,同于失。

同于德者,道也德之;同于失者,道也失之。

【理解】

○ 希言自然

"希言"就是少发表主观不正当的政策,"希言自然"是少发表主观不正当的政策,坚定不移地遵循自然规律。

第2章"弗言:行不言之教",第5章"多言数穷",第17章"猷兮其贵言",第56章"知者不言言者不知",第63章"轻诺必寡信"中,老子均反复论述了这个观点。

○ 得者德也

在"第21章 孔德之容惟道是从"中,论述"道德:'道'的所得就是'德'"时,曾说:魏晋青年才俊哲学家王弼著《道德真经注》《老子道德经注》《老子微旨例略》。他说,"故从事于道者……累少则得,故曰同于德也。"意思是说,遵循"道"做事,不费心思去搞主观不当的政策,反倒获得满意的成果,这就是"德"政。简言之,"遵循道做事,得者德也",称为"道德"。我们说得多了,省略了"遵循道做事"这个前题,直接说,"得者德也","道德"也省略为"德"。意思就是"得就是德",反过来说"德就是得"。

参考"第38章 上德不德是以有德"的"什么是德"。

○ 道者同于道德者同于德

"故从事于道者,同于道;德者,同于德;失者,同于失。"意思是,遵循"道"的人,与有"道"的人相同;积累"德"的人,与有"德"的人相同;失掉"道"或"德"的人,与无"道"或无"德"的人相同。

○ 德者道也:同于德者道也德之

"同于德者,道也德之;同于失者,道也失之。"意思是,得到"德"的人,也就得到"道";失掉"德"的人,也就失掉了"道"。

○ 天地:"道"的别名

暴风骤雨发生在天地之间。所以,这里说掌控暴风骤雨的是天地。实际上,真正掌控暴风骤雨的是"道"。在此,"天地"是"道"的别名。

【译文】

少发表主观不正当的政策是合乎自然规律的。我们知道,暴风刮不了一个整天,骤雨也下不了一个整天,是谁使它们这么短暂的呢?是自然规律,是"道"。"道"尚且不能使暴风骤雨持久,何况人呢?人能使主观不正当的政策长久吗?

所以凡是从事于"道"的人,就信"道"并按"道"办事,遵循"道"得到成果的人,就同"道"一样有德。背弃"道"的人,就会"失道",当然也就"失德"。

得到"德"的人,也就得到"道";失掉"德"的人,也就失掉了"道"。

【评论】

○ 原文重复

有的版本第三段为:"同于道者,道亦乐得之;同于德者,德亦乐得之;同于失者,失亦乐得之。"

意思是,信"道"并按"道"办事的人,自然得到"道";遵循"道",同"道"一样有所得的人,自然得到

"德";背弃"道"的人,自然就会"失道"。

这一段,似乎与原文第二段重复。

○ 做好事:自然遵循"道"

"同于德者,道也德之。"意思是,只要遵循道,有"得"就有"德",有"德"就有"道"。前提是遵循"道",在不知"道"的情况下,怎么遵循"道"呢?这就构成了死循环。

如果不清楚是否遵循了"道",那个"得"还是"德"吗?

古今中外的实践证明,空谈没有什么用处,做好事所"得"就是有"德",有"德"就"道",就是遵循了"道"。即"做好事"就是遵循了"道"。

这样,对于"道"就有了三方面的认识。

第一,做好事自然遵循"道"。

不必要知道什么是"道",为人"做好事"就是遵循"道"办事。不是只有圣人才能遵循"道"办事,社会上所有的人,只要愿意,都能遵循"道"办事,那就是"做好事"。

第二,研究"道"自觉遵循"道"。

科学研究自然规律,发现更多的"徼""妙""道",更自觉地能动地遵循"道"办事。

电灯、电话、电视、电扇、空调、饮水机、洗衣机、排风扇、热水器、自来水、电饭锅、抽烟机、电冰箱、电脑、电梯、自行车、电动车、汽车、高楼大厦等,都是"地之道"的产物,为人类带来巨大的好处,真是积大"德"了,这是老子所没能看到,也没预料到的。

第三,研究"道"又违"道"破坏大自然。

但,"地之道"带来精品的同时,也带来了成堆的"垃圾"与"污染",对人类的危害有多大,还不清楚,这是要我们人类必须认真对待的难题。

武器的发展,保卫国家,也毁灭国家。

这就是研究"地之道"与"人之道",利用"地之道"与"人之道"的同时,又违背"人之道"与"天之道"破坏大自然的现实。

人类的出路是清除"垃圾""污染"吗?是最终销毁武器,国家消亡吗?人类都能过上和平、安全、清洁、物质丰富、精神享受的生活吗?

【参考各章】

第2章 相反相成无为无不为

——1.弗言:行不言之教

第5章 天地不仁多言数穷

——多言数穷

第17章 猷兮贵言

——猷兮其贵言

第56章 知者不言言者不知

——知者不言言者不知

第63章 轻诺必寡信多易必多难

——轻诺必寡信

第 21 章 孔德之容惟道是从
——道德:"道"的所得就是"德"
第 38 章 上德不德是以有德
——什么是"德"

第 24 章　企者不立跨者不行

【原文】

企者不立；跨者不行。自见者不明；自是者不彰；自伐者无功；自矜者不长。

其在道也，曰：馀食赘形，物或恶之。故有道者不处。

【理解】

○ **过犹不及：自我背道而弛**

"企者"是踮起脚跟的人，是想让自己显得更高一些。"跨者"是故意跨大步子的人，是想让自己走得更快一些。都是脱离实际、过份强调自我的人，注定要失败的。"自见""自是""自伐""自矜"都是脱离实际、过份强调自我的表现，完全背"道"而弛，一定会在大众面前孤立。

在"第 22 章　曲则全者岂虚言哉"中，老子就人们怎么避免这种背"道"而驰的行为,对同样的问题论述了"人之道:避免过犹不及"。

【译文】

踮起脚跟想让自己显得更高一些,反倒是站不稳的;故意跨大步想让自己走得更快一些,反倒是走不远的。

自我显摆的人,反倒令人看不分明;自以为是的人,他的长处反而不能在众人面前彰显;自我炫耀的人,谁会认为他有功劳呢;自高自大的人,是当不了大小领导人的。

从"道"的观点来看,应当说,自高自大就像残羹剩饭,就像脸上长的赘瘤,谁都厌恶它。所以有"道"的人谁也不会这样做。

【评论】

○ 相反相成:自高自大与谦虚谨慎

"自见""自是""自伐""自矜"都是脱离实际、过份强调自我的表现。老子讲了2000多年了,至今这个问题依然故我,真是人类身上被人厌恶的赘瘤。看来自高自大这种赘瘤是永远不能治愈的。

"对立统一相反相成"是永恒的自然规律,没有"自高自大",就没有"谦虚谨慎"。既然我们喜欢人类这种"谦虚谨慎"的高尚品德,那就给"自高自大"一席之地吧!

在"第16章 归根复命"中,我们论述了"有无相生"。"有",既有金玉精品,就有废物垃圾;"无",确实无废物垃圾,但也无金玉精品。这个世界的"有无相生"决不会依我们的喜欢与否而改变。

【参考各章】

第22章 曲则全者岂虚言哉
——人之道:避免过犹不及
第16章 归根复命
——有无相生

第25章 有物昆成先天地生

【原文】

有物昆成,先天地生。

萧呵,寥呵,独立而不改,周行而不殆,可以为天地母。吾未知其名,字之曰道。强为之名曰大。大曰逝,逝曰远,远曰反。

道大,天大,地大,人亦大。域中有四大,而人居其一焉。

人法地,地法天,天法道,道法自然。

【理解】

- **混成物**

  ○ **有物昆成的"混成物"中有"非物":道**

  "有物混成"的"混成物"是"物",属于"有"的境域,而"道"属于"无"的境域,所以"混成物"不是"道"。见

第1章"'有'是天地万物的总称"与"'无'的两大类存在"。

"吾未知其名,字之曰道"好像是说不知"混成物"的名字,将其称为"道",与我们上文说的"混成物不是'道'"相矛盾。

很明显,下文又给出了"道恒""道行""道空""道大""道宗""道隐"这些"道"的特性,很肯定"道"的说法,那么只能是"混成物"中含有"道"。

怎么理解呢?

我们将在"第42章 道生一冲气以为和"的"道生一,一生二,二生三,三生万物"中看到"混成物"的"混"是将"天"与"地"这两种"物""混"在一起。在这里,有一个奇特的现象,也是更重要的情况,是将掌控"有生于无"的"道"与"天地"混在一起。而我们只看到了"混成物"中的"物",没有看到"混成物"中的"道"。

为了说明"混成物"包含"天""地""道"这种奇特的现象,我们看"第43章 天下之至柔驰骋天下之至坚"中有一例子:一个方形木块,在高压下可以由厚变薄,长短可保持不变。说明"物"内可存在着"无",只是我们看不到"无"而已。

○ 有物昆成先天地生

在"第1章 道与妙徼玄以及有无""万物起源:道的第一个应用"中,讲"无是万物之始,有是万物之母"。"第41章 反者道之动弱者道之用"中,讲"天下万物生于有有生于无"。

"有物昆成"即"有物混成"。当有生于无时,"道"掌控着"无"生成一"物",进入"有"的境域,此"物"与"道"是没有分离且混合在一起的"混成物",其中的"物",继续在"道"的掌控下,分离为天地,这就是"有物昆成,先天地生"。这又是一种诗化的语言。

• "道"的六大特性

我们看一下"混成物"中的"道"在下文有关的语境中出现的"道恒""道行""道空""道大""道宗""道隐"等"道"的特性:

○ 道恒:独立而不改

第2章"道恒:道是恒定不变的"说"道恒"是"道"的特性之一。这里"独立而不改"就是说这个"道"的特性。

○ 道行:周行而不殆

"第16章 归根复命"论述了"归根复命大循环过程"与"返朴归真小循环过程"这两个循环过程,似乎是针对"有无相生"与"有有相生"讲的。其实,这两个循环过程都是在"道"严密掌控下运动的,就是说"道"无时无刻不在这两个循环过程中,所以说"道"是"周行而不殆"。

在"归根复命大循环过程"中,"有"与"无"各占半个循环过程。是对立统一的"有"与"无"共处于"周行而不殆"。

在"返朴归真小循环过程"中,反倒是"无"可能不出现在这个"过程"中。

在宇宙中的"有""无""道"三者之中,只有"道"具有"周行而不殆"的特性,简称为"道行"。

○ **道空:萧呵寥呵**

第4章"道空"论述"道"的特性之一就是"空虚"。"萧呵寥呵"的意思是寂静而空虚,就是说的"道"的特性之一"道空"。

○ **道宗:强为之名曰大**

第4章"道宗"说,"道",是万物与天帝的宗主,用自然规律掌控万物与天帝的生、长、返朴归真、归根复命。

"强为之名曰大。大曰逝,逝曰远,远曰反"意思是:庄严地称它为"掌控者"。这个"掌控者"运行不息,运行不息而伸展遥远,伸展遥远而又随着"归根复命大循环过程"与"返朴归真小循环过程"归根复命。显然,这个"大"的意思就是宗祖的"道宗"。

○ **道大:道大**

第4章"道大"是"道"的特性之一,意思是"取之不尽,用之不竭"。这里的"道大"也包含了这个意思。但是仅仅说"道大"是不够的,"道宗"的"掌控者"的地位更重要。

道隐:有物昆成

第4章"道隐"是"道"的特性之一。"有物昆成",对"混成物"只显现了"物",没有看见"道",体现了"道隐"的特性。

域中有四大

"道大"不是说"道"有多么大,难道说"人亦大"说的是人多么高大吗?"道大,天大,地大,人亦大"是说它们在各自的境域内处在掌控者的地位,就好像过去家庭中的长子或老大的地位。"道大"是说在自然界或者说在宇宙中,"道"掌控一切,这一点在"道"的"周行而不殆"中已经讲明白了;"天大"是说在天地万物中,"天"影响一切,例如,风、云、雨、露等天气的变化,四季的变化等影响天地中的万物;"地大"是说在地上地下,大地制约一切,例如,人、动物、植物能脱离大地吗?"人亦大"是说在动植物中人处于居高临下的地位,当然这些都是说老子时代的认识,现代人的掌控能力比2000多年前不知扩大了多少。

这些应该是"域中有四大"的含义。这个"域"显然是指宇宙或说自然界。

【译文】

由"无"与"物"形成的"混成物",在天地形成以前就已经存在。听不到"无"的声音也看不见"无"的形体,寂静而空虚,不依靠任何外力而独立长存永不停息,循环运行而永不衰竭,可以作为养育天地万物的母亲。我不知道它的名字,称它为"道",庄严地称它为"掌控者"。这个"掌控者"运行不息,运行不息而伸展遥远,伸展遥远而又随着"归根复命大循环过程"与"返朴归真小循环过程"归根复命。

在自然界或者说在宇宙中,"道"掌控一切,在天地万物中,"天"影响一切,在地上地下大地制约一切,在动植物中人居高临下。所以道、天、地、人是宇宙间的四大,而人是其中之一大。

人受地的制约,地受天的影响,天受"道"的掌控。"道"受自然界定。

【评论】

○"有物昆成"引出的矛盾

矛盾一

一方面说"有物昆成"的"物"是"道"。

2000多年来,哲学家们都将"有物昆成"的"物"解释为"道",既然是"道",按第4章"道空"的论述,"道"应该属于"无"的范畴。

一方面又说"有物昆成"的"物"属于"有"。

哲学家们又称"有物昆成"的"物"为"东西",或把"昆成"解释为"混沌而成",或说"昆成"指"有物昆成"的"物"为原初的浑朴状态。我们知道"朴"是万物的物啊！这样,就把这个"有物昆成"的"物"归属于"有"的范畴了。

矛盾

如果"有物昆成"的"物"是"道",就应该属于"无"的境域;怎么又把"有物昆成"的"物"归属于"有"的范畴呢？矛盾一。

矛盾二

一方面说"道"是恒定不变的。

第2章首先指出"道恒:道是恒定不变的"同时,第6章论述"谷神就是道"说"谷神不死"。这一章的"道恒:独立而不改"还是说"道是恒定不变的"。

一方面又说"道"被分解为天与地。

"有物昆成"似"道"非"道"的含义,早已被广泛应用了2000多年,这个"混沌物"清浊分解,"清"上升浮为天,"浊"下降沉为地,也就是"道"被分解为天与地。

矛盾

如果"有物昆成"的"物"是"道",就应是恒定不变的;怎么又把"有物昆成"的"物"分解为天与地了呢？矛盾二。

这两个矛盾对我们上文理解"混成物"有很大的帮助。正因为这两个矛盾,促使我们理解到"有物昆成"

的"混成物"中有"非物":"道"。

○ 混成物的重要性:道生一

我们将在"第42章 道生一冲气以为和"中,研究"道生一,一生二,二生三,三生万物",那时,首先就遇到"道生一"的问题,在那里,"混成物"的概念很重要。

○ "有物昆成"存在什么问题?

本章"'有物昆成'的'混成物'中有'非物':道"是难以理解的,是不是"有物昆成"存在问题?参考"第42章 道生一冲气以为和"的"混沌物可能是老子疏忽的产物"。

○ 域中四大的掌控意义:人之道

在"域中有四大"中已讲过,道、天、地、人是宇宙间的四大。"道大"是说在自然界或者说在宇宙中,"道"掌控一切。"天大"是说在天地万物中,"天"影响一切,"地大"是说在地上地下,大地制约一切,这里说的"影响"与"制约"也有近似代表"道"掌控一切的意思。例如,第5章"道正:天地不仁"之中的"天地"就是指的"道"。特别注意,天、地属于"有"的境域,不是"道",仅仅是近似代表"道"的诗化语言。

从第1章至第67章老子论的"道"都是指自然规律,"域中有四大,而人居其一焉"是说道、天、地、人是宇宙间的四大,而人是其中之一大。老子的这个论断非常重要。基于这种思想,到第68章自觉地提出"人之道"这个极其深刻的概念,那时,在老子脑子里,"道"不仅仅研究自然规律,也自觉地研究社会规律了。

○ **道法自然:没有鬼神**

"道"充满自然界,又不会超出自然界,即受自然的界定。在自然界内不但掌控天,而且掌控地、人及其它万物。在老子看到的宇宙里,没有鬼、神的主宰,没有上帝的主宰,没有老天爷的主宰,只有自然规律"道"的主宰。老子真是一位了不起的哲学家。

【参考各章】

第1章 道与妙徼玄以及有无

——"有"是天地万物的总称

——"无"的两大类存在

——万物起源:"道"的第一个应用

——获得"妙"的方法

——"有"是万物之母:有母

——"道"始终掌控着"有"与"无"的变化:道母

第42章 道生一冲气以为和

——道生一,一生二,二生三,三生万物

——混沌物可能是老子疏忽的产物

第43章 天下至柔驰骋至坚

——天下之至柔驰骋天下之至坚

第41章 反者道之动弱者道之用

——天下万物生于有有生于无
第2章 相反相成无为无不为
——道恒:"道"是恒定不变的
第16章 归根复命
——归根复命大循环过程
——返朴归真小循环过程
第4章 道的特性空大宗隐
——道空
——道隐
——道宗
——道大
第6章 谷神不死是谓玄牝
——"谷神"就是"道"
——谷神不死
第5章 天地不仁多言数穷
——道正:天地不仁

第26章　重为轻根静为躁君

【原文】

重为轻根,静为躁君。

是以君子终日行不离辎重。唯有环官,燕处则昭然,奈何万乘之主,而以身轻天下?

轻则失根,躁则失君。

【理解】

○ **重为轻根静为躁君:"无为"就不要轻举妄动**

在"第2章 相反相成无为无不为"中,首先讲"1.弗言:行不言之教",就是不要发布主观不当的政策,要遵循"道的自然规律"。这是从"言论"上讲的。其次讲"2.弗始:万物作而弗始"与"4.弗志:为而弗志",这就不仅仅是"言论"讲政策,而且可能还有"行动"。即"行动"上也要"无为"。

"无为无不为"是从"言"与"行"两方面说的,"重为轻根,静为躁君"意思是稳重是轻举的根基,镇静是躁动的主宰。是老子从"行动"上进一步论述"无为"的思想。

要做到"无为"就不要"轻举妄动"。

○ **重为轻根静为躁君:矛盾的主要方面**

当"重"与"静"是矛盾的主要方面时,则"重为轻根,静为躁君",意思是稳重是轻举的根基,镇静是躁动的主宰;当"轻"与"躁"是矛盾的主要方面时,则"轻则失根,躁则失君",意思是轻举必然丧失根基,妄动必然丧失领导地位。

这里谈到"静"就是"镇静"。关于"镇静"更深刻的含义,请参考第37章"吾将镇之以无名之朴:镇静是无名之朴"。

【译文】

稳重是轻举的根基,镇静是躁动的主宰。

因此,圣人终日行走不离开衣食器具等物资。既然有豪华的官邸,安居显耀,为什么身为大国的君主,却轻率地对待天下的事情呢?

轻举必然丧失根基,妄动必然丧失领导地位。

【评论】

○ **重为轻根静为躁君:前提是"不贪"**

在"第3章 无知无欲无为无不治"中,我们曾讲过

"老子看到的社会到处都在争夺",以强凌弱是"春秋战国"时期的社会特点,所以老子提出"重为轻根静为躁君",他认为行动也要"无为"。

在"第2章 相反相成无为无不为"中,还讲了"3.弗有:生而弗有"与"5.弗居:功成而弗居",这是"无为"的要害,也就是说在言论与行动上"无为"的前提条件是"不贪"。强势的国家或强势的人贪得无厌,他们还怎么能理解"重为轻根,静为躁君"?老子是在对牛弹琴。

再论"无为无不为"之"五弗"的内涵

我们通过"重为轻根静为躁君:无为就不要轻举妄动"与"重为轻根静为躁君:前提是不贪"的论述,可再次理解"无为无不为"之"五弗"的内涵。

不懂得"道"也可以遵循"道":伤害人的创造性

老子提出了"道",但老子认为懂得"道"的人很少,孔子是大学问家了吧,老子认为孔子也不懂得"道",孔子自己也说不懂得"道"。

孔子曾向老子问礼,回来后感叹道:"鸟,吾知其能飞;鱼,吾知其能游;兽,吾知其能走;走者可以为网,游者可以为纶,飞者可以为矰(zēng)。至于龙,吾不能知其乘风云而上天。吾今日见老子,其犹龙邪!"

孔子不懂老子,老子不懂孔子,他们简直是南辕北辙。

老子认为"不懂得'道'也可以遵循'道'",只要"无为无不为",只要"无为",只要不轻举妄动,只要不贪,只要作到"五弗"就能"无为"。

这里也透出了老子的保守性:不轻举妄动,直接伤害的是人的创造性。

【参考各章】

第2章 相反相成无为无不为

——1.弗言:行不言之教

——2.弗始:万物作而弗始

——4.弗志:为而弗志

——3.弗有:生而弗有

——5.弗居:功成而弗居

第37章 守道及其镇之以朴

——吾将镇之以无名之朴:"镇静"就是"无名之朴"

第3章 无知无欲无为无不治

——老子看到的社会到处都在争夺

第27章　贵师爱资是谓要妙

【原文】

　　善行者,无辙迹;善言者,无瑕谪;善数者,不以筹策;善闭者,无关楗而不可启也;善结者,无绳约而不可解也。

　　是以圣人常善救人,故无弃人;常善救物,故无弃物;是谓袭明。

　　故善人,善人之师;不善人,善人之资也。不贵其师,不爱其资,虽知乎大迷,是谓要妙。

【理解】

○ 道正：圣人常善救人故无弃人

　　"是以圣人常善救人,故无弃人;常善救物,故无弃物。"意思是,圣人总是善于救助人,所以没有无用的人;凡物都视为财富,所以总是没有被废弃的物。

　　事实上,这是老子多次论述的"道"的特性之一,就是"道正"。例如：

第5章"相反相成：以不仁达到至仁"，就是说"道"很公正，爱所有的人。

第62章"道正：道不偏向为天下贵"同样说，"道"很公正，爱所有的人。同时又说，"道不偏向的要害是保护不善"，也就是救不善的人，包括救恶人。

"道正"就是"道"。

○ 袭明："道"的别称

"道"不仅仅保护社会上层与中层的利益，也救护社会下层与不善的人。特别是救护社会下层与不善的人，是不易做到的，显得特别重要。所以这一章特别讲了"是以圣人常善救人，故无弃人；常善救物，故无弃物；是谓袭明。"

既然"道正"就是"道"，当然"袭明"是"道"的别称。

○ 袭、明：都是"道"的别称

"袭"是藏而不露、出其不意的意思，这正是在说"道"的特性之一："道隐"。这里明显地出现了"老子诗化的语境"，所以，可认为"袭"也是"道"的别称。

"第33章 死而不亡者寿"将论述"'明'是'道'的别称：上下文语境"。

"袭"与"明"都是"道"的别称，自然可认为"袭明"是"道"的别称。你也可认为"袭明"是具有特性之一"道隐"的"道"。

由于救护社会下层与不善的人的重要性,第62章将还要专门论述"'道'不偏向的要害是保护不善"。

○ 师资:老师与鉴资

"师"是老师,从幼儿园、小学、中学老师,到大学教授,都是学校的老师。这里老师的概念比学校老师的概念宽泛得多,善行者、善言者、善数者、善闭者、善结者、圣人等有一技之长的人都是"老师"。《名贤集》有句古语讲"三人同行必有我师",我们通常讲的"一字之师",都是说的这个意思。

不善人,包括恶人,为善人提供了一笔"资财",简称"资"。如果将"资"比喻为一面镜子,我们可以照一照,照出我们的缺点、错误,并加以改正,达到自我教育的目的,甚至不善人的坏处,我们身上没有,也可引以为戒,我们自己避免犯他们的错误,也是自我教育。古人称镜子为"鉴",我们不妨将不善人这个"资"称为"鉴资",以"资"借鉴。

这里说的"师资"就应该是"善人,善人之师;不善人,善人之资"。

○ 要妙:尊重老师爱惜鉴资

在"第1章 道与妙徼玄以及有无"中,有"故常无,欲以观其妙"与"众妙之门"。对于那里的"妙",我们曾论断"'妙'是'道'的一个抽象的自然规律",其依据就是这一章的"故善人,善人之师;不善人,善人之资也。

不贵其师,不爱其资,虽知乎大迷,是谓要妙"。就是说,理所当然,善人是善人的老师,不善的人包括恶人为善人的鉴资,反其道而用之。不尊重老师,不爱惜鉴资,虽自以为明智,其实很糊涂。这是"妙",而且是"道"的重要的"妙"。

【译文】

善于行路的人,不留辙迹;善于说话的人,不发生差错被他人责怪;善于计算的人,用不着筹码;善于闭门的人,不用栓梢却叫别人打不开;善于捆绑的人,不用绳索却不会被解脱。

同理,圣人总是善于救助人,所以没有被废弃的人;凡物都视为财富,所以总是没有被废弃的物;这是因为遵循藏而不露的"道"。

理所当然,善人是善人的老师,不善的人为善人的鉴资。不尊重老师,不爱惜鉴资,虽自以为明智,其实很糊涂。这是"道"重要的"妙"。

【评论】

○ 师资的"资"被磨灭了

我们通常说的"师资"只剩下"师"了,"资"被磨灭了。例如,评论某学校的师资水平如何。当今,绝大部分家长处在教子无方的状态,到处请老师补课或多上课,称为"上小班",严重忽视了"资"的作用,也忽视了社会与家庭这种非学校"师"的作用。事实上,哪个孩子能自觉接受社会上的"师"与"资",哪个孩子就会变得聪明。笔者生在贫穷落后的农村,现在回想起来,感到那里的"资"非常丰富,也得到了很好的教育,对自己的一生都有好处。

【参考各章】

  第5章 天地不仁多言数穷

  ——相反相成:以不仁达到至仁

  第62章 道者万物之主为天下贵

  ——道正:道不偏向为天下贵

  ——"道"不偏向的要害是保护不善

  第33章 死而不亡者寿

  ——"明"是"道"的别称:上下文语境

  第1章 道与妙徼玄以及有无

  ——"妙"是"道"的一个抽象的自然规律

第28章　复归于朴朴散为器

【原文】

知其雄，守其雌，为天下谿(xī)。为天下谿，常德不离，复归于婴儿。知其白，守其辱，为天下谷。为天下谷，常德乃足，复归于朴。

朴散则为器，圣人用之，则为官长，故大制不割。

【理解】

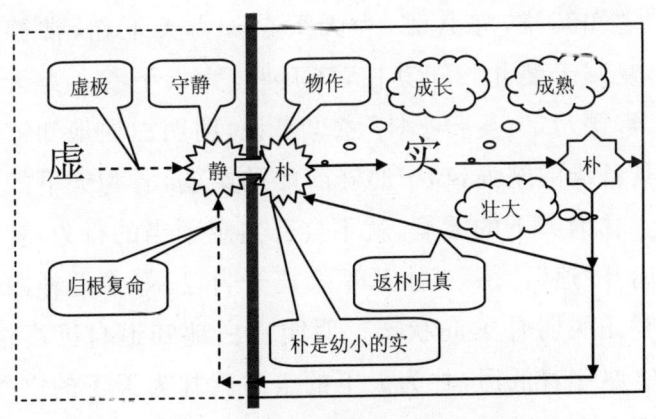

图28　由"无"刚刚生出来的"有"就是"朴"

○ 朴:"德"的初始

第23章"得者德也"论述说,"遵循'道'做事,得者德也"。进一步说"得就是德"。

在"第16章 归根复命"中,"返朴归真小循环过程"的初始状态,就是"朴"的状态,是最有生命力的状态。如图28所示。

"人之初,性本善"说的也是这个道理。这是"万物生于有"的初始状态。所以,"朴"是"德"的初始。

"第16章 归根复命"中,"归根复命大循环过程"如图16.1所示,"守静"萌"动","物作"就会"无"中生"有",这个时刻的"有"就是"朴",或者说由"无"刚刚生出来的"有"就是"朴",如图28所示。所以,"朴"是"德"的初始。

○ 知其雄守其雌常德不离复归于婴儿

"知其雄,守其雌,为天下谿。为天下谿,常德不离,复归于婴儿。知其白,守其辱,为天下谷。为天下谷,常德乃足,复归于朴"意思是说,明明白白地知道自己具备雄的刚强,却宁愿守着雌的柔弱,甘为天下的溪涧。甘为天下的溪涧,就不会有主观不当的行为,就会不离开"道","德"就永远不会离开自己,好像返朴归真到婴儿的弱骨柔筋状态。明明白白地知道自己高洁,却宁愿守着低污,甘为天下的空谷。甘为天下的空谷,就不会有主观不当的行为,就会不离开"道","德"才永远会充足,好像返朴归真到"朴"。

○ **复归于朴常德不离:积德**

老子希望已经很雄伟刚强的人,其心态像婴儿那样柔弱;已经成器的人,其心态像"朴"那样纯真。他虽然没有"返朴归真",但从心态上好像"返朴归真",这就是"复归于朴"。总是准备积"德"的状态,这就是"常德不离"。

○ **朴散则为器:"德"的实现**

"朴散则为器"是大自然的基本规律。

当"朴"指的是其本义"原始木材"时,"朴散则为器"的"器"就是桌子、凳子之类的东西。

"朴"的喻义可泛指纯真质朴,当老子用"朴"喻义一个婴儿时,"朴散则为器"的"器"可指一个"大人物",我们通常说一个人"大器晚成",要实现这一点,最好的做法就是按着自然规律培养婴儿,使其褪去纯真,成为一个人才。

"朴"被分解并重新结构为器物,这是自然规律的产物,即"道"掌控"朴"发展变化的产物,这个产物可以是桌椅板凳,可以是粮食蔬菜,可以是猪羊牛马,可以是人,更可以是人才,所得产物不为己有,是为人类带来好处,使"道"具有"德",就是"道德"。

○ 朴散则为器圣人用之则为官长

圣人用"朴散则为器",或者说遵循"朴散则为器"这条自然规律,所得产物不为己有。同"道"具有"德"一样,圣人也具有"德",或者说圣人是具有"道德"的人。这样,圣人凭借"德",成为百官之首的"官长"。

在这种积"德"的圣人的治理下,会产生有利于老百姓的理想政治制度,为百姓带来好处,不会有害处。

这就是"朴散则为器,圣人用之,则为官长,大制不割"。

○ 大:"道"的别名

对于"大制不割"之"大制",以上下文语言环境看,其上文为"朴散则为器,圣人用之,则为官长"。"大制"是遵循"道"的政治制度,"大"就是"道"。

○ 德者道也:"道"的实现

在"第23章 希言自然得者德也德者道也"中,已论述过"同于德者道也德之"。这就告诉我们,不管我们是否懂得"道",有"德"就是有"道"。

显然,不管圣人是否懂得了"道",是否掌握了"道",只要以"德"治天下,就是遵循了"道"。这就是"德者道也"。

【译文】

明明白白地知道自己具备雄的刚强,却宁愿守着雌的柔弱,甘为天下的溪涧。甘为天下的溪涧,"德"就永远不会离开自己,返朴归真到婴儿的弱骨柔筋状态。明明白白地知道自己高洁,却宁愿守着低污,甘为天下的空谷。甘为天下的空谷,"德"才永远会充足,才会返朴归真。

"朴"被分解并重新结构为器物,圣人用这个自然规律。以"德"成为百官之首的"官长",遵循"道"的政治制度,对百姓无害。

【评论】

○"朴散则为器圣人用之"的误解

对"朴散则为器"之后的"圣人用之"怎么理解呢?有的哲学家没说用什么,直接说"圣人顺应情况安排成为领导";有的哲学家说用的是"器",例如说"圣人使用这些器具,就可以成为百官之长";有的哲学家说这是领导原则,例如说"圣人依循这一原则,就能领袖群伦"。有的哲学家甚至说:"老子指出:'朴散则为器'这是'器',不是'道'。'道亡'导致'朴散',老子很反对。""'道亡'导致'朴散'"不知来之何处,不知老子在哪儿反对的。老子反对的是什么?这就形成了一个障碍,使'朴散则为器'无法得到解释。

这些哲学家的观点都很难理解,从中怎么也弄不清作者在说什么;如果理解为用的是"朴散则为器"这条自然规律,"器"不是"道",但"器"是"德",自己从柔弱的"朴"成长为人才,则自然有"则为官长"的结论。就是说,圣人用"朴散则为器"这条客观规律,自然成长为百官之首的国家的领导人。当然,如果理解为用"朴散则为器"这条自然规律治理国家也是顺理成章的事。

【参考各章】

第23章 希言自然得者德也德者道也
——得者德也
——同于德者道也德之
第16章 归根复命
——返朴归真小循环过程
——归根复命大循环过程

第29章　圣人去甚去奢去泰

【原文】

将欲取天下而为之，吾见其不得已。天下神器，不可为也，不可执也。为者败之，执者失之。是以圣人无为，故无败；无执，故无失。

夫物或行或随；或嘘或吹；或强或羸(léi)；或载或隳(huī)。是以圣人去甚，去奢，去泰。

【理解】

○ 神："道"的别称

"天下"万物，包括任何一个能感知的小的物质，例如小到一根草，一粒沙；包括一个任何大的物质，例如"天下"本身，或者说宇宙，都有四个要素：

1. 物质；
2. 物质是具有一定结构的；
3. 具有一定结构的物质是运动的；

4. 具有一定结构的物质运动是遵循客观规律"道"的。

"天下"就是万物中一个大物。

在"第28章 复归于朴朴散为器"中刚刚论述过"朴散则为器：德的实现"，刻画了"器"，"器"也是"物"，是"道"掌控"物"发展运行结果的那个"物"。

"天下神器"是说"天下"是"神器"，是"'道'掌控下的天下"。显然，"神"是"道"的别称。

○ **天下神器不可为也**

在"第3章 无知无欲无为无不治"中已阐述了"老子看到的社会到处都在争夺"。老子所处的年代是春秋后期，正是天下大乱的时候，诸侯争霸，民不聊生，老子反对诸侯兼并与篡位，提出"天下神器，不可为也"。意思是，"道"掌控下的天下，是不能妄为的。就是说，治理国家还是要遵循"无为无不为"的原则。

○ **无为无不为：去甚去奢去泰**

天下"有"包含的万物是千差万别的，自然界动、植物的生、长、成熟、死亡是依不同的自然条件而不同；社会里人的思想，受政治、经济、文化以及自己的社会地位的巨大影响，各有各的想法。"夫物或行或随；或嘘或吹；或强或羸；或载或隳"。意思是说一切事物有前行的有后随的，有缓的有急的，有强壮的有瘦弱的，有成就的也有毁灭的。老子根据这种千差万别的情况说,"圣人去甚去奢去泰",就是说圣人应无为而治,不要妄为,不要过分,不要极端。

第2章"无为无不为"已论述过了,圣人治国应遵循相反相成的自然规律,不要以自己的主观意志强行加以干预。

【译文】

打算用强力夺取天下,我看不会有结果。"道"掌控下的天下,不可用强力夺取,不可据为己有。用强力夺取的定会失败,据为己有的定会失去。因此,圣人无为,所以不会失败;不据为己有,所以不会丢失。

一切事物有前行的也有后随的,有缓的也有急的,有强壮的也有瘦弱的,有获成就的也有被毁灭的。所以圣人要去掉妄为、过分、极端的主观干预。

【评论】

○"天下神器不可为也"与社会规律的"人之道"

老子是认为天下有"神"吗?在"第25章 有物昆成先天地生"中,老子说"域中有四大":"道大,天大,地大,人亦大。"我们也论述了老子的"道法自然:没有鬼神"。

从"道"的观点看,老子崇尚自然不会信"神"。那么,"天下神器"就只有"'道'掌控下的天下"的意思了。

一般的情况下,"不可为也"是说不可贯彻主观不当的政策,治理国家要遵循客观规律。

当残酷的压迫与剥削致使百姓活不下去的时候，天下也是可以夺的，这不是主观不当的干扰国家。首先是统治者的主观不当的政策长期横行，统治者背离"道"在先，然后才是将违"道"的统治者铲除。这是"社会规律"，也是"道"，将违"道"的统治者铲除是遵循"道"的表现。历史上的农民大起义，老子还没见过，所以这儿仅仅讲"天下神器不可为也"。

　　关于"社会规律"的"道"是"人之道"可参考"第74章 民不畏威则大威至"的"'人之道'首先得知道人民要什么：哪里有压迫哪里就有反抗"，我们将在《续篇》里专门讨论"人之道"。

【参考各章】

　　第28章 复归于朴朴散为器
　　——朴散则为器："德"的实现
　　第3章 无知无欲无为无不治
　　——老子看到的社会到处都在争夺
　　第2章 相反相成无为无不为
　　——无为无不为
　　第25章 有物昆成先天地生
　　——域中有四大
　　——道法自然：没有鬼神
　　第74章 民不畏威则大威至
　　——"人之道"首先得知道人民要什么：哪里有压迫哪里就有反抗

第30章　物壮则老是谓不道

【原文】

　　以道佐人主者,不以兵强天下,其事好还。师之所处,荆棘生焉。大军之后,必有凶年。

　　善有果而已,不以取强。果而勿矜,果而勿伐,果而勿骄。果而不得已,果而勿强。

　　物壮则老,是谓不道,不道早已。

【理解】

○大军之后必有凶年

　　"以道佐人主者,不以兵强天下,其事好还。师之所处,荆棘生焉。大军之后,必有凶年"意思是,用"道"辅助君王的人,不用兵力在天下逞强,因为用兵这事容易得到报应:军队驻过的地方,就会长满荆棘。大战之后,必定有荒年。

○ 诗化语言：物壮则老是谓不道不道早已

"善有果而已，不以取强。果而勿矜，果而勿伐，果而勿骄。果而不得已，果而勿强"意思是说，善于用兵的只求有个好结果就行了，不要用兵来逞强。有好结果了，不要自高自大；有好结果了，不要夸耀；有好结果了，不要骄傲；有好结果了，要看成是出于不得已；有好结果了，不要逞强。

"物壮则老，是谓不道，不道早已"是诗化语言，其中没有明确这个"道"是"天之道"还是"人之道"。正确的意思是，物硬邦邦的强壮就是变老了，这是自然规律，是"天之道"，但不是"人之道"，不是"人之道"，就会早亡。

我们在"第9章 功遂身退天之道也"中论述过"人之道"，待到"第68章 人之道为而弗争"中，我们会看到老子明确提出的"人之道"。

【译文】

用"道"辅助君王的人，不用兵力在天下逞强，因为用兵这事容易得到报应：军队驻过的地方，就会长满荆棘。大战之后，必定有荒年。

善于用兵的只求有个好结果就行了，不敢用兵来逞强。有好结果了，不要自高自大；有好结果了，不要夸耀；有好结果了，不要骄傲；有好结果了，要看成是出于不得已；有好结果了，不要逞强。

物硬邦邦的强壮就是变老了,这是自然规律,是"天之道",但不是"人之道",不是"人之道",就会早亡。

【评论】

○ 择"天之道"的"人之道":"物不壮可不老"也是"天之道"

第9章 功遂身退天之道也
——"物极必反"是"天之道"
——"物不极可不反"也是"天之道"
——功遂身退天之道也
——择"天之道"的"人之道"

类似的
——物壮则老是谓天之道;
——"物不壮可不老"也是"天之道";

如果用"不逞强"去避免"物壮",就有"物不壮可不老,是谓天之道"。这也是一个"择'天之道'的'人之道'",避免早亡。

【参考各章】

第9章 功遂身退天之道也
——"物极必反"是"天之道"
——"物不极可不反"也是"天之道"
——功遂身退天之道也
——择"天之道"的"人之道"

第68章 人之道为而弗争
——人之道为而弗争

第31章　夫兵者不祥之器

【原文】

夫兵者，不祥之器，物或恶之，故有道者不处。

君子居则贵左，用兵则贵右。兵者不祥之器，非君子之器，不得已而用之，恬淡为上。胜而不美，而美之者，是乐杀人。夫乐杀人者，则不可得志于天下矣。

吉事尚左，凶事尚右。偏将军居左，上将军居右，言以丧礼处之。杀人之众，以悲哀泣之，战胜以丧礼处之。

【理解】

○ **夫乐杀人者则不可得志于天下矣**

用兵是被迫的，决不是美事儿，杀人多了，就不可能得到天下。即使得到天下，也要失天下。这就是老子的战争观。

【译文】

兵器是不吉利的东西,谁都厌恶它,所以有道的人不仰仗它。

平时君子以左边为上,打仗时就以右边为上。兵器是不吉利的东西,不是君子的器物,不得已而用它,所以对它看轻一些为好。胜利了也不要看成是美事。如果看成美事,就是喜欢杀人了。喜欢杀人的人,就不可能得到天下了。

吉庆的事以左边为上,凶丧的事以右边为上。偏将军在左边,上将军在右边,就是说明应该用办丧事的规矩来处理用兵的事情。战争杀人众多,要以悲痛的心情对待战争,就是战胜了也要用办丧事的规矩来善后。

【评论】

- **战争与"道"**

  ○ 老子反对战争

在"第 30 章 物壮则老是谓不道"中,老子就说"大军之后必有凶年",这一章又说"夫兵者,不祥之器,物或恶之,故有道者不处。"老子认为行道的人是不用兵的。"第 67 章 小邦寡民食服居俗",明确"反对战争"。

○ **军事战争是否可被经济战争代替呢？**

另一方面，从老子那个时代到现在，战争从来没有停止过，武器从石块、木棒，到大刀长矛，从枪、炮、弹、药直到导弹，都是战争，战争还在发展。战争是个很实际的东西，与老子"道"的理想"小邦寡民"形成鲜明的对照。

当前，军事战争仍在继续。经济战争在经济制裁与经济贸易两条战线进行着，代替了部分军事战争。国际关系最好发展双赢的经济贸易，以经济贸易代替军事战争，以经济贸易代替经济制裁。军事战争是否可被经济战争代替呢？

○ **军事战争的背后是残酷的压迫与剥削**

"天之道"的理想是消灭压迫与剥削，但是压迫与剥削消灭不了，这是社会规律，是"人之道"。我们可消灭的是压迫与剥削的残酷性，即消灭残酷的压迫与剥削。

【参考各章】

第 30 章 物壮则老是谓不道
——大军之后必有凶年
第 67 章 小邦寡民食服居俗
——反对战争

第32章 将守道转化为守朴

【原文】

　　道恒无名。朴,虽小,天下莫能臣。侯王若能守之,万物将自宾。天地相合,以降甘露,民莫之令而自均。

　　始制有名,名亦既有,夫亦将知止,知止可以不殆。譬道之在天下,犹川谷之于江海。

【理解】

- **守朴**

  ○ **道恒无名**

"第2章 相反相成无为无不为"指出"道"的特性之一"道恒:道是恒定不变的"。同时,"第4章 道的特性空大宗隐"指出"道"的另一个特性"道空",就是说,"道"是空虚的。空虚的"道"没有名称,当然就没有名气,在宇宙中属于"无"的境域。例如,对立统一、相反相成、相辅相成、物极必反、过犹不及等等这些名称都没有,老子都没给它们命名,这些名称都是后来的哲学家命名的。当时,没有人知道,或很少有人知道,自然也没有名气。这样的"道"很难被认识,当然也就不知怎么能动地遵循它。

○ 朴:有名且有名气

"第28章 复归于朴朴散为器"论及"朴:德的初始":"无"刚刚生出来的"有"就是"朴";"第16章 归根复命"中,"返朴归真小循环过程"完全是在"有"的境域内完成的,论及的"朴",也是这个属于"有"的"朴"。

"朴"处在"有"的境域内,是万物的初始状态,无私无欲,最能遵循"道"的"无为无不为的自然规律"。"朴"有名,例如,小麦初生的"幼芽",人初生的"婴儿"等等,人人都知道"幼芽""婴儿",它们也就有"名气"。

○ 侯王守朴:实现领导

在"第28章 复归于朴朴散为器"中,我们已经看到"朴散则为器圣人用之则为官长"这里已论及侯王从幼儿成长的过程,一直到成为侯王,这就是"侯王守朴"的道理。

"朴,虽小,天下莫能臣。侯王若能守之,万物将自宾"意思是,"朴"虽然很幼小,万物中没有谁能在"朴"之上,使"朴"服从自己。同时,"朴"不会有主观不当的政策,不会在自然与社会中树敌。国家领导人如果能够按"朴"的这种纯真质朴去遵循"道"的自然规律,以此治理天下,百姓们将会自然地服从领导。

侯王取得领导地位后,继续"守朴",就是要以"朴"为榜样,遵循"道"的"无为无不为的自然规律"实现领导。

"天地相合,以降甘露,民莫之令而自均"意思是,天地阴阳之气相合,普降甘露,老百姓不必多想,不必求天地,不必求"道",甘露自然会普遍滋润着百姓。

"侯王守朴:实现领导"就像"天地相合以降甘露"那么自然。

○ 朴始制有名知止不殆

"始制有名,名亦既有,夫亦将知止,知止可以不殆。譬道之在天下,犹川谷之于江海。"是什么意思呢?

为了理解"始制有名",我们先回顾一下第16章"静极生动:道"。在那里我们曾论述过,在"道"的掌控下,万物开始萌生为"朴",有了自己的名称,进入"有"的境域。这就是"始制有名"。

后面的"名亦既有,夫亦将知止,知止可以不殆。譬道之在天下,犹川谷之于江海"意思是,既然有了名称,人们知道约束自己,就会适可而止。这个"知止"很重要,"知止"就是不要有主观不当的政策,不要惹事生非,不要到处树敌,也就不会有危险。万物仍然在"道"的掌控下,就好像溪水流入江海那么自然。

【译文】

"道"是恒定不变的,但空虚无名,不容易认识。"朴"虽然很幼小,万物中却没有谁能使它服从自己。国家领导人如果能够按"朴"的纯真质朴治天下,百姓们将会自然地服从领导。天地阴阳之气相合,普降甘露,老百姓不必多想,甘露自然会普遍滋润着百姓。

无中生有,万物开始萌生为"朴",有了自己的名称,进入"有"的境域,人们知道约束自己守"朴",就会适可而止,也就不会有危险。万物仍然在"道"的掌控下,就好像溪水流入江海那么自然。

【评论】

• 将"守道"转化为"守朴"

○ 将"守道"转化为"守朴"

在"第 37 章 守道及其朴镇"中,将论述"吾将镇之以无名之朴",老子说:"道恒无名,侯王若能守之,万物将自化。化而欲作,吾将镇之以无名之朴。"就是说,国家领导人"行道"时,如果在万物变化过程中,发生"欲望"怎么办?这个主观的"欲望"可能与"道"发生矛盾。

老子说用"朴"去约束整治。那个"无名之朴"是"镇静的精神",是主观的。

我们现在面对的"朴",是"有名之朴",是客观的。

"将'守道'转化为'守朴'"就是将"无"中的问题简化为"有"中的问题来解决。使得国家领导人为了达到"守道"的目的,使用"守朴"的方法,这种方法更为明确具体,更具有可操作性。

○ 将无穷的计算转化为有限的计算

为了说明老子"将'守道'转化为'守朴'"思想的重要性,我们看看在数字电子计算机上,怎么"将无穷的计算转化为有限的计算"。为此,需要举一个计算数学的简单例子——将收敛的无穷级数的计算转化为有限项的计算:

大量初等函数的求值问题是不能直接用计算机计算的,常用的方法是将初等函数展开成一个无穷级数进行计算。无穷级数虽然能用计算机计算,但即使用当前万亿次运算速度的最快的计算机永远地计算下去,也得不到结果,因为计算次数是无穷的,永远也算不完,这只是个理论算法。有效的算法就是按着对计算结果精确度的要求,自动取这个无穷级数的前有限项进行近似计算,事实上,大量的计算实践说明,往往只取这个无穷级数的前两三项或四五项进行近似计算,即可得到满意的结果。

这里须说明一下,如果读者看不懂这个例子,请跳过去,这个理论与实践的关系也能理解。当然,如果能懂这个例子,那就会轻而易举地深入理解这个理论与实践的关系问题。

○ 守朴：哲学史上的第二大辉煌

这个用计算机计算的问题,是个讨论理论与实践关系很好的例子,"守道"与"守朴"也是一个理论与实践关系的问题。老子早在2000多年前,用属于"有"的我们容易掌握的"守朴"去近似地解决属于"无"的我们不容易掌握的"守道"问题,真是了不起的奇迹。老子提出"守朴"与提出"道"具有同样的价值。提出"道"是哲学史上的第一大辉煌;提出"守朴"是哲学史上的第二大辉煌,甚至更加辉煌。但这个辉煌2000多年来竟然被忽略了,甚为遗憾!

【参考各章】

第2章 相反相成无为无不为

——道恒:"道"是恒定不变的

第4章 道的特性空大宗隐

——道空

第28章 复归于朴朴散为器

——朴:"德"的初始

——朴散则为器圣人用之则为官长

第16章 归根复命

——"返朴归真小循环过程"

——静极生动:道

第37章 守道及其朴镇

——吾将镇之以无名之朴

第33章　死而不亡者寿

【原文】

知人者智,自知者明;胜人者有力,自胜者强。知足者富,强行者有志。不失其所者久,死而不亡者寿。

【理解】

- **自知者明**

  ○ "明"是"道"的别称:上下文语境

  在"第36章 微明是妙弱胜刚强"中讲,"'微明'就是'妙':'妙'就是'道'",同时,讲"'微妙'就是'妙':清除专家误导","微妙"也是"道"。既然"微明"是"道",那么"明"也是"道"的别称。

  另外,从"知人者智,自知者明"上下文的关系看,既然能认识别人就是有智慧,将能认识自己的人仅仅说为明白人是模糊的,所以能认识自己的人一定是懂得"道"的人。故"明"是"道"的别称。

"知人者智,自知者明;胜人者有力,自胜者强。"在这一段话中,以上下文的关系看,从"力"与"强"的关系上,也能推断"智"与"明"的关系,可知"'明'是'道'的别称"。

○ 自知者明:人之道

"知人者智,自知者明,胜人者有力,自胜者强。"意思是:能认识别人有智慧,能认识自己的人是懂得"道"。能战胜别人的人有力量,能战胜自己缺点与错误的人才是强者。

"自知者"才会与人打交道,社会才和谐,"自知者明"是"人之道"。

○ 自胜者强:人之道

"自胜者强"意思是能改正自己缺点与错误的人才是强者。对于有实力的人,战胜别人是容易的,因为很容易下决心。对自己的缺点与错误则容易谅解,因为改正自己的缺点与错误往往触犯自己眼前的利益,触犯自己的占有欲,所以就改不了,就掩盖自己的错误,或许犯更大的错误。

第2章"无为无不为"的要害是"3.弗有:生而弗有"与"5.弗居:功成而弗居"。占有欲不除,就做不到"无为"。所以,除掉占有欲,能改正自己缺点与错误的人才是强者。能遵循"无为无不为"的人必须是"自胜者",必须是"强者"。

老子主张"柔弱胜刚强",例如第 8 章"上善若水故几于道:近似的道",第 36 章"柔弱胜刚强:妙"都是这样论述的。那么,老子这里提出的"自胜者强"是不是矛盾?这要看是在什么境域里,当老子要人们学习"道"遵循"道"时,一定要做一个"强者",这也是"人之道"。

• 死而不亡者寿

○ 强行者有志:有志气坚持"道"

第 2 章"无为无不为"的重要内容之一是"4. 弗志:为而弗志",就是不要以自己的主观不当的意志,去违背自然规律。这里的"强行者有志"难道与"弗志"矛盾吗?这应该是一句老子的诗化语言,应考虑老子诗的意境,那就决不是背"道"而驰。相反,应该是在遵循"道"做事遇到逆境时,强行排除阻力的大无畏精神。"强行者有志"就是"有志气坚持道",这也是"人之道"。

○ 不失其所者久:不迷失"道"的人才能长久发展

一个人顺利时,容易努力前进,受到挫折时,容易灰心丧气,踌躇不前,缺少克服困难的决心,甚至逃避,以至于转移目标,丢掉自己的根基。

俗话说,兴趣倒比牛毛多,有的人做什么事都不专心,干着这个,想着那个,兴趣常常转移,结果什么都做不好,没有根基。这样怎么能继续发展呢!"不失其所者久"的意思是,不迷失自己根基的人才能长久发展。

从下文"死而不亡者寿"的语境看,老子说的"不失其所者久",应该理解为不迷失"道"的人才能长久发展。

○ 死而不亡者寿:将"道"坚持到底

就一般的意义来讲,"死而不亡者寿"的意思是,身体死而精神不死的人是长寿的。老子的精神就是"道"。所以老子笔下的"死而不亡者寿",是至死还坚持"道"的人是长寿的,这样的人虽然死了,但将"道"传承给了后辈儿孙。我们读老子一定要进入老子诗的意境,读出老子的意境来。

【译文】

能认识别人的人有智慧,能认识自己的人是懂得"道"的。能战胜别人的人有力量,能战胜自己缺点与错误的人才是强者。不贪污的人是真富有,坚持"道"的人是有志气的人,不迷失"道"的根基的人才能长久发展,至死还坚持"道"的人是长寿的。

【评论】

○ 老子诗的意境

这一章,如果从字面上读,就不会读出老子"道"的思想,同时,从"强行者有志"也会引出与"弗志"的矛盾,老子主张"无为",怎么又弄出个"强行者有志"来呢? 其实,我们从"老子诗的意境"理解就可读出:

"强行者有志"就是"有志气坚持'道'";

"不失其所者久"就是"不迷失'道'的人才能长久发展";

"死而不亡者寿"就是"将'道'坚持到底"。

可见,读《老子》的过程中,理解"老子诗的意境"是多么重要。

同样考虑"老子诗的意境",我们理解了"自胜者强"与"自知者明"的意思。

【参考各章】

第36章 微明是妙弱胜刚强

——"微明"就是"妙":"妙"就是"道"

——"微妙"就是"妙":清除专家误导

——柔弱胜刚强:妙

第2章 相反相成无为无不为

——无为无不为

——3.弗有:生而弗有

——4.弗志:为而弗志

——5.弗居:功成而弗居

第8章 上善若水不争之争

——上善若水故几于道:近似的"道"

第 34 章　大道泛兮其可左右

【原文】

　　大道泛兮，其可左右，万物恃（shì）之以生而不辞，功成而不有。衣养万物而不为主，可名于小；万物归焉而不为主，可名为大。
　　是以圣人之能成大，以其不为大，故能成其大。

【理解】

　○ 大道泛兮其可左右："道"掌控一切

　　第 1 章"道始终掌控着有与无的变化：道母"已经阐明了"道"在宇宙中的作用，第 25 章"周行而不殆"又重复说明这个作用，"其可左右"就是"道"掌控一切的意思。"大道泛兮，其可左右，万物恃之以生而不辞，功成而不有"是说，大道广泛无处不在，在宇宙中它掌控一切，万物依赖它的控制始终不离开它，成功了也不占为己有。

○ 道大：大道泛兮

"大道泛兮，其可左右"说明"道"很大，无处不在，才能在宇宙中由它掌控一切，在此又一次强调"道"的特性之一："道大"。

○ 功成而不有：弗居

这里的"功成而不有"又进一步论述了"弗居"，老子在"第2章 相反相成无为无不为"的"5.弗居：功成而弗居"一节中就论述了"弗居"的重要性，它是"无为无不为"的前提。

○ 可名于小可名为大：道宗

第25章"域中有四大"说，"道大，天大，地大，人亦大"，是说它们在各自的境域内处在掌控的地位，就好像过去家庭中的长子或老大的地位。

在现实的世界里，"衣养万物而不为主，可名于小"的意思是，"道"被万物依靠、养育了万物，而不自以为"主宰"，处在空虚的境域里，隐姓埋名，没有什么名气，或名气很小，人们感觉不到它，好像处在万物之下的最底层。正说明"小"是"主宰"，是"道宗"。

"万物归焉而不为主，可名为大"的意思是，当万物都归附它时，"道"的名气已经很大了，它确实也是真正的老大了，是名副其实的"宗主"了，它还是谦虚谨慎，不自以为"主宰"。这正说明"大"是"主宰"，是"道宗"。

○ "小"与"大"都是"道"的别名

既然"小"是"主宰","大"也是"主宰"。那就是说,"小"是指"道","大"也是指"道"。

【译文】

大道广泛无处不在,在宇宙中它掌控一切。万物依靠它生存,它从不推辞,成功了也不据为己有。养育了万物而不自以为主宰,人们不了解它,认为它好像处在万物之下的最底层;万物主动归附它,它还是不自以为主宰,人们感到它真正是老大。

圣人之所以能成"大",是因为他不自以为"大",所以才成为"大"。

【评论】

○ 相反相成:不自为大能成其大:人之道

第7章"相反相成:以其无私故能成其私",论及"是以圣人退其身而身先,外其身而身存,以其无私,故能成其私"。这一章又论"是以圣人之能成大,以其不为大,故能成其大"。这个"不自为大能成其大"的观点,也体现对立统一相反相成之"妙"。这是同一个问题的两种不同的观察视角,都是学习"天之道",属于顺"天之道"的"人之道"。

【参考各章】

第1章 道与妙徼玄以及有无

——"道"始终掌控着"有"与"无"的变化:道母

第25章 有物昆成先天地生

——周行而不殆

——域中有四大

第2章 相反相成无为无不为

——5.弗居:功成而弗居

第7章 以其无私能成其私

——相反相成:以其无私故能成其私

第 35 章　执大象天下往

【原文】

执大象,天下往。往而不害,安平泰。

乐与饵,过客止。故道之出言曰:淡乎其无味,视之不足见,听之不足闻。用之不足既。

【理解】

○ 执大象天下往:上下文语境

第 25 章"域中有四大":"道大,天大,地大,人亦大"。考虑到"执大象"的下文紧接着就是"天下往",意思是,天下人都要向往他。在这样的语境下,"大"就是"道大",就是"道"。

"执大象,天下往"就是谁要掌握了大"道",或者掌握了大"道"的"象",天下人都要向往他。

○ 象:"徼"与"德"

"执大象"的"象"是"道"的"象"。什么是"道"的"象"呢?

"第1章 道与妙徼玄以及有无"特别论及"'徼'是'妙'的一个具体的自然规律:'徼'是'妙'的实例","道"或"妙"是"空无",处在"无"的境域内,是感觉不到的,在这"无"的境域内,"道"没有"象"。但"徼"处在"有"的境域内,是感觉得到的,所以"徼"是"道"或"妙"的"象"。

"第21章 孔德之容惟道是从"又论及"德徼妙道发现的全过程","德"是"徼"运行的成果。"德"也处在"有"的境域内,显然,"德"也是"道"或"妙"的"象"。

○ 天下往:"象"令人向往

"天下人都要向往他"是什么意思?向往他什么?是向往他掌握的"象",从第28章"德者道也:'道'的实现",可以看到"德"就是为民众带来好处,有"德"就已经遵循了"道"。

同时我们知道遵循"徼"就是遵循了"道",并且,以"德"为线索可发现"徼",以"徼"为线索可发现"道"。这是多么令人向往的事情!

【译文】

谁要掌握了"大道"的"徼"与"德",天下人都要向往他归顺他。都来归顺他也不会互相伤害,大家都会和平安宁。

音乐与美食,能吸引过往的行人停步。"道"的特性是淡而无味,看也看不见,听也听不到。但最重要的是,"道"是那么大,它是用不完的。

【评论】

○ "执大象"很务实

第32章"侯王守朴:实现领导"论及"朴"处在"有"的境域内,是万物的初始状态,无私无欲,最能遵循"道"的"无为无不为的自然规律"。

"第37章 守道及其镇之以朴"在"朴是实践哲学"中说,老子的"朴"是实践哲学,直接将理论的"道"推入到实践过程中。

掌握"道"的"徽"与"德",以达到遵循"道"的目的。这种方法与"侯王守朴"有异曲同工之"妙"。所以说"'执大象'很务实"。

○ 道大:用之不足既

"乐与饵,过客止"的意思是,音乐与美食,能吸引过往的行人停步。老子想说,音乐与美食很能吸引人,特别是吸引那些官员,天天吃、喝、玩、乐,没有人想把国家治理好,更没人去悟"道"。

"故道之出言曰:淡乎其无味,视之不足见,听之不足闻"的意思是"道"的特性是淡而无味。看它看不见,听它也听不到。

老子想说,如果与美食比较,"道"淡而无味;如果与美色比较,看"道"什么也看不到;如果与音乐比较,对着"道"是听不到悦耳的乐曲的。

在老子心里,"道"是最崇高的治国安邦的学问,却遭到这样的冷遇。老子很无奈,最后还是抗争:"用之不足既"意思是说,"道"是取之不尽用之不竭的啊!

【参考各章】

第 25 章 有物昆成先天地生

——域中有四大

第 1 章 道与妙徼玄以及有无

——"徼"是"妙"的一个具体的自然规律;"徼"是"妙"的实例

第 21 章 孔德之容惟道是从

——"德""徼""妙""道"发现的全过程

第 28 章 复归于朴朴散为器

——德者道也:"道"的实现

第 32 章 将守道转化为守朴

——侯王守朴:实现领导

第 37 章 守道及其镇之以朴

——"朴"是实践哲学

第 36 章　微明是妙柔弱胜刚强

【原文】

　　将欲歙(xī)之,必固张之;将欲弱之,必固强之;将欲废之,必固兴之;将欲取之,必固与之。是谓微明,柔弱胜刚强。

　　鱼不可脱于渊,国之利器不可以示人。

【理解】

○"微明"就是"妙":"妙"就是"道"

　　第 2 章"老子怎么获得妙的"中,用八个实例,让我们悟得了一条"道",即得到了一条抽象的"相反相成"的客观规律,进而推断出"无为无不为"的治国方略。

　　在这里类似地列出,"将欲歙之,必固张之;将欲弱之,必固强之;将欲废之,必固兴之;将欲取之,必固与之"。意思是,想要压缩它,必定先扩张它;想要削弱它,必定先加强它;想要废去它,必定先照料它;想要夺取它，必定先给予它。这是列出了四个智取的例子，在老子眼里，这是四个"徼"。紧接着，老子说"是谓微明"，意思是，通过这四个"徼"，可抽象成一条"妙"，可见"微明"就是"妙"，当然就是"道"。

○ "微""明"都是"道"

"第33章 死而不亡者寿"运用上下文语境，说明"'明'是'道'的别称"。

在"第14章 道的四特性与道纪"中，论述"道空"的依据之一就是"揸之而弗得，名之曰微。"意思是触摸不到称为"微"。这个"微"是无形的意思，表示"道"的特性之一："道空"，"道空"就是道。显然，只要"微"所处的语言环境恰当，也可以说"微"就是"道"。

我们也可将"微明"称为具有"道空"特性的"道"。

○ 柔弱胜刚强：老子命名的"妙"

既然"微明"就是"妙"，那么这个"妙"就是"柔弱胜刚强"，是老子命名的"妙"。显然，这是"对立统一""相反相成"的自然规律。

在这里须特别注意，老子命名的"妙"是"柔弱胜刚强"，绝不是"柔弱战胜刚强"，多一个"战"字意义完全不同。

○ 国之利器不可以示人：人之道

"国之利器"是国家锋利的武器，指国家强大的权力。

"鱼不可脱于渊,国之利器不可以示人。"意思是,鱼要生存不能离开水,国家生存不能离开百姓,国家不可以用强大的权力吓唬百姓,国家更不可以用强大的权力去镇压自己的百姓。

【译文】

想要压缩它,必定先扩张它;想要削弱它,必定先加强它;想要废去它,必定先照料它;想要夺取它,必定先给予它。这是四个"徼",可抽象成一条"妙",即"柔弱胜刚强"。

鱼的生存不可以脱离水,国家生存不能离开百姓,国家不可以用强大的权利吓唬百姓,更不可以用强大的权力去镇压自己的百姓。

【评论】

○ 国之利器不可以示人:上下文语言环境

将"国之利器不可以示人"解释为"保密"似乎不妥。既然上文说"鱼不可脱于渊",那么下文就应该说"国之利器"与"人"的关系。显然,国家生存不能离开百姓,"国之利器不可以示人"的意思应该是:国家不可以用强大的权力吓唬百姓,国家更不可以凭借强大的权力去镇压自己的百姓。

从"上下文语言环境"来看,既然论述了"柔弱胜刚强:老子命名的妙",那么"国之利器不可以示人"更应该这么理解。

○ "微妙"就是"妙":清除专家误导

既然"微明"就是"妙","妙"就是"道","微""明"都是"道",那么很自然的,"微妙"就应该是"妙"或"道"的别名。好在"微妙"没有出现在《老子》里,遗憾的是2000年来"微妙"却被误解,被神秘化了。"微妙"成了哲学家笔下的神秘词汇,在名人的误导下,进而成了大众口中的神秘词汇。一提"微妙""莫名其妙"就是云山雾罩、不知所云,还谈得津津有味。

● "妙""微妙""玄妙""玄之又玄"完全被误导了

普通读者对"妙""微妙""玄妙""玄之又玄"的理解完全被误导了。

○ 读《老子》十年才知道第一章是什么

我们在第1章就论述了"'妙'是'道'的一个抽象的自然规律"这样一个根本性的问题,并在第27章"要妙:尊重老师爱惜鉴资"中,找到了根据。这样,我们才进一步懂得了下列这些问题:

"'徼'是'妙'的一个具体的自然规律:'徼'是'妙'的实例"

"获得'妙'的方法"

"获得'道'的方法:'道'就是'妙'"

"'玄'是'妙'与'徼'共同的名字"

"玄之又玄"

笔者就是在懂得了这一系列的问题之后,才第一次懂得了《老子》的第一章。也就是说,不算从前偶尔看看《老子》的情况,笔者用了近十年,在第四轮读《老子》时,才知道《老子》的第一章说的是什么。

我们看一看误读《老子》的第一章,带来了多么严重的后果:不仅误导了哲学家,误导了哲学爱好者,更严重的是误导了全国全世界所有的人。也许笔者的话言过其实了,但请看中国社会科学院语言研究所词典编辑室编,1983年,商务印书馆第二版,北京第二新华印刷厂印刷:《现代汉语词典》第1306页与第788页至第789页:

○ 对"玄"的误导

《现代汉语词典》第1306页

玄

②深奥:玄妙/玄理。

③〈口语〉玄虚;靠不住:这话真玄。

【玄乎】〈口语〉玄虚不可走马捉摸。

【玄机】道家称深奥玄妙的道理。

【玄妙】奥妙难以捉摸。

【玄想】幻想。

【玄虚】用使人迷惑的形式来掩盖真像的欺骗手段:故弄玄虚。

【玄学】①魏晋时代,何晏、王弼等运用道家的老庄思想糅合儒家经义而形成的一种唯心主义哲学思潮。

②见【形而上学】

【玄远】〈书〉(言论、道理)深远。

【玄之又玄】《老子》第一章"玄之又玄,众妙之门。"后来形容非常玄妙,难以理解。

○ 对"妙"的误导

《现代汉语词典》第788页至第789页

妙

①美妙:妙不可言。

②神奇;巧妙;奥妙:莫名其妙。

○ 结论

我们看见了,对于"玄"与"妙"理解的误导荒谬到什么程度。《词典》上的说法影响太深太远了,已无法清除。

哲学家们要从《老子》中清除这些糟糕的误导,不但是必要的而且也是可能的。

【参考各章】

第2章 相反相成无为无不为

——老子怎么获得"妙"的

第33章 死而不亡者寿

——"明"是"道"的别称:上下文语境

第14章 道的四特性与道纪
——道空
第1章 道与妙徼玄以及有无
——"徼"是"妙"的一个具体的自然规律:"徼"是"妙"的实例
——获得"妙"的方法
——"妙"是"道"的一个抽象的自然规律
——获得"道"的方法:"道"就是"妙"
——"玄"是"妙"与"徼"共同的名字
——玄之又玄
第27章 贵师爱资是谓要妙
——要妙:尊重老师爱惜鉴资

第 37 章 守道及其镇之以朴

【原文】

道恒无名,侯王若能守之,万物将自化。

化而欲作,吾将镇之以无名之朴。无名之朴,夫亦将不欲。不欲以静,天地将自正。

【理解】

○ 道恒无名

在"第 32 章 将守道转化为守朴"中,已经论述过了"道恒无名"的意思。"道"是恒定不变的,"道"是空虚的,当然也没有名气。

○ 吾将镇之以无名之朴:"镇静"是"无名之朴"

第 4 章提过,"道空"是"道"的特性之一。由于"道"处在"无"的境域里,对"道"的一切掌控过程,侯王是感觉不到的,这就容易使侯王偏离"道",表现为侯王有主观不当的欲望发作。

既然"道"是恒定不变的,我们只好寻找另外的办法修正侯王的偏离。同时,我们希望在修正侯王的偏离时,不会影响"道"的掌控过程。这时,最好在"有"的境域里,在侯王能感觉到的情况下,令侯王知道自己怎么行动。在"第32章 将守道转化为守朴"中已论述过,"朴"最能遵循"道"的"无为无不为的自然规律"。如果侯王能以"朴"为榜样,要"镇静",静观其变,不制定主观不当的政策,"镇静就是无名之朴"。这样,就可达到遵循"道"的"无为无不为的自然规律"的目的。这就是"吾将镇之以无名之朴"的意思。

【译文】

"道"是恒定不变的,无名也无名气。如果侯王能遵循"道""无为无不为的自然规律",万物将自动萌生、成长、发展、变化。

在万物自动萌生、成长、发展、变化的过程中,如果侯王有主观不当的欲望发作,就要用"镇静"这个无名之"朴"使侯王静下心来,就可遵循"道""无为无不为的自然规律",侯王便会消除主观不当的欲望,无主观不当的欲望就可以安静,天下自然就会稳定。

【评论】

○ **吾将镇之以无名之朴:再论"镇静"的精神是"无名之朴"**

哲学家们对"吾将镇之以无名之朴"有下列解释与译文：

译文1："我会用无形的'朴'镇定它。"

译文2："我将用'道'的质朴来镇摄它。"

解释与译文3："朴：形容'道'的真朴。""我将用无名的真朴状态去安定它。"

笔者在写这一章的"吾将镇之以无名之朴"之前，近十年来，从已有的注释版本读起，到不断出版注释的新版本，怎么也看不懂。我们看：

第一."镇之""镇定它""安定它"等有什么不同？问题是想说什么？

第二."道"的质朴是什么？

第三."道"的真朴是什么？

在"第32章 将守道转化为守朴"中，论及"朴"。"朴"不是"无"，不是"道"，也不是"道"的特性。"朴"处在"有"的境域内，是有形的，"朴：有名且有名气"，是万物的初始状态。所以"朴"容易认识。但，这一章论的是"无名之朴"。

在"第28章 复归于朴朴散为器"中，专门有一节论述"复归于朴常德不离"我们将这段话复制如下：

老子希望已经很雄伟刚强的人，其心态像婴儿那样柔弱，已经成"器"的人，其心态像"朴"那样纯真，他虽然没有"返朴归真"，但从心态上好像"返朴归真"，这就是"复归于朴"。总是准备积"德"的状态，这就是"常德不离"。我们知道，有"德"就是有"道"。

"吾将镇之以无名之朴"的实质是令领导者们从精神上"复归于朴",所以说,"'镇静'的精神是'无名之朴'"。

○ "朴"是实践哲学

第1章"获得'妙'的方法"与第21章"德徼妙道发现的全过程"是紧密联系在一起的。它们回答了怎么认识"道"。

"第28章 复归于朴朴散为器""第32章 将守道转化为守朴""第37章 守道及其镇之以朴"是紧密联系在一起的。它们回答了怎么应用"道"。

对人类的实践活动规律,毛泽东在《实践论》中写到"实践,认识,再实践,再认识,这种形式,循环往复以至无穷。"

老子的"朴"是实践哲学,直接将理论的"道"推入到实践过程中。我们在"第32章 将守道转化为守朴"中,曾提出"守朴:哲学史上的第二大辉煌",这样评价老子一点也不过分,实在是太重要了。

○ 敬请指正

这是老子《道经》的最后一章,笔者试图跳出传统上对老子理解的误区,评论的话多了一些,不当之处,敬请指正。

【参考各章】

第32章 将守道转化为守朴

——道恒无名

——朴:有名且有名气

——将"守道"转化为"守朴"

——守朴:哲学史上的第二大辉煌

第4章 道的特性空大宗隐

——道空

第28章 复归于朴朴散为器

——复归于朴常德不离

第1章 道与妙徼玄以及有无

——"获得'妙'的方法"

第21章 孔德之容惟道是从

——"德""徼""妙""道"发现的全过程

下篇：德经

第38章～第67章

第38章　上德不德是以有德

【原文】

上德不德,是以有德;下德不失德,是以无德。

上德无为而无以为;下德为之而有以为。

上仁为之而无以为。

上义为之而有以为。

上礼为之而莫之应,则攘臂而扔之。

故失道而后德,失德而后仁,失仁而后义,失义而后礼。

夫礼者,忠信之薄,而乱之首。

前识者,道之华,而愚之始。是以大丈夫处其厚,不居其薄;处其实,不居其华。故去彼取此。

【理解】

○ "上德"就是老子的"德"

"上德无为而无以为"意思是,"上德"完全遵循自然规律,无意表现自己的"德"。"上德不德,是以有德"意思是,"上德"不认为自己有"德",所以才有"德"。这里的"德"就是老子的"德",就是"上德"。或者说,"上德"就是老子的"德",就是"德"。

○ "下德"就是"无德"

"下德为之而有以为"意思是,"下德"不遵循自然规律,有意表现自己的"德"。

"下德不失德,是以无德。"意思是,"下德"认为自己没失"德",所以没有"德"。

这里的"德"也是老子的"德","下德"已经失掉老子的"德",正因为如此,"下德"就是无"德"。

○ 诗化语言:失道而后德

"失道而后德"的意思是,"失道"以后,我们可讲一讲失去的"德"。"失道"就是没遵循自然规律,就是"失德",就是无"德"。或者说就是"下德"。

我们应以诗化的语言来看这一段话:"故失道而后德,失德而后仁,失仁而后义,失义而后礼。"

它的意思是:"所以,失道而后可讲失去的德,失德而后才有仁,失仁而后才有义,失义而后才有礼。"我们在这里用了两个不同的词"可讲"与"才有",这里决不存在"失道而后有德"。因为"失道"即"失德",已经没有德了。接下去就是"失德"以后的事,即"失德而后才有仁,失仁而后才有义,失义而后才有礼"。"仁义礼"

是孔子的"德"。

○ 孔子的"仁义礼"

按着对"失道而后德"的理解,我们看"仁""义""礼":

"上仁为之而无以为"的意思是,"上仁"不遵循自然规律,但无意表现自己的"仁"。

"上义为之而有以为"的意思是,"上义"不遵循自然规律,并且有意表现自己的"义"。

"上礼为之而莫之应,则攘臂而扔之"的意思是,"上义"不遵循自然规律,没有人响应,于是就卷袖子裸胳臂,强推硬拽地强迫人家按"礼"行事。

"仁义礼"是孔子的"德",按老子讲的"德"的准则,孔子的"德"基本是"下德",即不是"德"。我们说"基本"的意思,是说孔子的"德"与"下德"有一点点差异,细心的读者不难发现。

○ 老子为孔子留下一点"德"

老子说"下德为之而有以为",同时又说"上仁为之而无以为",在这里,老子还为孔子留下一点"德",就是"上仁"中的"无以为",就是说,"上仁"虽然不遵循自然规律,但无意表现自己的"仁"。

【译文】

上德不认为自己有德,实际上是有德。下德自认为不是失德,实际上是没有德。

上德遵循自然规律并且不表现自己的德。下德不遵循自然规律并且故意表现自己的德。

上仁不遵循自然规律,但非故意表现自己的仁。

上义不遵循自然规律,并故意表现自己的义。

上礼不遵循自然规律,而得不到人们的响应。于是,就卷袖子裸胳臂,强推硬拽地强迫人家按"礼"行事。

所以失去了道以后可讲失去的德,失去了德以后才有仁,失去了仁以后才有义,失去了义而后才有礼。

礼这个东西,导致忠信的淡薄,是致使混乱的祸首。

号称有先见之明的人,实际仅仅感到道的虚华,实在是愚昧的开始。因此,大丈夫立身敦厚而不居于浅薄,应该心地朴实,而不在于虚华。所以要远离浅薄虚华,而坚守敦厚朴实。

【评论】

○ 什么是"德"

按老子的论述,"上德无为而无以为;上德不德,是以有德。"就是说,"德"是由三个条件决定的:

第一,完全遵循自然规律;即遵循"道",完全按"无为无不为"行事。

第二,无意表现自己的"德";即开始行事及行事过程,没有自己的企图。

第三,不认为自己有"德"。即行事结果决不为自己所有。

这个"德"的刻画比较抽象,我们能不能将"德"具体化呢?

"道"与"妙"属于"无"的境域,我们感觉不到,"徼"属于"有"的境域,我们是可以感觉到的,所以我们应在"有"的境域里揭示"德"的面貌。

唐朝陆德明著《老子音义》,说:"道生万物,有得有获,故名德。"就是说"得"或"获"或"获得"就称为"德"。实际上,"徼"运行的结果就能"得"或能"获"或能"获得",就是"德"。

例1. 春暖花开。"花"就是自然规律的"得",也就是自然规律的"德"。人或人类遵循"春暖花开"这个自然规律,得到"花",又不将获得"花"的方法占为己有,那个人或人类就有"德"。

春秋战国时期的韩非著《解老》,说:"德者,内也;得者,外也。"意思是"得"是指人的实践活动所"得","德"是人的内心品德,"得"而不去占有。

这就给我们揭示了一个具体化的"德"。

参考"第23章 希言自然得者德也"的"得者德也"与"德者同于德"两节。

○ **专利法是"失德"吗**

现代发明创造,涌现出数不清的"地之道"。这些发明创造都有相应的专利权，只有自己能利用专利制造产品，不准别人制造同样的产品。这是不是没有"道德"的表现？回答是否定的。因为发明专利不是自然产物，属于社会规律，需要投入，如果社会不保护，发明创造将不得发展，在专利的期限内，发明创造的收入能偿还发明创造的投入。过了专利的期限，专利的社会保护失效，这时，发明创造提供的生产方法不属于任何人。因此专利法没有"失德"。但，专利的有效期限是人为的，如果借机贪得无厌就是"失德"。

○ "失道而后德"惹下的麻烦

"失道而后德"与"失德而后仁，失仁而后义，失义而后礼"并列，使我们很多哲学家在此含糊其辞。这样，传给我们读者读不懂，进不了诗化境界的哲学著作，又不敢怀疑伟大的哲学家老子，只有自己苦恼。

老子用了这种整齐的排比写法，是一种诗化的写法，似乎它们的含义是一致的。其实，这个"后"字是个中性词，没说"后"面干什么，将理解的工作留给了读者。这就有了上文对"失道而后德"，与"失德而后仁，失仁而后义，失义而后礼"的理解。理解的依据是：

"上德"就是老子的"德"。

"下德"就是无"德"。

"仁义礼"是孔子的"德"。

此外，在老子的论述中还可以找到其它依据，例如，"第 21 章孔德之容惟道是从"，既然"德"的容貌只依据"道"的变化而变化,"失道"一定"失德",还有什么"失道而后有德"?

【参考各章】

> 第23章 希言自然得者德也德者道也
> ——得者德也
> ——德者同于德
> 第21章 孔德之容惟道是从
> ——孔德之容惟道是从
> ——道德:"道"的所得就是"德"

第 39 章　侯得一以为天下正

【原文】

　　昔之得一者：天得一以清；地得一以宁；神得一以灵；谷得一以盈；万物得一以生；侯得一以为天下正。

　　其致之也，谓天毋已清，将恐裂；地毋已宁，将恐废；神毋已灵，将恐歇；谷毋已盈，将恐竭；万物毋已生，将恐灭；侯王毋已高贵，将恐蹶（jué）。

　　故贵以贱为本，高以下为基。是以侯王自称孤、寡、不谷。此非以贱为本邪？非乎？故致誉无誉。是故不欲琭琭（lù）如玉，珞珞（luò）如石。

【理解】

○ **侯得一以为天下正**

　　第 10 章"载营魄抱一"说，要考察负载着道的精神的人体行为与精神是否一致，如果一致就称为"载营魄抱一"，即理解"道"并遵循"道"，在对待"道"言行一致的意义下,可将"一"理解为"道"。

这样"侯得一以为天下正"的意思就是,侯遵循"道"就可为天下的榜样。

"昔之得一者:天得一以清;地得一以宁;神得一以灵;谷得一以盈;万物得一以生;侯得一以为天下正"的意思就是,自古以来凡是遵循"道"都有好的结果:天遵循"道"就清明,地遵循"道"就安宁,神遵循"道"就有灵验,川谷遵循"道"就充盈,万物遵循"道"就繁衍滋生,侯遵循"道"就可为天下的榜样。

○ **侯王毋已高贵将恐蹶:物极必反**

虽然遵循"道"都有好的结果,"其致之也",即如果将其推到极点,应该说,"天毋已清,将恐裂;地毋已宁,将恐废;神毋已灵,将恐歇;谷毋已盈,将恐竭;万物毋已生,将恐灭;侯王毋已高贵,将恐蹶"。这就是,如果苍天不停地清明,那恐怕要破裂;如果大地不停地安宁,那恐怕要崩陷;如果神仙不停地灵验,那恐怕要失灵;如果川谷不停地盈满,那恐怕要枯竭;如果万物不停地生长,那恐怕要灭绝;如果侯王不停地高贵,那恐怕要垮台。

显然,"其致之也"的结果,是物极必反。

○ **谷:"道"的别称**

"是以侯王自称孤、寡、不谷。此非以贱为本邪?非乎?"其中"不谷"的"谷"是"道"的别称。"孤、寡、不谷"只是高高在上侯王的谦词,说说而已,并不是"以贱为本"。

此"谷"非彼"谷",与"谷得一以盈"之中的"谷"不是一个概念。

【译文】

自古以来凡是遵循"道"的都有好的结果:天遵循"道"就清明,地遵循"道"就安宁,神遵循"道"就有灵,川谷遵循"道"就充盈,万物遵循"道"就繁衍滋生,侯遵循"道"就可为天下的榜样。

将其推到极点,应该说,如果苍天不停地清明,那恐怕要破裂;如果大地不停地安宁,那恐怕要崩陷;如果神仙不停地灵验,那恐怕要消失;如果川谷不停地盈满,那恐怕要枯竭;如果万物不停地生长,那恐怕要灭绝;如果侯王不停地高贵,那恐怕要垮台。

所以,贵以贱为根本,高以下为基础。虽然侯王自称为"孤家""寡人""不道"。这不是以贱为根本,不是。所以,追求极致的荣誉就没有荣誉,不要做高贵的美玉,而要做坚硬的基石。

【评论】

○"其致之也"的另解:不符合老子"物极必反"的哲学思想

对于原文第二段:

"其致之也,谓天毋已清,将恐裂;地毋已宁,将恐废;神毋已灵,将恐歇;谷毋已盈,将恐竭;万物毋已生,将恐灭;侯王毋已高贵,将恐蹶。"

因一字之差,有一个另外的版本。那个版本就是将上述版本中的"已"字换为"以"字。整段的意思是完全相反的。

还有附带的一点,就是将"高贵"替换为"正"。

我们知道,"物极必反"是老子哲学思想的基石之一。这是笔者取舍的主要原因。例如,"谷毋已盈,将恐竭"符合老子"物极必反"的哲学思想;而将"谷毋以盈,将恐竭"译为"山谷没有充盈,将要枯竭"则不符合。相应地,将"其致之也"译成"如果推广",也不符合老子"物极必反"的哲学思想。

老子"物极必反"哲学思想的论述还有多处,例如:

第30章"诗化语言:物壮则老是谓不道不道早已"

第9章"'物极必反'是'天之道'"

○ 神得一以灵:老子的幽默

老子是否信神呢?我们说老子不信神。第25章"道法自然:没有鬼神"已经论述过了。对于"神得一以灵",如果说有"神",在天、地、神、谷、万物、侯等排列下,那"神"也仅仅是一"物"而已。因为,在老子眼里,天、地、谷、万物、侯等都是"物",都属于"有"。这个"神"列在其中,还能不是"物"吗!而且这个"神"不也是遵循"道"才灵吗?这是老子在作诗,是老子的幽默。

【参考各章】

第10章 载营魄抱一能无离乎
——载营魄抱一
第30章 物壮则老是谓不道
——诗化语言:物壮则老是谓不道不道早已
第9章 功遂身退天之道也
——物极必反是"天之道"
第25章 有物昆成先天地生
——道法自然:没有鬼神

第40章　下士闻道大笑了之

【原文】

上士闻道,勤而行之;中士闻道,若存若亡;下士闻道,大笑之。不笑不足以为道。

故建言有之:

明道若昧,进道若退,夷道若纇(lèi)。

上德若谷,广德若不足,建德若偷,质真若渝。

大白若辱,大方无隅,大器晚成。

大音希声,大象无形,道隐无名。

夫唯道,善贷且成。

【理解】

○ **下士闻道大笑之:脱离实际**

老子说,"下士闻道,大笑之。"即下等的知识分子听说"道",莫明其妙,不知所云,以至于嘲笑"道"。说明老子明白一般官员与老百姓都不懂"道",不接受

"道"。还自认为"不笑不足以为道",即不被嘲笑就不足以为道,这样高调论"道",脱离了社会上的大多数人,因此在社会上这样的"道"得不到实践的机会。这就告诉我们,为什么"道"主要流行在道教内。

○ 明道若昧建德若偷:矛盾的主要方面

"明道若昧,进道若退,夷道若纇"意思是,明亮的"道"好像暗昧,前进的"道"好像后退,平坦笔直的"道"好像高低不平弯弯曲曲。

"上德若谷,广德若不足,建德若偷,质真若渝"意思是,崇高的"德"好像低洼的川谷,广大的"德"好像表现不足,积"德"好像是苟且偷生的怠惰,质朴纯净好像是污秽浑浊。

"大白若辱,大方无隅,大器晚成"意思是,洁白好象污黑,很大的方形反而没有边角,重大器具的制作理应需要比较长的时间,却显得迟迟完不成。

明道若昧,"道"的明亮是主要方面;建德若偷,"建德"是主要方面。事物对立统一矛盾的两方面,其性质是由主要方面决定的。

○ 大象无形道隐无名:"大道"不神秘

"大象无形道隐无名"意思是,"道"没有形象,没有名,也就没有名气。还是说"道隐"。

"第4章 道的特性空大宗隐"论述了"道隐","隐"的含义有两面,一方面讲人们感觉不到"道",说"道"深奥、玄妙、恍惚的地方太多，2000多年来的哲学家们又对"道"深奥、玄妙、恍惚的渲染太多，推波助澜，致使读者认定"道"深奥、玄妙、恍惚，不可知；另一方面对人们能感觉到的妙、徼、玄、朴、德讲的太少，2000多年来的哲学家们讲妙、徼、玄，讲"朴"与老子的"德"的地方也少，本来读者通过妙、徼、玄可以很好的认识"道"，结果这条通路反倒被堵塞，读者反倒认为"玄之又玄"是个无法理解的东西，这就使那些深奥、玄妙、恍惚的地方更加神秘了。

"第1章 道与妙徼玄以及有无"论述了"'道'是可知的"，同时我们在"入道：获得道的方法"与"玄之又玄"这两节中，论述了关于妙、徼、玄的基本概念：

——"妙"是"道"的一个抽象的自然规律

——"徼"是"妙"的一个具体的自然规律："徼"是"妙"的实例

——获得"妙"的方法

——获得"道"的方法："道"就是"妙"

——"玄"是"妙"与"徼"共同的名字

——"玄之又玄"就是"徼"

——"徼"是"众妙之门"

我们不厌其烦地将妙、徼、玄的有关问题列在这里，目的是要说明"道"是可知的，没有那么神秘，或者说"道"或者说"大道"不神秘。

○ 夫唯道善贷且成：老子的无奈

老子通过"大象无形，道隐无名"等权威语录，企图解释人们为什么不愿意接受"道"。对此他还是有些无奈，所以强调"道"的作用，说："夫唯道，善贷且成。"意思是只有"道"，才善于帮助万物并且成就万物。

【译文】

上等的知识分子听了"道"的理论，就努力去实践；中等的知识分子听了"道"的理论，觉得好象是有道理又好象没道理；下等的知识分子听了"道"的理论，就哈哈大笑。但老子认为不被嘲笑那就不是真正的"道"了！

所以在社会上有影响的人说过：

明亮的"道"好像暗昧，前进的"道"好像后退，平坦笔直的"道"好像高低不平弯弯曲曲。

崇高的"德"好像低洼的川谷，广大的"德"好像表现不足，积"德"好像是苟且偷生的怠惰，质朴纯净好像是污秽浑浊。

洁白好象污黑，最大的方形反而没有边角，重大器具的制作理应需要比较长的时间，却显得迟迟完不成。

"道"的声音听来好像无声，"道"的形象看来好像无形。最重要的"道"通常是隐蔽的，没有名字，也没有名声，人们反倒不知。

众人应该知道，只有"道"，才善于帮助万物并成就万物。

【评论】

○ 老子脱离实际

老子讲"道"的对象是圣人,是统治者,圈子太小。实际上,这个小圈子的人也没接受"道"。"上士闻道,勤而行之"这个估计过于乐观了。当然,"中士闻道,若存若亡;下士闻道,大笑之"就不奇怪了。老子自己还说"不笑不足以为道"。老子太脱离实际了。这一点与当时的孔子一样,孔子想回到周,恢复周礼;老子想回的更远,想回到原始社会去。"第67章 小邦寡民食服居俗"是老子理想的社会。

参考第72章"再论老子脱离实际"。

● 再论"道"是可知的

这一章老子将自己放在被告席上,被动地为"道"辩护,却总感到自己信心不足,原因是老子对"小国寡民"理想社会的向往是不能实现的乌托邦,束缚了老子的思想。其实,老子在妙、徼、玄、德、以及朴的建树上是很伟大的,那里有答案:"道"是可知的。我们要传承老子的"道",要前进,要发展,就要反复从妙、徼、玄、德、朴等中寻找出路,将那些模模糊糊、玄玄乎乎、或隐或现、或冥或幽的东西,毫不留情地剔除,同时以现代科学研究的方法把握妙、徼、玄、德、朴,深入研究自然规律、社会规律、科学技术的规律,以跳出"道"的迷宫。

请参考:

附录2 妙徼玄的列表

附录3 朴象德以及五弗的列表

附录1 道的列表

老子运用第1章"'徼'是'妙'的一个具体的自然规律:'徼'是'妙'的实例"与"获得'妙'的方法",发现了大量的"妙"。

首先,发现了大量的自然规律。

自然规律就是"天之道"。在"第9章 功遂身退天之道也"中,论述了"天之道:老子第一次提出'天之道'"。实际上,从"第2章 相反相成无为无不为"中就出现了"对立统一相反相成的自然规律",后来的很多章出现了很多自然规律。

请参考:附录1-1 道——对立统一列表

其次,发现了大量的社会规律。

社会规律就是人之道。在"第68章 人之道为而弗争"中,"人之道为而弗争:老子第一次提出人之道",实际上,从"第2章 相反恒相成无为无不为"就出现了"无为无不为"这样的社会规律,后来的很多章出现了很多社会规律。

请参考:"附录1-4.天之道地之道人之道列表"中的"人之道"列表,包括:

顺"天之道"的"人之道"

择"天之道"的"人之道"

人之道:离"天之道"的"人之道"

第三,发现了科学技术规律。

对科学技术的客观规律,我们称之为"地之道"。在"第11章 相辅相成地之道"中,我们论述了"地之道:科学技术"。老子没提过科学技术的客观规律,但是,庄子在庖丁解牛的故事中说,庖丁不费什么力气,就把牛大卸八块。对这样一个科学技术问题,庄子借庖丁之口说"在下追求的是大道"。

科学技术的客观规律就是科学技术之道。如果说,春秋战国时期科学技术还不发达,还没有引起哲学家足够的重视,那么当前的情况就大不相同了,现代科学技术处处都显示出客观规律,处处都看得着"地道"的技术,也就是处处都显示出"地之道"。

【参考各章】

第4章 道的特性空大宗隐

——道隐

第1章 道与妙徼玄以及有无

——"道"是可知的

——入道:获得"道"的方法

——"妙"是"道"的一个抽象的自然规律

——"徼"是"妙"的一个具体的自然规律:"徼"是"妙"的实例

——获得"妙"的方法

——获得"道"的方法:"道"就是"妙"

——"玄"是"妙"与"徼"共同的名字

——玄之又玄

——众妙之门

第67章 小邦寡民食服居俗

——小国寡民

第72章 知我者希则我者贵

——再论老子脱离实际

第9章 功遂身退天之道也

——天之道：老子第一次提出"天之道"

第2章 相反相成无为无不为

——对立统一相反相成的自然规律

——无为无不为

第68章 人之道为而弗争

——人之道为而弗争：老子第一次提出"人之道"

第11章 相辅相成地之道

——地之道：科学技术

第41章　反者道之动弱者道之用

【原文】

反者道之动,弱者道之用。天下万物生于有,有生于无。

【理解】

○ 反者道之动:"道"完整的循环运动

"第1章 道与妙徼玄以及有无"论述了"万物起源:道的第一个应用"。具体讲了"天下万物生于有,有生于无"的自然规律。

在第25章"域中有四大"中讲,"道"称为"大",就是"大道",并在"道宗:强为之名曰大"中说"大曰逝,逝曰远,远曰反"。就是说,"大道"运行不止,运行到很遥远,遥远达到无穷时,返到开始运行的始点——"无"的虚静处。

老子在"第16章 归根复命"中论述了"虚极生静:

道""至虚守静:道""静极生动:道"里面讲,"至虚极也,守静笃也。万物旁作,吾以观其复也"。意思是说,从虚静处开始,"道"掌控着万物普遍出生,我观察它们成长、成熟、壮大、衰败、死亡等。由此老子论述了"归根复命大循环过程"与"返朴归真小循环过程"。这两个循环过程就是"道"掌控着万物运动的两个循环方式。

在这里我们看到"道"掌控着"有",并与"有"一起共同运动的过程。或者说,在"反者道之动"的过程中,"道"始终掌控着"有"的运动过程。这是我们可以感觉到的"道"最基本的运动规律。

例1. 小站稻成熟后,最后死亡,完成了归根复命的过程、返朴归真的过程;同时,进入下一个返朴归真的过程。

例2. 一粒玉米种子,发芽、成长、成熟、壮大、最后还原为一粒玉米种子。这是一个反朴归真的过程;同时,玉米的根、茎、叶死亡,完成归根复命的过程。

同时,我们细细地想一想"虚极生静:道""至虚守静:道"所表达的"至虚极也,守静笃也"也是一个过程,它不是"道"掌控着"有"运动的过程,而是"道"掌控着"无"运动的过程。在"有无相生"的过程中,应该存在一个"有生成无"的过程。"我们不能观其复",但我们可以想象,从"有生成无"一直到"至虚极也,守静笃也"存在一个由"道"掌控着"无"运动的完整过程。

这样,从"无生成有"开始,经过"有"的整个运动过程,达到"有"的极限状态,然后发生"有生成无",经过

"无"的整个运动过程,达到"至虚极也,守静笃也"。这是"道"掌控着"有"与"无"运动的整个循环过程。这个循环过程才是"反者道之动"的全部含义。同时,从这个循环过程,也看清了"道"在整个宇宙中的作用。

○ **弱者道之用:弱能胜强**

老子在第 36 章中讲"柔弱胜刚强:老子命名的'妙'",是说"强"者应该以"弱"示人;这就是"弱者道之用"。

在第 28 章中讲"知其雄守其雌常德不离复归于婴儿",也是讲"弱者道之用"。

"反者道之动:'道'完整的循环运动"的整个过程都是在不声不响之中完成的,是以柔弱的状态完成的。这就是"弱者道之用"。

按着"道"行事的时候,要使用"弱"的方式,老子认为"示弱"最能遵循"道",最能使"道"实现掌控的作用,是应用"道"的最好方法。

"示弱",以此遵循"道",如果对手也"示弱",那么他不会妨碍"示弱"者遵循"道","示弱"者会达到目的;如果对手"逞强",那么他就有主观不当的作为,背"道"而驰,脱离"道",就会失败,"示弱"者仍然会达到目的。

例 1. 解放前,共产党与国民党斗争的历史就是这样,国民党开始处于"强"势,且以"强"示人,最后失败。这是因为国民党总是采取主观不当的政策,所以失败。

例 2. 红军在井冈山时期,当时"左"的领导一定要求红军攻打大城市长沙,当时,红军处于"弱"的一方,自己真的不强,又要"逞强",结果当然是失败。这是因为没有遵循客观规律,制定了主观不当的政策,所以失败。

所以,老子认为不管自己处于"强"势,还是处于"弱"势,都应以"弱"示人。

【译文】

"道"以循环的方式运动,永不停息,在运动过程中,"道"以柔弱的状态对万物起掌控的作用,弱能胜强。道的掌控的作用之一是万物起源,天下万物生于能感觉到的"有",而"有"却生于感觉不到的"无"。

【评论】

○ 万物运行的回顾与展望

"第14章 道的四特性与道纪"的"道纪",讲"道"的应用有两个方面:

第一.指导现实实践;

第二.探求万物起源。

"第1章 道与妙徼玄以及有无"首先讲了"万物起源:'道'的第一个应用",因为那儿出现了"'有'是万物之母:有母""'无'是万物之始:始母""'道'始终掌控着'有'与'无'的变化:道母",开始了万物起源与运行的探讨。

万物起源与运行的论述很多,比较重要的有第16章与第42章。

第16章 归根复命

——虚极生静:道

——至虚守静:道

——静极生动:道

——归根复命大循环过程

——返朴归真小循环过程

我们在这一章中回顾了这些内容。

第42章 道生一冲气以为和

——道生一,一生二,二生三,三生万物

——道生一:有生于无

——一生二:一分为二

——二生三:合二而一

——三生万物

——"道生一"的特殊性:诗化语言

我们将在下一章中展望这些内容,以更好地理解万物的起源与运行。

【参考各章】

第1章 道与妙徼玄以及有无

——万物起源:"道"的第一个应用

第25章 物昆成先天地生

——道宗:强为之名曰大

——域中有四大

第16章 归根复命

——虚极生静:道

——至虚守静:道

——静极生动:道

——归根复命大循环过程

——返朴归真小循环过程

第36章 微明是妙弱胜刚强

——柔弱胜刚强:老子命名的"妙"

第28章 复归于朴朴散为器

——知其雄守其雌常德不离复归于婴儿

第14章 道的四特性与道纪

——"道纪"

第42章 道生一冲气以为和

——道生一,一生二,二生三,三生万物

——道生一:有生于无

——一生二:一分为二

——二生三:合二而一

——三生万物

——"道生一"的特殊性:诗化语言

第42章 道生一冲气以为和

【原文】

道生一,一生二,二生三,三生万物。万物负阴而抱阳,冲气以为和。

天下之所恶,唯"孤""寡""不谷",而王公以自名也。

物或损之而益,益之而损。

故人之所教,亦议而教人,强良者不得死,吾将以为学父。

【理解】

• 合二而一:道

冲气以为和:"冲"是"道""和"也是"道"

"第4章道的特性空大宗隐"论述"道空"时说,"冲"就是"空","空"就是"道",即"冲"是"道"。

按中医理论,"气"是动力,就好象汽油是汽车的动力一样。当"气"足够时,在"气"的推动下,"道"将"阴"与"阳"合二而一为"和",这就是"冲气以为和"。

同时,我们也看到了"冲气以为和"的"和"也是"道"。

○ 万物负阴而抱阳冲气以为和

在万物都分阴、阳的条件下,既然"冲气以为和"的意思清楚了,"万物负阴而抱阳,冲气以为和"的意思也就清楚了。

○ 孤寡不谷:违和背道

"冲气以为和"说的就是"和"。"三生万物"就是"依和生物"。

在"第6章 谷神不死是谓玄牝"中,论述了"谷神就是道",就是说"不谷"就是不遵循"道"。

"天下之所恶,唯'孤''寡''不谷',而王公以自名也"意思是,人们最厌恶的就是"孤独造成的不和""寡处造成的不和""没有遵循好'道'",王公自称是孤寡不"道",以提醒自己"依和生物""依和生财""依和兴邦",就是我们现在说的"团结就是力量""团结一切可以团结的力量"。这就是"依和生物"。否则就是"违和背道"。

• 道生一,一生二,二生三,三生万物

"道生一,一生二,二生三,三生万物。万物负阴而

抱阳,冲气以为和"。这是再论第一章"出道:万物起源"。

○ 道生一:有生于无

第41章"天下万物生于有有生于无",在"有生于无"的过程中,作为自然规律的"道"始终跟随并控制着"有"与"无"的对立统一,相互转化。所以,"道生一"是依自然规律"道",由"无"转化为"有",这里"有"就是"一",这个"一"是一个"混沌物",就是"第25章 有物昆成先天地生"说的那个"混沌物"。这样,在"道"掌控下,继续发生了一系列"万物起源"的活动。完全符合第1章"'无'是万物之始:始母"的论述。

"道生一"完成了"有生于无"的过程。这里的"无"不是"道",第2章"道恒:道是永恒不变的"讲"道"是永恒不变的,又怎么能变成"一"呢?这里的"无"是"有无相生"的"无"。

○ 一生二:一分为二

"混沌物"被"道"一分为二,分裂为"天"与"地",即生天地。二者分别具有"阳气"与"阴气"。这样,从"一生二"开始,进入"有"生"有"的变化。

○ 二生三:合二而一

天地的阴阳之气在"冲气以为和"的作用下,开始产生新的"物"。这是合二而一,完成"二生三"的过程。

三生万物

"物"分阴阳,在"冲气以为和"的作用下,"物"生"物";"物"又分阴阳,在"冲气以为和"的作用下,又生"物"。依此类推,直到生"万物"。"万物负阴而抱阳,冲气以为和"。这个"万物"包括天地,从天地开始,到老子的春秋时代,到现在,一直到无穷。

我们连起来看"道生一,一生二,二生三,三生万物。万物负阴而抱阳,冲气以为和"的意思,依自然规律"道",由"无"转化为"有",这里"有"就是"一",这个"一"是一个"混沌物"。"混沌物"分裂为"天"与"地",即生天地。天地的阴阳"冲气以为和"生物,物分阴阳,又"冲气以为和"生物,依此类推,直到生"万物"。

"道生一"的特殊性:诗化语言

我们回过头来看"道生一",这个"生"与"一生二,二生三,三生万物"的"生"意义不同。"道生一"是对立统一体内"无"与"混沌物"的转化,混沌物、无、道是同时存在的。它们三者对立统一,相反相成或相辅相成。

"一生二"是"一分为二";

"二生三"是"合二而一";

"三生万物"都与"二生三"一样是合二而一,合二而一这个过程会一直延续下去,直到无穷。最后的变化是在发生"有无相生"时。

- **相反相成：以弱胜强**

  ○ **相反相成：以弱胜强**

  "物或损之而益,益之而损"意思是,如果减损它却反而得到增益,如果增益它却反而落到减损,是"相反相成以弱胜强"的自然规律。

  ○ **强良者不得死：诗化语言**

  "故人之所教,亦议而教人,强良者不得死,吾将以为学父"意思是,前人教导我以弱胜强,我也研究它去教别人。霸道强暴的人缺"德",必死无疑。我将把这相反相成、以弱胜强的自然规律作为学习的开始与榜样。

  在这里,老子进一步提供了"第41章 反者道之动弱者道之用"中提出的"弱者道之用：弱能胜强"的依据。

【译文】

依自然规律"道",由"无"转化为"有",这里"有"就是"一",这个"一"是一个"混沌物"。"混沌物"一分为二为"天"与"地",即生天地。天地分阳阴,在"气"的推动下,"道"将"阴"与"阳"合二而一,生物。物分阴阳,阴阳又合二而一,生物,依此类推,直到生"万物"。

人们最厌恶的就是"孤独造成的不和""寡处造成

的不和""没有遵循好'道'",王公自称是孤寡不"道",以提醒自己"依和生物"。

如果减损它却反而得到增益,如果增益它却反而落到减损。是"相反相成以弱胜强"的自然规律。

前人教导我以弱胜强,我也研究它去教别人。霸道强暴的人缺"德",必死无疑。我将把这相反相成以弱胜强的自然规律作为学习的开始与榜样。

【评论】

• 有母始母道母

在"第1章 道与妙徼玄以及有无"中,曾经论述过三位不同的母亲:

"有"是万物之母:有母
"无"是万物之始:始母
"道"始终掌控着"有"与"无"的变化:道母

在这一章中,我们又看到了这三位母亲:

○ 道生一:始母

"道生一"是依自然规律"道",由"无"转化为一个"混沌物",就是说"'无'是万物之始:始母"。

○ 一生二,二生三,三生万物:有母

"一生二,二生三,三生万物"就是说"'有'是万物之母:有母"。

○"道"始终掌控着道生一,一生二,二生三,三生万物:道母

"道生一,一生二,二生三,三生万物"都是在"道"掌控下完成的。就是说"'道'始终掌控着'有'与'无'的变化:道母"。老子讲的"道母"可参考:

第6章 谷神不死是谓玄牝

——"玄牝"是具有母性的"道"

第20章 我独异于人贵食母

——"食母"是哺育我的"道"

第25章 有物昆成先天地生

——"有母"与"道母":生母与养母的概念

第59章 治人事天莫若啬

——有国之母可以长久:道母

——有国之母为什么是养母:用典的诗化语言

第62章 道者万物之主为天下贵

——道者万物之主

○"混沌物"可能是老子疏忽的产物

在"第25章 有物昆成先天地生"中有一个"混沌物",那个"混沌物"包括"道",弄得很复杂。

因为这一章的第一句"有物昆成,先天地生"说的是"物",但除了这句话之外,全文说的全是"道",所以有的专家就说这个"物"是"道"。很矛盾,"道"属于"无",而"物"属于"有",两者怎么会是一个概念呢!

如果"混沌物"不包括"道",仅仅是不分阴阳的"混沌物","道生一"就是生这个"混沌物",简单明了,很好理解。

例如将"有物昆成,先天地生"从第 25 章独立出来,将"有物昆成,先天地生"纳入第 42 章,以满足"道生一"的需要。将第 25 章的"有物昆成,先天地生"改为"道空,先天地生"。明白无误,通俗易懂。

将这个"混沌物"的概念弄得这么复杂,实为不妥,这种情况可能是老子疏忽的结果。

【参考各章】

第 4 章 道的特性空大宗隐

——道空

第 41 章 反者道之动弱者道之用

——弱者道之用:弱能胜强

——天下万物生于有有生于无

第 25 章 有物昆成先天地生

——混沌物

第 1 章 道与妙徼玄以及有无

——"有"是万物之母:有母

——"无"是万物之始:始母

——"道"始终掌控着"有"与"无"的变化:道母

——出道:万物起源

第 2 章 相反相成无为无不为

——道恒:"道"是永恒不变的

第 6 章 谷神不死是谓玄牝

——"谷神"就是"道"

——"玄牝"是具有母性的"道"

第 20 章 我独异于人贵食母

——"食母"是哺育我的"道"

第 25 章 有物昆成先天地生

——"有母"与"道母":生母与养母的概念

第 59 章 治人事天莫若啬

——有国之母可以长久:道母

——有国之母为什么是养母:用典的诗化语言

第 62 章 道者万物之主为天下贵

——道者万物之主

第43章　天下至柔驰骋至坚

【原文】

天下之至柔,驰骋天下之至坚。无、有入无间,吾是以知无为之有益。

不言之教,无为之益,天下希及之。

【理解】

○ 天下之至柔驰骋天下之至坚

第10章"专气致柔,能如婴儿乎"给了我们一个"柔"的具体形象。至柔是理想的"柔"。

"天下之至柔,驰骋天下之至坚。无有入无间,吾是以知无为之有益"意思是,天下最柔弱的东西可在天下最刚强的东西中间驰骋。"无"与"有"都可以进入到不存在间隙的东西内。所以,我懂得"无为"的好处。

当然,间隙存在与否以人的主观感觉为准。

例1.水可以浸入最坚硬的木头内。

例2.一方形木块在高压下可以由厚变薄,长短可保持不变。说明"无"已存在原木块内。

例3.一颗钉子可以钉入一块木头。说明"有"可以进入到不存在间隙的东西内。

○ "无为"是老子遵循"道"最好的方法

"不言之教,无为之益,天下希及之"。不贯彻主观不当的政策的好处,也就是"无为"的好处,天下很少有人懂的,当然更谈不上做到。其实,"无为"是老子遵循"道"最好的方法。

【译文】

天下最柔弱的东西可在天下最刚强的东西中间驰骋。"无"与"有"都可以进入到不存在间隙的东西内。所以,我懂得"无为"的好处。

不贯彻主观不当的政策的好处,"无为"的好处,天下很少有人懂的,当然更谈不上做到。其实,"无为"是老子遵循"道"最好的方法。

【评论】

○ "至柔"就是"无为"

第8章"上善若水故几于道:近似的'道'"告诉我们,水滋润万物让它们生长,且不与万物争什么,处在众人厌恶的最低处,所以柔弱的水性非常接近于"道"。

这是"水近似于'道'的务实意义"。

我们理解"天下之至柔",看柔弱的水性最容易明白,最好的柔性就是"无为","至柔就是无为"。

我们再看一眼这段话:"天下之至柔,驰骋天下之至坚。无、有入无间,吾是以知无为之有益。"开头处出现"至柔",结尾处才出现"无为"。整段话说"至柔",结论应该是知道"至柔"的好处,为什么是知道"无为"的好处呢?显然,"至柔"就是"无为"。

【参考各章】

第10章 载营魄抱一能无离乎
——专气致柔,能如婴儿乎
第8章 上善若水不争之争
——上善若水故几于道:近似的"道"
——水近似于"道"的务实意义

第 44 章　知止不殆可以长久

【原文】

名与身孰亲？身与货孰多？得与亡孰病？
甚爱必大费；多藏必厚亡。
故知足不辱，知止不殆，可以长久。

【理解】

○ 甚爱必大费多藏必厚亡：过犹不及

天津住房一平方米已经涨到 1.5671 万元，一些没用的东西年复一年的占着宝贵的空间，这是常见的现象。"甚爱必大费"说得好，意思是，过分的吝惜必招致更大的破费。类似的现象很多，例如，双方合作，不想照顾对方，招致合作分道扬镳，损失惨重。"多藏必厚亡"意思是，丰厚的储藏必有严重的损失。贪得无厌的后果往往是害己害人，是非常悲惨的。这都是"过犹不及"。

"名与身孰亲？身与货孰多？得与亡孰病？"意思是，名声与身体相比哪个亲切？身体与财产相比哪个重要？得到和丧失相比哪个有害？这是个决定取舍的问题，如果不去过分贪图名利，就不会伤身。同样也渗透着"过犹不及"的思想。

○ 知足不辱，知止不殆

"故知足不辱，知止不殆，可以长久"意思是，知道满足就不会遭到烦恼，知道适可而止就不会遇到危险，可以长久安全。参考第46章"知足常乐"。

【译文】

名声与身体相比哪个亲切？身体与财产相比哪个重要？得到和丧失相比哪个有害？

过分的吝惜必招致更大的破费，丰厚的储藏必有严重的损失。

知道满足就不会遭到烦恼，知道适可而止就不会遇到危险，可以长久安全。

【评论】

○ "知止不殆"很难做到

在日常社会与工作中，"过犹不及"的实例比比皆是，这些都是"徼"。因此，很容易认识抽象的"妙"——"过犹不及"。这是自然规律，是"道"。但，真正"知止"

的人十分罕见。

孔子的学生曾子在《大学》中,针对作学问说:"知止而后有定,定而后能静,静而后能安,安而后能虑,虑而后能得。物有本末,事有终始。知所先后,则近道矣。"

当今谈"知止"最通俗的例子是贪官,贪官为什么人心惶惶?就是"过贪"又不"知止"。

我们在这里重新复习第10章"载营魄抱一能无离乎"。这句话是说,负载着"道"的精神的人体行为与"道"的精神一致,这样的状况能一直保持下去吗?我们通常说"言行一致"就是说到做到,现在说的是"心行一致"——既然"道"告诉你哪些事不要做,你心里也明白,为什么要做呢!

【参考各章】

第46章 天下有道走马以粪
——知足常乐
第10章 载营魄抱一能无离乎
——载营魄抱一能无离乎

第45章　大成若缺其用不弊

【原文】

大成若缺,其用不弊。大盈若冲,其用不穷。大直若屈,大巧若拙,大辩若讷,大赢若绌。静胜躁,寒胜热。清静为天下正。

【理解】

○ 大成若缺其用不弊:矛盾的主要方面

这一段诗化的语言"大成若缺,其用不弊。大盈若冲,其用不穷"是说,看起来越大的成就,越难免让人觉得其中仍有缺欠。例如,我们论的"道"与"德",这是哲学上前无古人的发现,然而其中仍有难以论说清楚的地方。不过,它们在应用时不会有弊病。偌大的空间中的"道"是取之不尽的,尽管我们感觉不到,好像是空虚的,但"道"是用之不竭的。

通俗地说,这就好象"大直若屈,大巧若拙,大辩若讷,大赢若绌"。意思是,最挺直的东西好像弯曲,最灵巧的表现好像笨拙,最好的口才好像迟钝,最大的赢余好像不足。

我们看问题时,面对矛盾着的两方面,应该抓住"矛盾的主要方面"。在这里,一般的情况下,我们就应该关注大成、大盈、大直、大巧、大辩、大赢等主要方面,而忽略次要方面。

○ **沉静无为还是浮躁主观:矛盾的主要方面**

"静胜躁,寒胜热。清静为天下正"意思是,沉静能克服浮躁,冷静能克服躁热,清净无为可以做天下的模范。

分析一个人的心理,"沉静"是矛盾的一方面,"浮躁"是矛盾的另一方面。有的人能够以"沉静"克服"浮躁",这个人的心理"沉静"是矛盾的主要方面,而"浮躁"是矛盾的次要方面,"沉静"起主导作用,"沉静"克服了"浮躁",这个人表现是"沉静"的。相反,这个人表现则是"浮躁"的。

同理,"冷静"与"热躁",也是如此。所以,"清净无为"与"主观不当的行为"是矛盾的两个方面,当"清净无为"为矛盾的主要方面,"清净无为"起主导作用时,这个人就可以做天下的模范。

关于以上观点,读者可参考毛泽东《矛盾论》之四"主要的矛盾和主要的矛盾方面"。

【译文】

挺大的成就好像是有缺欠,它的应用不会有弊病。取之不尽的东西好像是空虚的,但是用之不竭的。

最挺直的东西好像弯曲,最灵巧的表现好像笨拙,最好的口才好像迟钝,最大的赢余好像不足。

沉静能克服浮躁,冷静能克服躁热,清净无为的状态可以做天下的模范。

【评论】

○ 主要矛盾与矛盾的主要方面

关于矛盾的主要方面,除了本章反复论述外,在以下各章中都有论述:

第 26 章 重为轻根静为躁君

——"重为轻根静为躁君"应居矛盾的主要方面;

第 40 章 下士闻道大笑了之

——明道若昧建德若偷:矛盾的主要方面;

第 61 章 大邦下流天下之牝

——大国是矛盾的主要矛盾方面。

但,纵观《老子》第 1 章至第 81 章,没有一处谈到"主要矛盾",因为老子的论题都是单一的对立统一体。我们知道,老子反对战争。有的专家说《老子》是关于战争的论著,其实,老子不研究战争,如果研究战争,战争中主要矛盾与次要矛盾比比皆是,怎么会不论战争中的"主要矛盾"呢?

【参考各章】

第 26 章 重为轻根静为躁君
——"重为轻根静为躁君"应居矛盾的主要方面
第 40 章 下士闻道大笑了之
——明道若昧建德若偷:矛盾的主要方面
第 61 章 大邦下流天下之牝
——大国是矛盾的主要矛盾方面

第46章 天下有道走马以粪

【原文】

天下有道,却走马以粪。天下无道,戎马生于郊。

祸莫大于不知足;咎莫大于欲得。故知足之足,常足矣。

【理解】

○ 祸莫大于不知足咎莫大于欲得:过犹不及

"祸莫大于不知足;咎莫大于欲得"意思是说,最大的灾祸是不知道满足,最大的罪过是贪得无厌。贪得无厌的人,就不会遵循客观规律,主观不当的政策就会被制定,于是闯祸、犯罪、侵略战争都可能发生。

【译文】

坐天下的人遵循"道"时,战马还给农民,农民都用来耕地;坐天下的人不遵循"道"时,怀孕的马也要上战场,将马驹子生在郊野上。

最大的灾祸是不知道满足,最大的罪过是贪得无厌。所以,知足的人,永远是满足的。

【评论】

○ 知足常乐

"第44章 知止不殆可以长久"论及"知止不殆很难做到"时,引用了孔子的学生曾子所著《大学》中的一段话,是专门论及"知止"的,即"知止而后有定,定而后能静,静而后能安,安而后能虑,虑而后能得。物有本末,事有终始。知所先后,则近道矣"。虽然里面论的"道"不是老子的"道",但"知止"的思想是完全一致的。

"知足"就是"知止",知足常乐。

【参考各章】

第44章 知止不殆可以长久
——"知止不殆"很难做到

第47章　不出户知天下

【原文】

不出户，知天下；不窥牖（yǒu），见天道。其出弥远，其知弥少。是以圣人不行而知，不见而明。不为而成。

【理解】

○ **不出户知天下：诗的意境**

"不窥牖，见天道"意思是，不望窗外，就能看到自然规律"天之道"。其实，你天天望着窗外，也看不到自然规律。老子认为，当认识了一件事情的具体例子之后，还要认识另外一件事情的具体例子，认真思考，全力以赴地去发现其中蕴含着什么自然规律，然后就很容易认识更多的具体例子。如果你不认真思考，到处东张西望，就会发生"其出弥远，其知弥少"的情况，就是说，走出去的越远，知道的道理会越少。因为东跑西颠,耽误了静下来认真思考,不深入思考,怎么发现自然规律?

"不出户,知天下"就是叫我们静下心来认真思考。"是以圣人不行而知,不见而明"也是叫我们静下心来认真思考。

【译文】

不出大门,就能知道天下事的道理。不望窗外,就能看到自然规律"天之道"。走出去越远,知道的道理越少。所以,圣人不能没完没了亲身经历、亲自观察,而应在积累了一定的亲身经历、亲自观察后静下来思考,认真思考才能知晓事情的道理。不妄为才能成功,即"无为无不为"。

【评论】

○ 老子的认识论决不是唯心的:老子的诗化语言

有些哲学家说,老子的认识论是唯心的,其依据就是"不出户,知天下"与"是以圣人不行而知,不见而明"。

"不出户,知天下"是老子的诗化语言,既然是诗,决不会还说明在什么条件下,才得到什么结论。诗讲究诗的意境,在老子诗的意境下,不出大门,在家里绞尽脑汁地思考,才知道了天下的"道"。

类似地,"是以圣人不行而知,不见而明"也是在

"不行""不见"的时候,坐在家里思考,才"知",才"明"的。

老子的认识论决不是唯心的。

○ **老子诗的意境是什么呢?**

在这种"不出户,知天下"的思考之前,老子是否观察了好多的实际例子呢,这是肯定的。请回顾第 2 章 "对立统一相反相成的自然规律":

首先,老子观察到:"天下皆知美之为美,斯恶矣;皆知善之为善,斯不善矣",并称其为"徼"。

其次,老子不出户,深思熟虑,发现这是一种自然规律。虽然他那时没有为这个自然规律命名。后人为其命名为对立统一相反相成的客观规律。

第三,在发现"对立统一相反相成的客观规律"之后,又很容易地观察到更多的例子:

有无相生;

难易相成;

长短相形;

高下相倾;

音声相和;

前后相随。

这就是老子的认识过程,这个过程是老子诗"不出户,知天下"的意境。这个诗的意境就足以证明老子的认识论不是唯心的。

○ **毛泽东诗词的意境**

如果我们还不能理解老子诗化的哲学,可读一读毛泽东诗词,可以先理解一下诗的意境。

"宜将剩勇追穷寇,不可沽名学霸王。"

人民解放军过长江解放南京是诗的意境,百万雄师过大江,天翻地覆慨而慷,是那么豪迈,抒发了全国人民胜利的感情。

解放台湾,就没讲"宜将剩勇追穷寇",就没有急于去解放台湾。为什么？因为客观环境不是那种"意境",就是没有那个条件。

"文化大革命"时,大喇叭天天播"宜将剩勇追穷寇",结果怎么样呢？当然是没有用。因为"意境"不对,弄颠倒了,根本就不是那个条件。

如果把这首诗的"意境"弄明白了,同理,可以理解老子诗化的哲学。

【参考各章】

第 2 章 相反相成无为无不为
——对立统一相反相成的自然规律

第48章　为学日益为道日损

【原文】

为学日益,为道日损。损之又损,以至于无为。无为而无不为。取天下常以无事,及其有事,不足以取天下。

【理解】

○ 为学日益为道日损

"为学日益",求学问时天天增加新的知识,特别是增加儒家的"仁义礼知",天天增加智巧、伪诈、奸邪。"第18章 大道废有仁义"论述的"智慧出有大伪"就是说的这些智巧与伪诈。"第19章 绝圣弃知见素抱朴"论述的"绝学"就是抛弃儒家的"仁义礼知"。

"为道日损",研究"道"会深刻认识自然规律,天天减少智巧、伪诈、奸邪。

○ 损之又损

"损之又损,以至于无为"。这个"损之又损",损什么呢?损"智巧",又是损什么呢?其实是损"应用道的距离"。认识"道"越深刻,距离"道"的应用越近,这个"智巧"与"应用道的距离"一损再损,就是"损之又损"。以至于离"道"的应用没有距离,就是"无为"。

回顾"第1章 道与妙徼玄以及有无"中,对"玄之又玄"的理解,再在这里对照一下"损之又损",也许对两者的理解,都有帮助。"玄之又玄"是越来越接近对"道"的认识,从"道"到"妙",从"妙"到"徼",抓住了"徼",对"道"的认识就具体化了;"损之又损"是指越来越接近对"道"的应用——"无为"。

○ 无为而无不为:老子命名

在"第2章 相反相成无为无不为"中,就论述了"无为无不为",这是"对立统一,相反相成"自然规律在人类社会上最基本最重要的应用。在这一章通过研究"道"的过程,老子直接命名了"无为而无不为"这条社会规律。证明了对第2章"无为无不为"理解的正确性。

【译文】

学习儒家的"仁义礼知",天天增加智巧、伪诈、奸邪;研究自然规律,天天减少智巧、伪诈、奸邪。减少再减少,以至于达到"无为"的境地。

无为无不为。治理天下不需要主观不当的政策。如果经常制定主观不当的政策,就不可能治理好天下。

【评论】

○ 学与思

"为学日益"的意思是,求学问时天天增加新的知识。在这一章之前都是说"不学",例如:

第3章"无知无欲"

第10章"明白四达能无知乎"

第18章"智慧出有大伪"

第19章"绝学无忧"

这些都是叫人们抛弃儒家的"仁义礼知"。其实,除了儒家学说,还有很多知识可学,难道老子的"道"也不希望人们学吗?即使是儒家学说,老子也学了,否则老子怎么去反对儒家学说?所以说问题不是学与不学,而是学了以后是否思考。

第47章"不出户知天下:诗的意境"就是老子叫我们静下心来认真思考。孔子也谈思考的问题,《论语》"为政"第十五章,子曰:"学而不思则罔(wǎng),思而不学则殆(dài)。"意思是,孔子说:"只是读书,却不动脑筋思考,就会受蒙蔽;只是冥思苦想,却不认真读书,就会疑惑而无所得。"

当然,"学"不仅仅是读书。"第27章 贵师爱资是谓要妙"中老子叫人们要向社会上的师资学习,社会上的"师资:老师与鉴资"就应该是社会上所有的人,即"善人,善人之师;不善人,善人之资"。可见,老子很重视学习,所谓"不学"是反对学儒家学说的"仁义礼知"。

【参考各章】

第18章 大道废有仁义

——智慧出有大伪

第19章 绝圣弃知见素抱朴

——绝学无忧

第1章 道与妙徼玄以及有无

——玄之又玄

第2章 相反相成无为无不为

——无为无不为

第3章 无知无欲无为无不治

——无知无欲

第10章 载营魄抱一能无离乎

——明白四达能无知乎

第47章 不出户知天下

——不出户知天下:诗的意境

第27章 贵师爱资是谓要妙

——师资:老师与鉴资

第49章 圣人无心以百姓心为心

【原文】

圣人常无心,以百姓心为心。
善者,吾善之;不善者,吾亦善之;德善。
信者,吾信之;不信者,吾亦信之;德信。
圣人在天下,歙歙(xī)焉,为天下浑其心,百姓皆注其耳目,圣人皆孩之。

【理解】

○ **圣人常无心:顺"天之道"的"人之道"**

"圣人常无心,以百姓心为心"意思是,圣人没有固有的意志,以百姓的意志为意志。

第68章"人之道为而弗争:老子第一次提出'人之道'",我们看"以百姓心为心"显然是"人之道"。

第5章"道正:天地不仁",圣人遵循"道"的自然规律,对百姓不偏心。也是说圣人以百姓的意志治国。

可见这是"顺'天之道'的'人之道'"。

○ 德善与德信：善德与信德

第23章"得者德也",就是说,"德"就是"得","德善"就是得到善,"德信"就是得到信。

"善者,吾善之;不善者,吾亦善之;德善。信者,吾信之;不信者,吾亦信之;德信"意思是,善良的人我善待他,不善良的人我也善待他,就可以使人得善,即向善,这也是圣人的"善德"。讲信用的人我信任他,不讲信用的人我也对他讲信用,就可以使人守信用。这也是圣人的"信德"。

参考：
第27章 贵师爱资是谓要妙
——道正：圣人常善救人故无弃人
第62章 道者万物之主为天下贵
——"道"不偏向的要害是保护不善

○ 圣人皆孩之：返朴归真

"圣人在天下,歙歙焉,为天下浑其心,百姓皆注其耳目,圣人皆孩之"意思是,圣人治理天下,谨慎地遵循"道"的自然规律处事,使天下百姓心思归于浑厚。百姓都注意他们自己听到的和看到的,圣人与百姓都返朴归真到婴儿般淳朴的状态。

【译文】

圣人没有固有的意志,以百姓的意志为意志。

善良的人我善待他,不善良的人我也善待他,就可以使人向善,这也是圣人的善德。

讲信用的人我信任他,不讲信用的人我也对他讲信用,就可以使人守信用。这也是圣人的信德。

圣人治理天下,谨慎地遵循"道"的自然规律处事,使天下百姓心思归于浑厚。百姓都注意他们自己听到的和看到的,圣人与百姓都返朴归真到婴儿般淳朴的状态。

【评论】

○ 积德:遵循"道"的近似方法

在"第37章 守道及其镇之以朴"中已论述过"'朴'是实践哲学",讨论"朴"的目的就是为了遵循"道"。因此,我们在"第10章 载营魄抱一能无离乎"中讨论"婴儿乎雌乎:近似的'道'",又在"第19章 绝圣弃知见素抱朴"中再次讨论"见素抱朴:遵循'道'的近似方法"。

老子不断地丰富"遵循'道'的近似方法",这一章又论述了"德善与德信:善德与信德"。显然,抓住了"德",不断地"积德",就遵循了"道"。

有兴趣的读者不妨读一读下面这些章节,会对"积德"有更深刻的理解:

第23章 希言自然得者德也德者道也
——做好事:自然遵循"道"
第28章 复归于朴朴散为器
——复归于朴常德不离:积德
——德者道也:"道"的实现
第35章 执大象天下往
——执大象很务实
第54章 善建者不拔善抱者不脱
——修身齐家治国平天下:积德
第59章 治人事天莫若啬
——治人事天莫若啬:积德

○ "圣人皆孩之"是一种理想

老子的理想是乌托邦。第67章"小邦寡民"是老子的最终理想,他希望的国家是"邻邦相望,鸡犬之声相闻,民至老死,不相往来"。这是不可能实现的。

【参考各章】

第68章 人之道为而弗争
——人之道为而弗争:老子第一次提出"人之道"
第5章 天地不仁多言数穷
——道正:天地不仁
第23章 希言自然得者德也德者道也
——得者德也
——做好事:自然遵循"道"

第27章 贵师爱资是谓要妙
——道正：圣人常善救人故无弃人
第62章 道者万物之主为天下贵
——"道"不偏向的要害是保护不善
第10章 载营魄抱一能无离乎
——婴儿乎雌乎：近似的"道"
第19章 绝圣弃知见素抱朴
——见素抱朴：遵循"道"的近似方法
第37章 守道及其镇之以朴
——"朴"是实践哲学
第28章 复归于朴朴散为器
——复归于朴常德不离：积德
——德者道也："道"的实现
第35章 执大象天下往
——执大象很务实
第54章 善建者不拔善抱者不脱
——修身齐家治国平天下：积德
第59章 治人事天莫若啬
——治人事天莫若啬：积德
第67章 小邦寡民食服居俗
——小国寡民

第50章　动之于死地以其生之厚

【原文】

出生入死。生之徒，十有三；死之徒，十有三；人之生，动之于死地，亦十有三。夫何故？以其生之厚。

盖闻善摄生者，路行不遇兕(sì)虎，入军不被甲兵；兕无所投其角，虎无所用其爪，兵无所容其刃。夫何故？以其无死地。

【理解】

○ **生之厚：自入死地**

"夫何故？以其生之厚"的意思是：这是为什么？因为想长命，生活过于优厚。生活过于优厚的地方是一块"死地"，有钱人三妻四妾，不受限制，那儿是一块"死地"；有钱人大鱼大肉，不受限制，也是一块"死地"。"人之生，动之于死地，亦十有三"的意思是，本来可以长命的，因无节制地在"死地"活动，却过早死去的，也占十分之三。

参考"第7章 以其无私故能成其私"的"天长地久以其不自生"可更好地理解"生之厚:自入死地"。

【译文】

从出生到死亡,长命的占十分之三,短命的占十分之三,本来可以长命的,因无节制地在"死地"活动,却过早死去的也占十分之三。这是为什么?因为想长命,生活过于优厚。

听说善于保护生命的人,在陆地上行走不会遇到独角犀牛和老虎,在战争中不会遭到杀伤。犀牛用不上它的角,老虎用不上它的爪,士兵用不上他的刀。这是为什么?因为他不到有死亡危险的地方去。

【评论】

○ 生之厚:过犹不及

"第44章 知止不殆可以长久"曾经论述了"甚爱必大费多藏必厚亡:过犹不及"。同时,"第46章 天下有道走马以粪"也论述了"祸莫大于不知足咎莫大于欲得:过犹不及"。这里"生之厚"是老子提出生活中"过犹不及"的一个实际例子。

老子在2000多年前就看到"生之厚"危及生命,可见老子对当时统治者的观察是多么深刻。经受残酷压迫与剥削的广大劳动人民,是体会不到"生之厚"的滋味的。"朱门酒肉臭,路有冻死骨","路有冻死骨"是保护不了生命,无节制地花天酒地是找死,"生之厚"是"过犹不及"。

生活中要注意保护生命,生活得好才能享受生命。我们现在生活水平提高了,丰衣足食,本来是好事,然而吃的太好太多,出现了大量的肥胖症患者,很多人的生命安全受到了心血管疾病的威胁。这也是"生之厚",也是过犹不及。

【参考各章】

第 7 章 以其无私故能成其私

——天长地久以其不自生

第 44 章 知止不殆可以长久

——甚爱必大费多藏必厚亡:过犹不及

第 46 章 天下有道走马以粪

——祸莫大于不知足咎莫大于欲得:过犹不及

第51章　道生之德畜之

【原文】

道生之，德畜之，物形之，器成之。

是以万物莫不尊道而贵德。道之尊，德之贵，夫莫之命而常自然。故道生之，德畜之；长之育之，成之熟之，养之覆之。

生而不有，为而不恃，长而不宰，是谓玄德。

【理解】

○ **德畜之：诗的意境**

这是一句老子的诗化语言。"畜之"是什么意思？是"德"蓄养万物？是"德"蓄养自身？还是"德"将自身储存起来？

第21章论述了"道德：道的所得就是德"，既然"道的所得就是德"，在"道"掌控下，万物从出生，经过成长，到成熟的过程中，"德"是随着万物逐步成长而成长。在这种"诗的意境"下,"德畜之"的意思是,"德"随着万物生长逐步积累着。

○ 道生之:"道"掌控万物出生成长

"道生之,德畜之,物形之,器成之"意思是,万物在"道"的掌控下出生,"德"随着万物生长逐步积累着,万物逐步生长显形,可以用不同的名字加以区分,最后万物成熟。

除了"道"掌控万物出生以外,"道生之"还表示"道"掌控万物整个生长变化的过程。

○ 养之覆之:返朴归真归根复命

"是以万物莫不尊道而贵德。道之尊,德之贵,夫莫之命而常自然"意思是,因而万物没有不尊重"道"的,也没有不珍贵"德"的。"道"所以被尊重,"德"所以被珍贵,就在于万物没有被干涉而遵循自然规律发展。

"故道生之,德畜之;长之育之,成之熟之,养之覆之"的意思是,所以"道"掌控万物出生,"德"随着万物生长逐步积累着,使万物得到生长和发育,最后万物成熟。在万物成熟之后,使万物繁殖下一代,就是"返朴归真",如"第16章 归根复命"论及的"返朴归真小循环过程",见图16.2;同时,"道"与其掌控的万物本身一起"归根复命",如"第16章 归根复命"论及的"归根复命大循环过程",见图16.1。

○ 玄德就是道德：德

有关"玄德"的概念，我们已经有充分的论述，"玄德"就是"道德"，就是"德"，可看下列各章中的论述：

第38章"什么是德"

第23章"得者德也"

第65章"玄德就是道德"

"生而不有，为而不恃，长而不宰，是谓玄德"意思是，在"道"掌控下，生养了万物而不据为己有，帮助了万物而不自以为有功，领导着众人而不自以是主宰，这就是"道德"，即遵循"道"的"德"。

【译文】

"道"掌控万物出生，"德"随着万物逐步积累着，万物逐步生长显形至可以区分，最后万物成熟。

因而万物没有不尊重"道"且珍贵"德"的。"道"所以被尊重，德所以被珍贵，就在于万物没有被干涉而遵循自然规律发展。所以"道"掌控万物出生，"德"随着万物逐步积累着，使万物得到生长和发育，最后万物成熟。使万物繁殖下一代——返朴归真；同时，"道"掌控万物本身一起归根复命。

生养了万物而不据为己有，帮助了万物而不自以为有功，当众人的领导（长）而不自以是主宰，这就是"道德"，即遵循"道"的"德"。

【评论】

○ "德"怎么能蓄养万物呢？

有些哲学家认为"德畜之"的意思是，"德"养育万物，或者说，"德"蓄养万物。这两个说法是一个意思。哪儿来的"德"？怎么养育？有的甚至说，物靠自己内在的德性来蓄养。是什么德性？哪儿来的德性？

"德蓄之"是老子的一句诗化语言。笔者还是认为"道的所得就是德"。"德"是"道"掌控万物运行的结果。"德"随着万物逐步成长而成长，它无法蓄养与它同步成长的万物。

例如，小站稻的穗子生长过程中，从抽穗就看到穗子就是稻子积蓄的"德"，穗子灌浆就是进一步积蓄"德"，灌浆的过程是"德"积蓄的过程，最后收获籽粒饱满的稻谷就是收获了"德"。在这个过程中，不但"德"没有蓄养稻子的根、茎、叶，反倒是根、茎、叶蓄养了稻子的果实，就是蓄养了"德"。

○ "玄德"不神秘

有的哲学家将"玄德"解释为"深妙的品德"，有的哲学家说"以玄德赞誉道"。这样就将"玄德"说得很神秘。但在第65章"玄德神秘吗"中，我们有明确的结论"玄德不神秘"。

【参考各章】

第21章 孔德之容惟道是从
——道德:"道"的所得就是"德"
第16章 归根复命
——返朴归真小循环过程
——归根复命大循环过程
第38章 上德不德是以有德
——什么是"德"
第23章 希言自然得者德也德者道也
——得者德也
第65章 以知治国国之贼
——"玄德"就是"道德"
——"玄德"神秘吗?

第52章　天下有始为天下母

【原文】

天下有始,以为天下母。既得其母,以知其子,复守其母,没身不殆。

塞其兑,闭其门,终身不堇(jǐn)。开其兑,济其事,终身不棘(jí)。

见常曰明,守柔曰强。用其光,复归其明,无遗身殃;是为袭常。

【理解】

○ **天下有始以为天下母:始母**

第1章"'无'是万物之始:始母"与第42章"道生一"都论述了"'无'是万物之始",就是说"无"是万物的"始母"。

"天下有始,以为天下母"这句话中"天下有始"的"始"是"无","以为天下母"的"母"也是"无"。"天下有始,以为天下母"的意思是,天下从"无"开始,"无"就是天下母。显然,这个"母"就是"始母"。

我们在第1章还论述过"'有'是万物之母:有母""'道'始终掌控着'有'与'无'的变化:道母",那时已将"始母""有母""道母"区别清楚了。

○ 复守其母没身不殆

"既得其母,以知其子。"意思是,既然知道"始母"是"无",依"道生一"说,"始母"的儿子是"混沌物","混沌物"属于"有","有生万物"。

"复守其母"的意思是说,"道"掌控着"有"一起完成"归根复命",重新回到"无"。这就是"第16章 归根复命"论述的"归根复命大循环过程",见图16.1。只要遵循"道"的自然规律,将"没身不殆",意思是终身安全。

○ 闭门静心:不学儒家理论静心修道

"塞其兑,闭其门,终身不堇。开其兑,济其事,终身不棘"意思是,堵塞自己的感觉器官,就是关闭了接受智巧、伪诈的门户,不学儒家理论,可终身不会烦躁而静心修"道";敞开自己的感觉器官,逐一办成人间的俗事,那就终身脱离不了乱麻缠绕的烦躁感。

○ 袭、常:都是"道"的别名

第3章"常:'道'的别名"与"第16章 归根复命"中

都说"'常'是'道'的别名"。在"第27章 贵师爱资是谓要妙"中论述"袭明:'道'的别称",也说"袭、明:都是'道'的别称"。

所以,"袭"与"常"都是"道"的别名。

○ **袭常:"道"的别名**

既然"袭"与"常"都是"道"的别名,自然"袭常"也是"道"的别名。

○ **明道守柔归根复明:道**

"见常曰明,守柔曰强。用其光,复归其明,无遗身殃;是为袭常"意思是,理解"道",觉得心里亮堂,坚守柔弱是真正的刚强。在"大道"的光辉照耀下,归根复命,可获得光明的前途,就不会给自身留下祸殃。这就是"道"。

【译文】

"有"从"无"开始,"无"就是"有"的母亲,既然认得其母是"无",就知道其子是"有"。"道"掌控着"有"一起完成"归根复命",重新回到"无",就会终身安全。

堵塞自己的感觉器官,就是关闭了接受智巧、伪诈的门户,可终身不会烦躁而静心修"道";敞开自己的感觉器官,逐一办成人间的庶事,那就终身脱离不了乱麻缠绕的烦躁感。

理解"道",觉得心里亮堂,坚守柔弱是真正的刚强。在"大道"的光辉照耀下,归根复命,可获得光明的前途,就不会给自身留下祸殃。这就是永恒不变的"道"。

【评论】

○ 闭门静心:闭关自守

"闭门静心"不是什么都不接受,一是排斥儒家学说,二是静心思考"道"的理论。其实,老子也研究儒家学说,否则怎么批判儒家学说呢?在此,老子是过分了,他这种意识形态的闭关自守,是不是最早的闭关自守呢?这说明了老子保守的一面。与第67章"小邦寡民"的思想是完全一致的。

随着儒家学说在社会上流行,统治者将儒家思想作为统治百姓的工具,老子的思想就被逼入"道教"狭窄的空间。

○ "用其光复归其明"的另类解释

对于"用其光复归其明",有的哲学家将其解说为"运用它含蓄的光,返照内在的明"。有的哲学家将其解说为"使用智慧之光,回复内省之明"。这些解释是什么意思?什么是含蓄的光?什么是智慧之光?什么是内在的明?什么是内省之明?什么是返照?什么是回复?回答这些问题又得需要解说,这就很难让人理解。

这里的"复归"应该为"归根复命","光"与"明"自然应该为"光明大道"之"光"与"明"。同时也令遵循"道"的人心里亮堂。

○ **见小曰明:就是"见常曰明"**

"见常曰明"是从"见小曰明"修改而来,有的哲学家仍然坚持原来的"见小曰明",认为"只有'见小''守柔',不事张扬炫耀,坚持深藏不露,才能永保太平"。

其实,不仅仅是"只有'见小''守柔',不事张扬炫耀,坚持深藏不露,才能永保太平"。而是"小"或"常"都是"道"的别名。

"第34章 大道泛兮其可左右"的"'小'与'大'都是'道'的别名"中,已经讨论过这个"小"的含义。

【参考各章】

第1章 道与妙徼玄以及有无

——"无"是万物之始:始母

——"有"是万物之母:有母

——"道"始终掌控着"有"与"无"的变化:道母

第42章 道生一冲气以为和

——道生一

第16章 归根复命

——"常"是"道"的别名

——归根复命大循环过程

第3章 无知无欲无为无不治

——常:"道"的别名

第27章 贵师爱资是谓要妙

——袭明:"道"的别称

——袭、明:都是"道"的别称

第67章 小邦寡民食服居俗

——小邦寡民

第34章 大道泛兮其可左右

——"小"与"大"都是"道"的别名

第53章　大道甚夷君甚好解

【原文】

使我介然有知,行于大道,唯施(yí)是畏。

大道甚夷,君甚好解。朝甚除,田甚芜,仓甚虚;服文采,带利剑,厌饮食,财货有馀;是为盗夸。非道也哉!

【理解】

○ 介然有知行于大道:人之道

"使我介然有知,行于大道,唯施是畏"意思是,假如我有点良知,我就行走在大道上,遵循"道"的自然规律,唯一害怕的就是实施自己主观不当的管理,走上邪路。

○ 大道甚夷君甚好解:非"人之道"

"大道甚夷君甚好解"的意思是,大"道"很平坦,而侯王却喜欢走山间的斜径。侯王不遵循"道",不好好治理自己的国家,不管百姓的死活,自己却贪图享乐,荒淫无道,这就好象踏入山间崎岖不平的斜路,自毁前程。

这是老子最痛心的事情。

○ 是盗非道:非"人之道"

"朝甚除,田甚芜,仓甚虚;服文采,带利剑,厌饮食,财货有馀;是为盗夸。非道也哉!"具有鲜明对照的是,宫殿修整的倒是挺华丽,然而农田却都荒芜了;仓库都已经很空虚了,而侯王却穿着锦绣衣裳,用佩戴着的锋利宝剑切割肥美的羊羔,朱门酒肉臭,财物堆成山。这就是强盗头子,他们完全背弃了"道"呀!

【译文】

假如我有点良知,我就行走在大道上,唯一害怕的就是走上邪路。

大路很平坦,而侯王却喜欢走山间的斜径。宫殿修整得倒是挺华丽,然而农田却都荒芜了;仓库都已经很空虚了,而侯王却穿着锦绣衣裳。用佩戴着的锋利宝剑切割肥美的羊羔,朱门酒肉臭,财物堆成山。这就是强盗头子,他们完全背弃了"道"呀!

【评论】

○ 为百姓奔走呼号是永恒的主题：人之道

有良知的人总是替下层百姓说话，老子在这一章痛斥上层统治者为大盗，认为他们盗窃了下层人民。"第77章 民轻死以其上求生之厚"说，下层人民之所以不重视自己生命，是因为上层过分地保养自己的生命。是上层统治者剥夺了下层人民。"第79章 人之道损不足以奉有馀"说，上层统治者总是保护他们自己的利益，自然总是损害下层人民。

古时候是这样，这是老子最痛心的事情。哪怕在当今社会，下层人民的权益也很难得到全面保障。所以，为百姓奔走呼号是永恒的主题。

【参考各章】

第77章 民轻死以其上求生之厚
第79章 人之道损不足以奉有馀

第54章　善建者不拔善抱者不脱

【原文】

善建者不拔,善抱者不脱,子孙以祭祀不辍。

修之于身,其德乃真;修之于家,其德乃馀;修之于乡,其德乃长;修之于邦,其德乃丰;修之于天下,其德乃博。

故以身观身,以家观家,以乡观乡,以邦观邦,以天下观天下。吾何以知天下然哉?以此。

【理解】

○ **善建者不拔善抱者不脱:人之道**

第23章"德者道也:同于德者道也德之"论述"同于德者,道也德之;同于失者,道也失之",意思是,得到"德"的人,也就得到"道";失掉"德"的人,也就失掉了"道"。所以,"善建者不拔",意思是,善于树立"德"的人继续积"德",不会半途而废。

第10章"载营魄抱一"论及,负载着"道"的精神的人体行为与"道"的精神一致。所以,"善抱者不脱"意思是说,善于理解"道"并身体力行的人不会脱离"道"。

"子孙以祭祀不辍"意思是说,子孙也会遵循"道"树立"德",会永远以此纪念先人,不会断绝。

其实,无论做什么事情,只要选对了方向,都应持之以恒,才能达到目的。

○ **以天下观天下:诗化语言**

"故以身观身,以家观家,以乡观乡,以邦观邦,以天下观天下。吾何以知天下然哉?以此"意思是,所以,以自己的"德"观察他人的"德",以自己家的"德"观察他人家的"德",以自己乡亲的"德"观察他人乡亲的"德",以自己国家的"德"观察他人国家的"德",以当前天下的"德"去预测将来天下的"德"。我怎么会知道天下的现在与将来呢?就是用这种"以天下观天下"的观察与预测方法。

"以天下观天下"的意思为什么是"以当前天下的'德'去预测将来天下的'德'"呢?可参考:

第38章 上德不德是以有德

——诗化语言:失道而后德

第42章 道生一冲气以为和

——"道生一"的特殊性:诗化语言

这两章已两次出现了这种"诗化语言"的写法,对"以天下观天下",只要从实际出发就可以理解了。

【译文】

善于树立"德"的人不会半途而废,善于理解"道"并身体力行的人不会脱离"道",子孙也会遵循"道"树立"德",会永远以此纪念先人,不会断绝。

用"道"修身,他的"德"就会纯真;用"道"齐家,他家的"德"就会盈馀;用"道"帮助乡亲,他乡亲的"德"就会久远;用"道"治国,这个国家的"德"就会丰厚;用"道"平天下,天下的"德"就会博大。

所以,以自己的"德"观察他人的"德",以自己家的"德"观察他人家的"德",以自己乡亲的"德"观察他人乡亲的"德",以自己国家的"德"观察他人国家的"德",以当前天下的"德"去预测将来天下的"德"。我怎么会知道天下的现在与将来呢?就是用这种观察与预测的方法。

【评论】

○ 修身齐家治国平天下:人之道

"修之于身,其德乃真;修之于家,其德乃馀;修之于乡,其德乃长;修之于邦,其德乃丰;修之于天下,其德乃博"意思是,用"道"修身,他的"德"就会纯真;用"道"齐家,他家的"德"就会盈馀;用"道"帮助乡亲,他乡亲的"德"就会久远;用"道"治国,这个国家的"德"就会丰厚;用"道"平天下,天下的"德"就会博大。

儒家也谈"修身齐家治国平天下"。孔子的学生曾子在《大学》中说，"意诚而后心正，心正而后身修，身修而后家齐，家齐而后国治，国治而后天下平"，意思是，意念真诚后心思才能端正，心思端正后才能修养品性，品性修养后才能管理好家庭和家族，管理好家庭和家族后才能治理好国家，治理好国家后天下才能太平。

老子与孔子都论"修身、齐家、治国、平天下"，不同的是，老子以"道"来"修身、齐家、治国、平天下"，而孔子是以"仁义礼知信"来"修身、齐家、治国、平天下"。

老子的思想过于理想化，不符合统治者的要求，2000多年来的统治者无人采用；孔子的思想具有可实践性，春秋战国时期不被重用，但在汉武帝"罢黜百家独尊儒术"之后，一直为封建统治者尊崇。

老子反对孔子，将儒家的"仁义礼知"斥为"智巧""伪诈"。在国家和平时期，"无为无不为"的思想应该具有可实践性，不妨一试。"无为"不是什么都不做，"无为"是"不妄为"，是"不要错误的为"，"无为"是不要强行制定主观不当的政策，要求统治者遵循客观规律办事。生产要科学，分配要公平，交易要诚实。支持少数能人，注重绝大部分平民，关心少数贫民，帮助极少数违法的人。

【参考各章】

第23章 希言自然得者德也德者道也
——德者道也：同于德者道也德之

第 10 章 载营魄抱一能无离乎
——载营魄抱一
第 38 章 上德不德是以有德
——诗化语言:失道而后德
第 42 章 道生一冲气以为和
——"道生一"的特殊性:诗化语言

第55章　含德之厚者比于赤子

【原文】

含德之厚者,比于赤子。蜂虿(chài)虫虺(huǐ)不螫(shì),猛兽不据,攫(jué)鸟不搏。

骨弱筋柔而握固,未知牝牡之合而朘(zuī)作,精之至也。终日号而不嗄(shà),和之至也。精、和曰常,知常曰明。

益生曰祥,心使气曰强。物壮则老,谓之不道,不道早已。

【理解】

○ **含德之厚者比于赤子:不招灾惹祸**

"蜂虿虫虺不螫,猛兽不据,攫鸟不搏"。意思是,蜜蜂、蝎子等毒虫与毒蛇不蛰刺他,虎豹等猛兽不抓击他,鹰等恶禽不搏持他,

"赤子"就是小孩子。赤子常常睡在床上,总有家

长看护,什么也不知道,什么也不认识,脚不会走,手不会作,没有可能去触动毒虫猛禽野兽,毒虫猛禽野兽见不到赤子,也不会来伤害赤子。所以赤子不会对不起万物,也不会从万物那儿招来祸害。

"含德之厚者,比于赤子"意思是,含德深厚的人,好比是个婴儿。不会伤害别人,也不会招来祸害。

○ 精、和:"道"的别名

"第16章 归根复命"说"'常'是'道'的别名",本章说"精、和曰常",意思是说"精"是"道"的别名,"和"也是"道"的别名。

事实上,"第21章 孔德之容惟道是从"已明确讲"精:'道'的别名","第42章 道生一冲气以为和"论述了"冲气以为和:'冲'是'道''和'也是'道'",就是说"和"也是"道"的别名。

○ 婴儿的行为:自然而然遵循"道"

在"第10章 载营魄抱一能无离乎"中有"专气致柔能如婴儿乎"。同时,在"第28章 复归于朴朴散为器"中有"知其雄守其雌常德不离复归于婴儿"。在这里,老子反复告诉圣人要像婴儿那样"柔和",就是不招灾惹祸,自然而然遵循"道"。

"骨弱筋柔而握固,未知牝牡之合而朘作,精之至也。终日号而不嗄,和之至也"意思是,(婴儿)筋骨柔弱而小拳头握得很牢固。不知道男女交合是咋回事,而小生殖器常常勃起。这是自然而然遵循"道"的表现。整天号啼而喉咙却不沙哑,这也是自然而然遵循"道"的表现。

"精、和曰常,知常曰明。"意思是"精""和"都是"道"的别名,既然明白了"道",就要自觉地遵循"道"。

我们知道"第33章 死而不亡者寿"论述"'明'是'道'的别称:上下文语境"时,明确指出"明"也是"道"的别称,这里的"知常曰明"的"明"就不仅仅是字面上的"明白"的意思,应该是要圣人自觉地遵循"道"。

○ 物不壮则不老:择"天之道"的"人之道"

"益生曰祥,心使气曰强"意思是,贪求生活享受叫做惹祸,放纵欲望支配精气神叫做逞强。

"物壮则老",老了就会死。这是"道"的一条自然规律。如果贪求生活享受便自己逞强,使事物过于壮盛,导致早老早死,显然不合"人之道"。

"物壮则老,谓之不道,不道早已"不好理解。为此,我们将这个"道"分两路,其中一条"道"一直走,上面的路标为"天之道":"物壮则老,谓天之道,天之道早已";另一条"道"拐弯走,上面的路标为"人之道":"物不壮可不老,谓天之道,天之道不早已"。如果不看"路标"就可能走错了路,一直走"天之道"就要早亡。应该拐弯走"人之道",这里的"人之道"就是要"柔弱",不逞强,可活,这是"择'天之道'的'人之道'"。

参考:

第9章 功遂身退天之道也

——物极必反是"天之道"

——"物不极可不反"也是"天之道"

——功遂身退天之道也

——择"天之道"的"人之道"

【译文】

含德深厚的人,好比是个婴儿。蜜蜂、蝎子等毒虫与毒蛇不蛰刺他,虎豹等猛兽不抓击他,鹰等恶禽不搏持他,

(婴儿)筋骨柔弱而小拳头握得很牢固。不知道男女交合是咋回事,而小生殖器常常勃起。这是自然而然遵循"道"的表现。整天号啼而喉咙却不沙哑,这也是自然而然遵循"道"的表现。"精"与"和"都是"道",认识并遵循"道"的人是明白人。

贪求生活享受叫做惹祸,放纵欲望支配精气神叫做逞强。事物过分壮大就会衰老,这是自然规律,是"道",称为不能走的道,走不能走的道早死。

【评论】

○ "天之道"与"人之道"

"物壮则老,谓之不道,不道早已"这句话应理解为"物壮则老,称为不能走的道,走不能走的道早死"。这是老子诗化语言的特点,想理解它要费点脑子。如果

这句话改为"物壮则老,谓之天道,不人道,不人道早已"可能更容易理解。

"物壮则老"这个自然规律告诉我们,面对"道"这个自然规律时该如何做。我们说遵循"道"这个自然规律,有两个含义,一个是按着这个规律做,一个是选择其他的自然规律而行之。这就是为什么有了"天之道"之后,还又要有"人之道"。

○ 老子为什么告诉圣人要像婴儿

说婴儿柔和、精力充沛、和气之极、心平气和等等,说婴儿天真,无知识、无杂念、无欲望、神态专一等等,都没说明白老子为什么告诉圣人要像婴儿。

在老子的哲学中,婴儿的含义有两条:

第一,婴儿不招灾惹祸;

第二,自然而然遵循"道"。

这两条,就像"含德之厚者比于赤子:不招灾惹祸"与"婴儿的行为:自然而然遵循'道'"说的那样。

【参考各章】

第16章 归根复命

——"常"是"道"的别名

第21章 孔德之容惟道是从

——精:"道"的别名

第42章 道生一冲气以为和

——冲气以为和:"冲"是"道""和"也是"道"

第 10 章 载营魄抱一能无离乎
——专气致柔能如婴儿乎
第 28 章 复归于朴朴散为器
——知其雄守其雌常德不离复归于婴儿
第 33 章 死而不亡者寿
——"明"是"道"的别称:上下文语境
第 9 章 功遂身退天之道也
——"物极必反"是"天之道"
——"物不极必不反"也是"天之道"
——功遂身退天之道也
——择"天之道"的"人之道"

第56章　知者不言言者不知

【原文】

知者不言,言者不知。

挫其锐,解其纷,和其光,同其尘,是谓"玄同"。

故不可得而亲,不可得而疏;不可得而利,不可得而害;不可得而贵,不可得而贱。故为天下贵。

【理解】

○ 知者不言

"第2章 相反相成无为无不为"论述了"1.弗言:行不言之教",就是不要贯彻主观不当的政策。

"知者不言,言者不知"就是说理解"道"的人,不会提出主观不当的政策。贯彻主观不当的政策的人,一定不懂得"道"。

玄同：共同的"道"

"第1章 道与妙徼玄以及有无"论述了"'玄'是'妙'与'徼'共同的名字"，就是说"玄"就是"道"。"第51章 道生之德畜之"论述了"玄德"，也是说"玄"就是"道"。这里"玄同"之"玄"当然是指"道"，"玄同"是指共同的"道"。

"挫其锐，解其纷，和其光，同其尘，是谓玄同"意思是，抛弃众人不能接受的、令人脱离群众的锐气，妥善和解与众人及其众人之间的矛盾，不要在众人之中显现自己多么光辉高高在上，要入乡随俗同众人打成一片，这样才可能与众人共同遵循"道"。

我们曾经有一个很响亮的口号：和群众同吃、同住、同劳动，和群众打成一片。对照它就很好理解"挫其锐，解其纷，和其光，同其尘，是谓玄同"，从而很好地理解"玄同"。

圣人不偏向任何人：道正

"第27章 贵师爱资是谓要妙"论述了"道正：圣人常善救人故无弃人"，就是说，圣人对所有的人都应该一视同仁，所以才是圣人。

"故不可得而亲，不可得而疏；不可得而利，不可得而害；不可得而贵，不可得而贱"意思是说，对人，不可过分亲近，不可过分疏远，不可过分有好处，不可过分有害处，不可过分重视，不可过分看不上。这就充分体现了"道"的特性之一——"道正"。

"故为天下贵"是说,这样的人,才会受到天下的尊重,可为圣人。

【译文】

理解"道"的人,不会提出主观不当的政策。贯彻主观不当的政策的人,一定不懂得"道"。

抛弃众人不能接受的、令人脱离群众的锐气,妥善和解众人之间的矛盾,不要在众人之中显现自己多么光辉高高在上,要入乡随俗同群众打成一片,这样才可能与众人共同遵循"道"。

对人,不可过分亲近,不可过分疏远,不可过分有好处,不可过分有害处,不可过分重视,不可过分看不上。所以,才会受到天下的尊重。

【评论】

○ 玄同:过犹不及

在"第12章 可以为腹不为目吗"中我们论述了"过犹不及:过分吃喝玩乐就会失掉民心""过犹不及:可以为腹不为目吗""过犹不及:完全彻底地消灭剥削吗",这些都很好理解。

在"第50章 动之于死地以其生之厚"中又论述了"生之厚:自入死地""生之厚:过犹不及",这些都涉及我们现在身体健康方面的现实生活。

"挫其锐,解其纷,和其光,同其尘,是谓玄同"是老子的理想,实际上是做不到的。

我们的口号曾经是"全心全意"为人民服务,这个"全心全意"就是理想化的东西,结果现在出现了"一心一意"捞钱。过去我们也提过要"完全彻底"地消灭一切阶级敌人。这个"完全彻底"太理想化了,势必出现无故伤人的情况。

理想化的东西,在实践中,往往过犹不及,甚至"物极必反"。

【参考各章】

第2章 相反相成无为无不为
——1.弗言:行不言之教
第1章 道与妙徼玄以及有无
——"玄"是"妙"与"徼"共同的名字
第51章 道生之德畜之
——玄德
第27章 贵师爱资是谓要妙
——道正:圣人常善救人故无弃人
第12章 可以为腹不为目吗
——过犹不及:过分吃喝玩乐就会失掉民心
——过犹不及:可以为腹不为目吗
——过犹不及:完全彻底地消灭剥削吗
第50章 动之于死地以其生之厚
——生之厚:自入死地
——生之厚:过犹不及

第 57 章　以正治国以无事取天下

【原文】

以正治国,以奇用兵,以无事取天下。吾何以知其然哉?以此:天下多忌讳,而民弥贫;人多利器,国家滋昏;人多伎巧,奇物滋起;法令滋彰,盗贼多有。

故圣人云:"我无为,而民自化;我好静,而民自正;我无事,而民自富;我无欲,而民自朴。"

【理解】

○ 以正治国

"第 27 章 贵师爱资是谓要妙"论述了"道正:圣人常善救人故无弃人","第 56 章 知者不言言者不知"论述了"圣人不偏向任何人:道正"。

这一章提出"以正治国",即如果统治者都从大众出发治理国家,民众都受到照顾,都享受平等待遇,统治者自然会受到拥护,国家一定会被治理好。

○ 重申"无为无不为"

"第2章 相反相成无为无不为"论述了"圣人居无为之事",要求人们遵循"道",无妄为,达到"无为无不为"。

"第3章 无知无欲无为无不治"特别论述了"无为的要害是弗居"。

"以无事取天下"也说"无为无不为",我们看,"天下多忌讳,而民弥贫;法令滋彰,盗贼多有",意思是,天下的限制越多,百姓就越贫困;法令越分明,盗贼就越多。

所以圣人自己也说:"我无为,而民自化;我好静,而民自正;我无事,而民自富;我无欲,而民自朴。"

这一章从具体问题出发,重申"无为无不为"的治国方法。

【译文】

遵循"道"的规律治国,以"出其不意攻其不备"的战略战术用兵,以"无为"来掌握天下。我怎么知道是这样呢?就是因为:天下的限制越多,百姓就越贫困;人们想获利的工具越多,国家就越混乱;人们的智巧越多,怪事就越多;法令越分明,盗贼就越多。

所以圣人说:我无妄为,人民自然归顺。我好静,人民自然端正。我不加干扰,人民自然富裕。我没有贪欲,人民自然淳朴。

【评论】

○ "无为无不为"是一种理想

"我无事""以无事取天下",都是"无为无不为",意思是,遵循"道",按客观规律办事,"无妄为"是说,不要制定主观不当的政策。这些都在第 2 章"圣人居无为之事"与"无为无不为"中论述过了。

能不能做到"无妄为"的要害是"我无欲",在第 3 章"无为的要害是弗居"也论过了。能做到这点的,历史上没有,现在更没有。所以,"无为无不为"是一种理想。

【参考各章】

第 27 章 贵师爱资是谓要妙
——道正:圣人常善救人故无弃人
第 56 章 知者不言言者不知
——圣人不偏向任何人:道正
第 2 章 相反相成无为无不为
——圣人居无为之事
——无为无不为
第 3 章 无知无欲无为无不治
——"无为"的要害是"弗居"

第58章　祸兮福所倚福兮祸所伏

【原文】

其政闷闷,其民淳淳;其政察察,其民缺缺。

祸兮福之所倚,福兮祸之所伏。孰知其极?其无正也。正复为奇,善复为妖。人之迷,其日固久。

是以圣人方而不割,廉而不刿(guì),直而不肆,光而不耀。

【理解】

○ 再申无为无不为

"其政闷闷,其民淳淳;其政察察,其民缺缺"意思是,统治者执政宽厚,他的百姓就会淳朴;统治者执政严酷,他的百姓就会狡猾。这里,老子是说统治者还是"无妄为"好。

"第57章 以正治国以无事取天下"中论述了"重申无为无不为"。这一章又有"再申无为无不为",可见老子对"无为无不为"的重视。

○ 祸兮福所倚福兮祸所伏：对立统一相反相成

"祸兮福之所倚,福兮祸之所伏。孰知其极？其无正也。正复为奇,善复为妖。人之迷,其日固久"意思是,灾祸旁边有幸福倚傍,幸福底下有灾祸潜伏。谁知道结果怎么样呢？没有什么准则可供随时测量,福说不定可变为祸,善说不定可变为恶,人们对此迷迷糊糊,这个状况已经很久了。

"祸"与"福"是对立统一相反相成的客观规律,老子很想掌握这个"道",但苦于没有办法。

【译文】

统治者执政宽厚,他的百姓就会淳朴；统治者执政严酷,他的百姓就会狡猾。

灾祸旁边有幸福倚傍,幸福底下有灾祸潜伏。谁知道结果怎么样呢？没有什么准则可供随时测量,福说不定可变为祸,善说不定可变为恶,人们对此迷迷糊糊,这个状况已经很久了。

所以,圣人有原则但不伤害大众,正派但不刺激人,正直但不会肆意妄为,光亮但不炫耀。

【评论】

○ 祸兮福之所倚福兮祸之所伏:老子最有名的"道"

在《老子》中,"第 2 章 相反相成无为无不为"是最早提出的"对立统一相反相成的自然规律","第 42 章 道生一冲气以为和"论述了"相反相成:以弱胜强"的自然规律,这两条"道"都被反复论来论去,在《老子》中很突出。

但在读者中最有名的是"祸兮福之所倚福兮祸之所伏",而且在人们运用中,也比老子所论述的更富有积极意义。

【参考各章】

第 57 章 以正治国以无事取天下
——重申"无为无不为"
第 2 章 相反相成无为无不为
——对立统一相反相成的自然规律
第 42 章 道生一冲气以为和
——相反相成:以弱胜强

第 59 章　治人事天莫若啬

【原文】

治人事天,莫若啬。夫为啬,是谓早服。早服谓之重积德。重积德则无不克。无不克则莫知其极。莫知其极,可以有国。有国之母,可以长久。是谓深根固柢,长生久视之道。

【理解】

○ **治人事天莫若啬：积德**

为了活着,人得吃饭,所以人都是有物欲的,为了活得好,人不能过分思虑,这也是一种欲望。

圣人管理国家就是要满足百姓的这种基本欲望,这就是治人。圣人也是人,也得吃饭才能活着。此外,活着的圣人要做的最根本的事情是"事天",就是侍奉保养自己的天性,天性就是道德,有"德"才能治人。

怎么治人怎么事天呢?最根本的就是"啬"。

"啬"是"有而不用"的意思。圣人统治整个国家,富有四海,物质极大丰富,而圣人以"道"行事,视之若无,虽有而不用,就是"啬"。

在农耕社会里,圣人治天下,就是使百姓获得丰收,自己却不去多占百姓的果食,自己当"啬",使百姓安居乐业。这就是"治人事天莫若啬"。

○ 天:天性:道德:上下文语言环境

对"治人事天莫若啬:积德"的论述,充分考虑了"上下文语言环境",从其论述过程中,可见"天"就是指人的"天性",人的"天性"就是指人的"道德"。

○ 夫为啬是谓早服:为德服道

"第2章 相反相成无为无不为"论及"3.弗有:生而弗有""5.弗居:功成而弗居"。"无为"的"五弗"之中的要害就是"弗有"与"弗居","不去多占百姓的果食"就是"弗有"与"弗居"。"啬"是"无为"的前提,能"啬"才能"无为",才能遵循自然规律,才能服从"道"。

这就是"夫为啬,是谓早服"。

○ 积德有国

"早服谓之重积德。重积德则无不克。无不克则莫知其极。莫知其极,可以有国"意思是,早行"道"可多积德,不断地积德,做什么都会取得胜利。不断取得胜利的人,他的前途是无法限量的,自然就可以担负国家的领导重任。

○ **有国之母可以长久：道母**

这里的"母"是指"道"，因此"有国之母"就是治国之"道"的意思。

"第42章 道生一冲气以为和"有一节是"有母始母道母"，那里谈到了"道始终掌控着有与无的变化：道母"，按那个理解，这里的"母"可称为"道母"。

"有国之母，可以长久"的意思是，遵循"道"治国，国家可长治久安。

○ **深根固柢：以"道"为根**

"柢"是树根。"深根固柢"的意思是，根长得深就牢固，也就是我们通常说的"根深蒂固"。

"是谓深根固柢，长生久视之道"意思是，这个国家就会根深蒂固，这是治国的长久之道啊。

关于"根"的概念，在"第6章谷神不死是谓玄牝"中，曾论过"玄牝之门是谓天地根"。老子在那里将"道"作为天地的"根"，在这里如果国家以"道"为"根"，那么一定会长治久安。这就是上述的"有国之母可以长久"。

【译文】

治理国家，管理百姓，保养道德，没有比爱惜自己的道德更为重要的事了。为了爱惜自己的道德，就要早行"道"。早行"道"可多积德,不断地积德,做什么都会取得胜利。不断取得胜利的人,他的前途是无法限量的,自然就可以担负国家的领导重任。既然以"道"治理国家,国家就可以长治久安,这个国家就会根深蒂固。这是治国的长久之道啊。

【评论】

○ 有国之母为什么是"道母":用典的诗化语言

老子常用诗化语言,在"第6章 谷神不死是谓玄牝"中论述"玄牝是具有母性的'道'",与在"第20章 我独异于人贵食母"中论述"'食母'是哺育我的'道'"时,都还是说"道"具有母性。这一章论到"道"时,干脆就直接说"有国之母",根本就没提"道",而完全是用典的诗化语言。老子很自信,认为自己说过的话就是经典。我们自然将"母"理解为"道"。

"道"掌控万物,不仅掌控出生,还掌控成长、成熟、返朴归真、归根复命。例如,植物成长需要空气、水分、肥料,动物在食物链上讨生存,哪一步都已脱离了母亲,但都离不开"道"的管理爱护。所以称"道"为万物的"道母",或称"养母"也非常贴切。

【参考各章】

第2章 相反相成无为无不为
——3.弗有:生而弗有

——5.弗居:功成而弗居

第42章 道生一冲气以为和

——有母始母道母

第6章 谷神不死是谓玄牝

——"玄牝"是具有母性的"道"

——玄牝之门是谓天地根

第20章 我独异于人贵食母

——"食母"是哺育我的"道"

第60章 治大国若烹小鲜

【原文】

治大国若烹小鲜。

以道莅天下,其鬼不神,非其鬼不神,其神不伤人,非其神不伤人,圣人亦不伤人。

夫两不相伤,故德交归焉。

【理解】

○ 治大国若烹小鲜

"小鲜"就是小鱼,"烹"就是煎或煮,"若"就是"好像"的意思。

"治大国若烹小鲜",是说治理国家就像煮或者煎小鱼一样,不能频繁地翻腾那个小鱼,如果频繁地翻腾,这些多余的错误的动作就会使小鱼被翻腾碎了。治理国家也不能搅扰百姓,如果搅扰百姓,那是出自多余的错误的政令,这都属于妄为,这些妄为可使这个国家陷入混乱。

"第2章 相反相成无为无不为"论述了"1.弗言:行不言之教"。就是说,不要用主观不当的政策搅扰百姓,治理国家的根本问题是遵循"道",让百姓安居乐业。

○ 神:"道"的别称

在"第25章 有物昆成先天地生"中,已论述过"道法自然:没有鬼神",老子不信鬼神,这是老子思想伟大的依据之一,不能含糊。

对众人来说,神是万能的,如果人们信神,就不能违背神,只能遵循神的意志。在此,老子用诗化语言戏称的"神"其实就是"道","神"就是"道"的别称。理解了这个意思,可类似地理解"鬼"。在这里,"鬼"是泛指不信"道",并且与"道"对立的人,例如儒家。

○ 以道治天下:人之道

弄清楚了鬼神的概念,就很容易理解"以道莅天下,其鬼不神,非其鬼不神,其神不伤人,非其神不伤人,圣人亦不伤人"。

这段话的意思是说,以"道"治理天下,不信"道"的人不会遵循"道",这种不信"道"的人不遵循"道"并不重要,重要的是"道"不伤人,不但"道"不伤人,圣人亦不伤人。

"第81章 天道无亲恒与善人"将会论述"恒与善人救不善人:人之道":为众人带来好处的行为,不但不伤害人,而且还救不善人。"以道治天下"就是为百姓服务,这是"人之道"。

○ **故德交归焉:"人之道"+"天之道"**

"第59章 治人事天莫若啬"刚刚论述了"积德有国":有德的人才能领导国家,才能为百姓办事。这一章继续讲以德治国。

"夫两不相伤,故德交归焉"意思是,这样,统治者与百姓互不相伤,以"德"相互交往,这是"人之道"。

最后,在"道"的掌控下,百年之后,圣人与众人最终优雅的去世,依据"有无相生"的自然规律共同完成返朴归真、归根复命的完整过程。这是"天之道"。

"故德交归焉"这短短的五个字,表达了"人之道"加上"天之道"这样丰富的思想。

关于"归"的解释,有兴趣的读者可参考:
第16章 归根复命
——归根复命大循环过程:道
——返朴归真小循环过程:道

【译文】

烹小鱼时,如果频繁地翻腾,小鱼就被翻腾碎了,治理大国好像烹小鱼一样,不要用主观不当的政策搅扰百姓。

以"道"治理天下,不信"道"的人不会遵循"道",这种不信"道"的人不遵循"道"并不重要,重要的是"道"不伤人,不但"道"不伤人,圣人亦不伤人。

这样,统治者与百姓互不相伤,以"德"相互交往。最后,在"道"的掌控下,共同完成返朴归真、归根复命的过程。

【评论】

○ 无为无不为

"第2章 相反相成无为无不为"论述了"无为无不为"。

"无为"的"五弗"之一就是"行不言之教",就是"弗言",不发表错误的政令,而是遵循"道",按自然规律办事。"治大国若烹小鲜"以人人都熟悉的生活实例,深入浅出地阐述了"无为无不为"这种"相反相成"的自然规律。这是老子讲的通俗易懂的"道"。

○ 老子不信鬼神

在第25章中,已论述过老子不信鬼神。有的专家也说老子不信神,但到了这一章又说"神"是"灵","神"是"灵通""灵验",似乎老子又信鬼神了,前后矛盾,也使"其鬼不神,非其鬼不神,其神不伤人,非其神不伤人"这段话令人难以理解。但是别忘了,如果以通常意义下的概念理解鬼神,那还能有老子的思想吗?

○ 夫两不相伤故德交归焉

有的专家说"两不相伤"是"上不与民相害,而人不与鬼相伤,故曰两不相伤";有的专家说"两不相伤"是"神和圣人都不干扰人";有的专家说"神"和"圣人"两方都不伤害人。其实说法是一样的,都脱离不了鬼神。只要脱离了鬼神,自然就只剩下"圣人与百姓互不相伤"了。

有的专家说"归"是"归向百姓""俱归于民",有的专家说"归"是"自然的禀赋就都回到人民身上了",有的专家似乎将"归"解释为"相安无事"。前两者是一个意思,后者"归"到"安静",都没有揭示遵循"道"的结果。实际上遵循"道"自然会有"归根复命"与"返朴归真"的结论。

【参考各章】

第2章 相反相成无为无不为

——1.弗言:行不言之教

——无为无不为

第81章 天道无亲恒与善人

——恒与善人救不善人:人之道

第25章 有物昆成先天地生

——道法自然:没有鬼神

第59章 治人事天莫若啬

——积德有国

第16章 归根复命

——归根复命大循环过程:道

——返朴归真小循环过程:道

第61章 大邦下流天下之牝

【原文】

　　大邦者下流,天下之牝,天下之交也。牝常以静胜牡,以静为下。

　　故大邦以下小邦,则取小邦;小邦以下大邦,则取大邦。故或下以取,或下而取。大邦不过欲兼畜人,小邦不过欲入事人。夫两者各得所欲,大者宜为下。

【理解】

○ 大邦者下流天下之牝:柔弱静胜刚强

　　"大邦者下流,天下之牝,天下之交也。牝常以静胜牡,以静为下"意思是,大国要居于江河的下游,天下百川所交汇并归附的地方,这是大国自居于雌性柔弱的地位。柔弱的雌性常常以安静自然胜过刚强的雄性,就在于她以安静而居下。

　　"第28章 复归于朴朴散为器"论及的"知其雄守其

雌常德不离复归于婴儿"讲的也是这个道理。

○ 大国小国各得所欲

"故大邦以下小邦,则取小邦;小邦以下大邦,则取大邦。故或下以取,或下而取。大邦不过欲兼畜人,小邦不过欲入事人。夫两者各得所欲,大者宜为下"意思是,所以,大国对于小国谦下,就可取得小国的信任,而聚集小国从属于自己;小国对大国谦下,才能取得大国的信任,而将自己归属于大国,得到保护。所以,谦下可以取得信任,并取得领导地位,谦下也可以取得信任,被领导重视。大国不要过分要求领导小国,小国不用对大国过分贡献。这样,大国小国各得其所,大国应特别注意谦下是国与国之间关系的关键。

【译文】

大国要居于江河的下游,天下百川所交汇并归附的地方,这是大国自居于雌性柔弱的地位。柔弱的雌性常常以安静胜过刚强的雄性,就在于她安静而居下。

所以,大国对于小国谦下,就可取得小国的信任,而聚集小国从属于自己;小国对大国谦下,才能取得大国的信任,而将自己归属于大国,得到保护。所以,谦下可以取得信任,并取得领导地位,谦下也可以取得信任,被领导重视。大国不要过分要求领导小国,小国不用对大国过分贡献。这样,大国小国各得其所,大国应特别注意谦下是国与国之间关系的关键。

【评论】

○ 牝常以静胜牡以静为下：柔弱静胜刚强

我们已经知道，"牝常以静胜牡，以静为下"的意思：柔弱的雌性常常以安静自然胜过刚强的雄性，就在于她以安静而居下。但是，我们常常将其理解为"柔弱战胜刚强"而不是理解为"柔弱静胜刚强"，这里的"战胜"与"静胜"完全不同，"战胜"含有"斗争"或"积极斗争"的意思，而"静胜"是双方自愿，和谐相处，双赢双乐的意思。所以，"牝常以静胜牡"的意思，应该是"柔弱静胜刚强"。

○ 大国是矛盾的主要矛盾方面

"夫两者各得所欲，大者宜为下"的意思是，这样，大国小国各得其所，大国应特别注意谦下是国与国之间关系的关键。

毛泽东《矛盾论》"四．主要的矛盾和主要的矛盾方面"说，事物的性质主要是由取得支配地位的矛盾的主要方面决定的。这就是说"大者宜为下"，是因为大国是矛盾的主要矛盾方面，所以说大国的谦下是国与国之间关系的关键。

【参考各章】

第 28 章 复归于朴朴散为器
——知其雄守其雌常德不离复归于婴儿

第62章　道者万物之主为天下贵

【原文】

道者,万物之注也。善人之宝也,不善人之所保也。

美言可以市尊,美行可以加人。人之不善,何弃之有?故立天子,置三卿,虽有拱璧以先驷马,不若坐而进此。

古之所以贵此者何也?不谓:求以得,有罪以免与?故为天下贵。

【理解】

○ **道者万物之主:道宗**

第4章"道宗:似万物之宗也是道母"的"似万物之宗","象帝之先"是说,"道"是万物与天帝的宗主,掌控万物与天帝,万物与天帝也依赖"道"。因为"道"是自然规律,"道"用自然规律掌控万物与天帝的生、长、返朴归真、归根复命。这是从"道"与万物的关系论"道"

的一条特性:道宗。

万物之一就是人,不管是善人还是不善人。"道者,万物之注也。善人之宝也,不善人之所保也"就是说,"道"是万物的宗主,自然是人的宗主,也是善良人行善的至宝,而不善的人也能因"道"得到保护。这是从"道"与人的关系说"道"的同一条特性:道宗。

不管我们说"道",是万物与天帝的宗,还是说"道"是万物之主,都是说"道是万物的宗主:道宗"。

"道是万物之主:道宗"的体现,在于"道"以自然规律掌控万物的一切活动。

○ 道正:道不偏向为天下贵

第5章"道正:天地不仁"说"天地不仁,以万物为刍狗,圣人不仁,以百姓为刍狗",是说"天地对万物没有什么爱不爱的问题,就像对待刍狗一样,完全依自然规律使万物自生自灭。"相反相成:以不仁达到至仁",可见,"天之道"对人无偏爱。

"道者,万物之注也。善人之宝也,不善人之所保也"也说,道者万物之主,是说"道"荫庇万物,保护善人,同时也保护不善的人,不漏掉任何一个人,不偏向任何一个人。所以才有这样的自问自答:"古之所以贵此者何也? 不谓:求以得,有罪以免与? 故为天下贵。"意思是说,自古以来,人们之所以把"道"看得这样宝贵,不就是说人们有求一定可以得,犯了罪,也可有救吗? 所以,天下的人们才如此珍重"道",这就是"道不偏向为天下贵",是"道"的特性之一:"道正"。

【译文】

"道"是万物之主,是善良人行善的至宝,而不善的人也能因"道"得到保护。

善良人那些美好的言辞可以换来别人的尊重,良好的行为可以聚拢人气;不善的人怎么会被舍弃呢?所以在拥立领袖、设置高级官员的时候,虽然有珍宝在先驷马在后的礼仪,还不如坐下来静静地深入地研究万物之主的"道"。

自古以来,人们之所以把"道"看得这样宝贵,不就是说人们有求一定可以得,犯了罪,也可有救吗?所以,天下的人们才如此珍重"道"。

【评论】

○"道不偏向"的要害是保护不善

"第81章 天道无亲恒与善人",有的专家将"恒与善人"翻译为"天道"偏爱善人。这与本章"道正:道不偏向为天下贵"相矛盾,与第5章"相反相成:以不仁达到至仁"相矛盾。"道"不偏向善人也不偏向不善人的要害是"道"保护不善,为此这一章再论"天之道"对人无偏爱,一而再再而三地论"道"对不善人的保护:

"道者,万物之注也。善人之宝也,不善人之所保也。"

"人之不善,何弃之有?"

"求以得,有罪以免与?"

○ "道宗"就是"道母":诗化语言

"道宗"与"道母"的概念在多处以不同的形式出现。"道宗"就是"道母","道母"就是"道宗",它们是一个意思,这是老子的诗化语言,在不同的地方使用了不同的表达方式。我们在反复读老子的过程中,会体会到这一点。

在第4章"道宗:似万物之宗也是道母"的论述中已经说明白,"道宗"是说"道"主宰万物,"道母"是说"道"掌控万物,"主宰"与"掌控"是一个意思,所以"道宗"就是"道母"。

为了全面掌握"道宗"与"道母"的统一性,我们可以参考两个附录:

附录1—3.道的特性

道宗

附录5—3.始母有母道母

道母——养母

【参考各章】

第4章 道的特性空大宗隐

——道宗:似万物之宗也是"道母"

第5章 天地不仁多言数穷

——道正:天地不仁

——相反相成:以不仁达到至仁

第81章 天道无亲恒与善人

第63章 轻诺必寡信多易必多难

【原文】

为无为,事无事,味无味。

大小多少。图难于其易,为大于其细;天下难事,必作于易,天下大事,必作于细。是以圣人终不为大,故能成其大。

夫轻诺必寡信,多易必多难。是以圣人犹难之,故终无难矣。

【理解】

○ 为无为事无事味无味:上下文的语言环境

"为无为"无疑是遵循自然规律,无为无不为。根据这个意思,又考虑到下文的语言环境,老子的诗化语言"事无事,味无味"意思应为:从无事开始办事,从小事继续办事,才能办好事;从平淡无味开始品味,从淡味继续品味,才能品出味。

○ 大小多少：上下文的语言环境

通过与理解"事无事，味无味"同样的思路，"大小多少"的意思应为，大是由小发展而来的，多是由少积累起来的。

○ 圣人不自大故能成其大

"大小多少。图难于其易，为大于其细；天下难事，必作于易，天下大事，必作于细。是以圣人终不为大，故能成其大"意思是，大是由小发展而来的，多是由少积累起来的。打算克服困难要从容易处入手；实现远大理想要从细小处开始。天下的难事必须从容易处做起；天下的大事必须从细小处做起。因此圣人始终不认为自己"大"，所以才能成为"大"。

○ 夫轻诺必寡信多易必多难

"夫轻诺必寡信，多易必多难。是以圣人犹难之，故终无难矣"意思是，轻易答复别人的要求，势必要失信；把事情看得很容易，势必在着手去做时会遇到很多困难。因为圣人遇事总是看得困难些，所以最终就没有困难了。

【译文】

以遵循自然规律而为，从无事开始办事，才能办好事；从平淡无味开始品味，才能品出味。

大是由小发展而来的,多是由少积累起来的。打算克服困难要从容易处入手;实现远大理想要从细小处开始。天下的难事必须从容易处做起;天下的大事必须从细小处做起。因此圣人始终不认为自己大,所以才能成为大。

轻易答复别人的要求,势必要失信;把事情看得很容易,势必在着手去做时会遇到很多困难。因为圣人遇事总是看得困难些,所以最终就没有困难了。

【评论】

○ 轻诺必寡信:过犹不及

"轻诺必寡信,多易必多难"的意思是,轻易答复别人的要求,势必要失信;把事情看得很容易,势必会在着手去做时遇到很多困难。在这里,老子用生活中容易体会到的常识,深刻地揭示了"过犹不及"的客观规律。

我们在"第44章 知止不殆可以长久"中,论及了"甚爱必大费多藏必厚亡:过犹不及";在"第50章 动之于死地以其生之厚",又论及"生之厚:过犹不及"。

【参考各章】

第44章 知止不殆可以长久
——甚爱必大费多藏必厚亡:过犹不及
第50章 动之于死地以其生之厚
——生之厚:过犹不及

第64章　为之于未有治之于未乱

【原文】

其安易持,其未兆易谋。其脆易泮,其微易散。为之于未有,治之于未乱。

合抱之木,生于毫末;九层之台,起于累土;千里之行,始于足下。

民之从事,常于几成而败之。慎终如始,则无败事。

【理解】

○ 为之于未有治之于未乱:主观能动性

"为之于未有,治之于未乱"的意思是,要在事件发生前就把它安排妥当,要在祸乱未发生以前就加以治理。其根据是"其安易持,其未兆易谋。其脆易泮,其微易散"。其意思是,局面安定时容易维持,事变还没有发生时容易设法应对,事物脆弱时容易消解,事物细微时容易分散。如果对祸患不及时治理,后果可能是严重的。老子用通俗的比喻警告我们,"合抱之木,生于毫末;九层之台,起于累土;千里之行,始于足下"。意思是,合抱的大树是由小树苗长成的,九层的高台是用泥土积累起来的,你打算到一千里以外的地方去,也得一步一步地走。

冰冻三尺非一日之寒,等到冻上了才去融化就晚了。这是老子第一次置"无为无不为"于不顾,论及人的主观能动性,虽然老子未提及"人之道",实际上可谓"人之道"。可见"人之道"与"天之道"的差别。

○ 慎终如始则无败事:人之道

"民之从事,常于几成而败之。慎终如始,则无败事"意思是,人们做事往往在快成功的时候失败。当事情快要办完的时候还能象开始时那样谨慎,就不会失败。

认真办事,避免功败垂成。实际上,这也是"人之道"。

【译文】

局面安定时容易维持,事变还没有发生时容易设法应对,事物脆弱时容易消解,事物细微时容易分散。要在事件发生前就把它安排妥当,要在祸乱未发生以前就加以治理。

合抱的大树是由小树苗长成的;九层的高台是用

泥土积累起来的;千里的远行是从第一步开始的。

人们做事往往在快成功的时候失败。当事情快要办完的时候还能象开始时那样谨慎,就不会失败。

【评论】

○ 治之于未乱:过犹不及

"治之于未乱"理论上是好事。实际上,容易发生严重错误。由于未乱,情况就不明,可能是乱,但证据不足;可能不是乱,此时治乱就是错误。不管哪种情况,都容易将事情搞的更乱。这一观点是老子理想化的产物,容易产生"过犹不及"的效果。

老子的"治之于未乱"从倾向上违背了老子第2章"无为无不为"与第3章"无为无不治"的思想。

从实践上看,"治之于未乱"与"无为无不治"要看具体环境,不能死背书。

【参考各章】

第2章 相反相成无为无不为
——无为无不为
第3章 无知无欲无为无不治
——无为无不治

第65章 以知治国国之贼

【原文】

古之善为道者,非以明民,将以愚之。

民之难治,以其知也。故以知治国,国之贼;不以知治国,国之福。

知此两者亦稽式。常知稽式,是谓玄德。玄德深矣远矣,与物反矣,然后乃至大顺。

【理解】

○ "明民"与"愚民"

在春秋时代,老子笔下的"明民",就是以儒家的"仁义礼知"教育民众;"愚民"就是不要以"仁义礼知"教育民众,即不教人们"智巧"与"欺诈",而是让民众保持"淳厚"与"质朴"。第19章"见素抱朴少思寡欲绝学无忧"就论过这个道理。不能以现在的概念理解老子当时的意思。

"古之善为道者,非以明民,将以愚之"意思是,古时善于行道的人,不是教民众"仁义礼知",而是让民众保持"淳厚"与"质朴"。

- **常知稽式是谓玄德**

  ○ **以知治国国之贼不以知治国国之福:两种治国方法**

  "民之难治,以其知也。故以知治国,国之贼;不以知治国,国之福"意思是,民众之所以难以治理,就是因为他们"智巧"与"邪心"太多。所以用"智巧"治国,是国家之祸;用"道"治国,才是国家之福。这是两种治国方法。

  ○ **常知稽式:掌握"以道治国"的范式**

  "稽式"是治国的范式。第2章论过,"'道'是恒定不变的",这是"道"的特性之一,"常"就是"恒",其诗化的意境中,"恒"应理解为"道","知"就是"掌握"。因此,"常知稽式"就是掌握以"道"治国的范式。

  ○ **"玄德"就是"道德"**

  当治国者遵循"道"取得政绩,即有所得,"道"当然不去占有,这就是"道"的"德",如果治国者切实以"道"治国,当然也不去占有,这就是治国者的"德"。所以,成就而不占有的"得"就是"德"。

在第1章"'玄'是'妙'与'徼'共同的名字"一节里,已经讲清楚了"玄"有简单明确的含义,没有那么复杂,也没有那么神秘。"玄德"就是"妙德",或者"徼德",不管"妙德"还是"徼德",由于"玄"是"妙"与"徼"的总称,"玄德"就是"道德"。"道德"是以"道"所得的"德"。

○ 与物反矣然后乃至大顺

在"第16章 归根复命"中,论述了"归根复命大循环过程"与"返朴归真小循环过程"。治国者及其"德"终将归根复命,治国者借助自己的子孙返朴归真,子子孙孙,可能延续很长,也许一直到无穷,也终将归根复命。这就是必然完全顺应自然规律运行的过程,可称"大顺"。

○ 常知稽式,是谓玄德

"知此两者亦稽式。常知稽式,是谓玄德。玄德深矣远矣,与物反矣,然后乃至大顺"意思是,知道这两种治国方法都是治国范式。掌握用"道"治国这个范式,叫做有"道德",以"德"治国,国运久远,所以意义特别深远,前途光明远大,治国者及其"德"最后归根复命或反朴归真,完全顺"道"运行,可称"大顺"。

○ 大:"道"的别称

刚刚对"与物反矣,然后乃至大顺"的解释,已完全阐明了"'大'是'道'的别称"。

【译文】

古时善于行道的人,不是教民众"仁义礼知",即不教人们"智巧"与"欺诈",而是教民众"淳厚"与"质朴"。

民众之所以难以治理,就是因为他们"智巧"与"邪心"太多。所以用"智巧"治国,是国家之祸;用"道"治国,才是国家之福。

身为统治者,要知道这两种完全相反的治国范式。遵守用"道"治国这个范式,这就叫做"道德",意义特别深远,前途光明远大,治国者及其"德"最后归根复命或反朴归真,完全顺"道"运行,可称"大顺"。

【评论】

○"玄德"神秘吗?

围绕原文:

"知此两者亦稽式。常知稽式,是谓玄德。玄德深矣远矣。"

我们看如下三种译文:

第一种译文——要永远懂得:这两种治国方针的差异也是一条法则,永远懂得这一法则,这就叫"玄德"。"玄德"深奥又高远。

第二种译文——知道两者的差别,也就是法则,经常认识这个法则,就是"玄德","玄德"深沉啊,幽远啊。

第三种译文——懂得了这一正一反两种治国方式的差别,就是明白了治国的法则;总是处于明白法则的状态,就拥有了最高的德行。最高德行深不可测,远不可及。

我们看三种译文是相同的:

第一. 治国差异是治国法则;

第二. 永远懂得这一法则叫"玄德";

第三. "玄德"神秘;即深奥或深沉或深不可测,高远或幽远或远不可及。

我们在"常知稽式是谓玄德"中已阐明,治国法则一定是"道","玄德"一定是"道德"。"玄德"决不会神秘。

【参考各章】

第19章 绝圣弃知见素抱朴

——见素抱朴少思寡欲绝学无忧

第2章 相反相成无为无不为

——"道"是恒定不变的

第1章 道与妙徼玄以及有无

——"玄"是"妙"与"徼"共同的名字

第16章 归根复命

——归根复命大循环过程

——返朴归真小循环过程

第66章　圣人欲上民必以言下之

【原文】

　　江海之所以能为百谷王者，以其善下之，故能为百谷王。

　　是以圣人欲上民，必以言下之；欲先民，必以身后之。是以圣人处上而民不重，处前而民不害。是以天下乐推而不厌。以其不争，故天下莫能与之争。

【理解】

○ **欲上民必以言下之：诗化语言**

　　第2章"1. 弗言：行不言之教"是不发表主观不当的"政令"。所以，"圣人欲上民，必以言下之"的意思是，圣人要想领导百姓，一方面必须没有主观不当的政策，证明遵循"道"，一方面对人民表示出语言的谦下，这样才可能得到人民的拥护。

○ **欲先民必以身后之：诗化语言**

我们回顾第 2 章"5.弗居：功成而弗居"，"第 7 章以其无私故能成其私"也说"'无私'是'弗居'"。再来看，"欲先民必以身后之"，好像是说，圣人想在百姓之前，必须站在百姓后面。其实应该是说，圣人要想领导百姓，必须立功在前不图名利，享受在百姓之后。

○ **以其不争故天下莫能与之争：无为无不为**

"是以圣人欲上民，必以言下之；欲先民，必以身后之。是以圣人处上而民不重，处前而民不害。是以天下乐推而不厌。以其不争，故天下莫能与之争"意思是，所以圣人要想领导人民，必须没有主观不当的政策，以表对人民谦下；圣人要想领导百姓，必须立功在前不图名利，享受在百姓之后。所以圣人领导百姓，而百姓不感到负担；圣人领导百姓，而百姓不感觉碍事。所以天下百姓喜欢推崇他而不厌弃他。正因为圣人不跟人争，所以天下没有人能争得过他。

为了说明圣人低调的道理，老子首先说了一个江海容纳百川的例子："江海之所以能为百谷王者，以其善下之，故能为百谷王。"意思是，江海之所以能成为一切河流的集大成者，由于它善于处在河流的下游，所以能成为一切河流的集大成者。

这就是老子的"无为无不为"。

【译文】

江海之所以能成为一切河流的集大成者,由于它善于处在河流的下游,所以能成为一切河流的集大成者。

所以圣人要想领导百姓,必须避免制定主观不当的政策,以表对人民谦下;要想领导百姓,必须立功在前不图名利,享受在百姓之后。所以圣人领导百姓,而百姓不感到负担;领导百姓而百姓不感觉碍事。所以天下百姓喜欢推崇他而不厌弃他。正因为他不跟人争,所以天下没有人能争得过他。

【评论】

○ "必以言下之"决不是假惺惺的言词

有的哲学家说"必以言下之"是用语言对百姓表示谦下,或者说是用言词对百姓表示谦下。这是决不可能的,如果仅仅用"语言"或"言词"对百姓表示谦下,那不是欺骗百姓吗?百姓怎么能叫一个骗子做自己的领袖呢?"必以言下之"的前提是没有制定主观不当的政策,在遵循"道"的前提下,语言的谦下决不会是假的。

○ 人之道:以其不争故天下莫能与之争

"以其不争,故天下莫能与之争"是第 2 章"无为无不为"在"人之道"上的一个应用,是"顺'天之道'的'人之道'"。这个"人之道"的概念,老子将在"第68章 人之道为而弗争"中明确提出来。

○ 朴下柔水牝婴不战而胜

在遵循"无为无不为"的"顺天之道的人之道"下,"无为"的"人之道"呈现出多种形态,那就是朴、下、柔、水、牝、婴,它们都能"不战而胜",我们可选一些章节再看一看。

朴:

第19章 绝圣弃知见素抱朴——见素抱朴

第32章 将守道转化为守朴——侯王守朴

下:

第61章 大邦下流天下之牝——大邦者下流天下之牝:柔弱胜刚强

第66章 圣人欲上民必以言下之——欲上民必以言下之:诗化语言

柔:

第36章 微明是妙弱胜刚强——柔弱胜刚强:妙

第43章 天下至柔驰骋至坚——天下之至柔驰骋天下之至坚

水:

第8章 上善若水不争之争——不争之争:相反相成

第80章 天下莫柔弱于水攻坚强——弱之胜强柔之胜刚

牝：

第28章 复归于朴朴散为器——知其雄守其雌常德不离复归于婴儿

第61章 大邦下流天下之牝——大邦者下流天下之牝;柔弱胜刚强

婴：

第28章 复归于朴朴散为器——知其雄守其雌常德不离复归于婴儿

第55章 含德之厚者比于赤子——含德之厚者比于赤子

【参考各章】

第2章 相反相成无为无不为

——1.弗言:行不言之教

——5.弗居:功成而弗居

——无为无不为

第7章 以其无私故能成其私

——"无私"是"弗居"

第68章 人之道为而弗争

——人之道为而弗争

第19章 绝圣弃知见素抱朴

——见素抱朴

第32章 将守道转化为守朴

——侯王守朴

第61章 大邦下流天下之牝

——大邦者下流天下之牝:柔弱胜刚强

第66章 圣人欲上民必以言下之

——欲上民必以言下之:诗化语言

第36章 微明是妙弱胜刚强

——柔弱胜刚强:妙

第43章 天下至柔驰骋至坚

——天下之至柔驰骋天下之至坚

第8章 上善若水不争之争

——不争之争:相反相成

第80章 天下莫柔弱于水攻坚强

——弱之胜强柔之胜刚

第28章 复归于朴朴散为器

——知其雄守其雌常德不离复归于婴儿

第61章 大邦下流天下之牝

——大邦者下流天下之牝:柔弱胜刚强

第55章 含德之厚者比于赤子

——含德之厚者比于赤子

第67章　小邦寡民食服居俗

【原文】

小邦寡民。使有什佰之器而毋用,使民重死而不远徙,虽车舟无所乘之,有甲兵无所陈之,使民复结绳而用之。

甘其食,美其服,安其居,乐其俗。邻邦相望,鸡犬之声相闻,民至老死,不相往来。

【理解】

○ 复古

"使有什佰之器而毋用""使民复结绳而用之",老子主张即使有各种各样的器具,也不使用,恢复到原始结绳计数的生活方式,而不用当时先进的筹码计算。意思就是复古,回到原始状态去。

○ **拒绝交流**

"使民重死而不远徙""邻邦相望,鸡犬之声相闻,民至老死,不相往来""甘其食,美其服,安其居,乐其俗"。老子主张不要叫百姓去冒险,即使邻国很近,也不要与他们往来,更不要与他们交流。满足于简单的吃穿,安居乐俗,坚守自己的旧风俗,以免招惹麻烦。

○ **反对战争**

"虽车舟无所乘之,有甲兵无所陈之"。老子只注意食、衣、住,不考虑舟车之行,更反对战争。

老子反对战争的观点,在好几章中都论述过。例如,在第30章"大军之后必有凶年"中说"以道佐人主者不以兵强天下",意思是,用"道"辅助君王的人,不用兵力在天下逞强。

【译文】

国家地方要小,人口要少。即使有各种各样的器具,也不使用;使百姓重视死亡,而不向远方迁徙;虽然有船只车辆,却不用坐;虽然有武装,却没有地方去打仗;使百姓再回到远古结绳记事的状态之中。

使百姓有吃的,就觉得香甜;有穿的,就觉得漂亮;有住的,就觉得安逸,都过得快乐。国与国之间互相看得见,鸡犬叫声听得见,但百姓直到老死,也不互相往来。

【评论】

○ 小国寡民

邦就是国,"小国寡民"是老子的理想社会,国家人少、地小,不与别国来往,吃、穿、住、行都是最原始的。

"第2章 相反相成无为无不为"论及"无为无不为",接着"第3章 无知无欲无为无不治"论及"无为无不治"。这种"无为而治"的治国方略,最适合于这样的小国。顺其自然,对国内"无为",不多收赋税,不扰民;对国外"无为",不来往,更没有战争,不会给百姓造成负担。这样的社会不用发展生产工具与交通工具,不求进步,但求安定,是一个乌托邦的社会,是老子一厢情愿的社会。

老子"无为"的本义是"不妄为",对违反自然规律的事物,不要妄为;对顺应自然规律的事物,可有作为。"无为"还是"有为"的关键是看是否符合客观规律。在这里老子自己将"无为"引入了歧途。

在春秋、战国时期,统治者不顾百姓死活,到处是战争、掠夺。老子对这种状态深恶痛绝,所以才提出这种"小国寡民"的理想社会形态。但,老子也无法实现这种社会理想,所以才有"老子出关",自己去古老的地方寻找他的"小国寡民"。

孔子与老子都不满意当时的社会形态。孔子希望恢复到周朝的社会形态,老子比孔子走得更远,希望恢复到更古老的社会形态。孔子复礼,老子复古,开历史的倒车,所以,孔子与老子都得不到重用。后来,统治者为了社会的稳定,将孔子捧为孔圣人,老子却始终得不到社会的认可,仅仅被"道教"所尊崇。

【参考各章】

第30章 物壮则老是谓不道
——大军之后必有凶年
第2章 相反相成无为无不为
——无为无不为
第3章 无知无欲无为无不治
——无为无不治

续篇：人之道

第68章～第81章

第68章　人之道为而弗争

【原文】

信言不美,美言不信。知者不博,博者不知。善者不多,多者不善。圣人无积,既以为人,己俞有;既以予人矣,己俞多。

故天之道,利而不害;人之道,为而弗争。

【理解】

○ 信言不美美言不信

"信"就是"真实"的意思,"信言"就是真实的话。在这里,老子是说《道德经》是"信言"。

"美言"就是华美的言论,巧言浮辞,美而不实,不足以令人相信。在这里,老子是说反对派的主张是"美言",例如说孔子的儒学理论是"美言"。

"信言不美,美言不信"意思是,真实的话不华美,华美的言论不真实。这是老子叫人们按"道"行事。

"知者不博,博者不知。善者不多,多者不善"意思是,有真知的人不是什么都明白,什么都明白的人不一定有真知;善良的人不一定富有,富人不一定善良。

○ **圣人无积:弗有弗居**

遵循"道"的人才被老子称为这里的圣人,圣人按"道"办事,原则是"无为"。在"第2章 相反相成无为无不为"中讲"无为无不为","无为"的"五弗"中包括"弗有"与"弗居",这是"无为"最基本的精神之中的两个。

"圣人无积,既以为人,己俞有;既以予人矣,己俞多"意思是,圣人不贪心,照顾别人,觉得自己更有"德",给予别人,觉得自己的"德"更厚。

如果以占有为己任,积累财富,就好像光亮的镜子上沾上尘垢,积累尘垢,就好像清净的水中掺入沙泥,积累沙泥,只能损害圣人。所以"圣人无积"。

○ **天之道利而不害**

"道"最基本的特征就是"空","道"在宇宙永恒的运动过程中,掌控着万物的"生"与"育",但没占有任何一物。"道"有利于万物,既不损害万物,也不损害"天之道"自身,"道"还是永恒的,这就是"天之道,利而不害"。

○ **人之道为而弗争:老子第一次提出"人之道"**

"圣人无积","人之道"遵循客观规律,"弗有"是

"无为"的根本,有所作为,也决不跟人家争夺名利,故"人之道为而弗争"。"人之道"物质上可能有损,精神上一定有得,得者德也。

这是老子第一次提出"人之道"。

【译文】

真实的话不一定非得好听,好听的话不一定真实;有真知的人不是什么都明白,什么都明白的人不一定有真知;善良的人不一定富有,富人不一定善良。圣人不贪心,照顾别人,觉得自己更有"德",给予别人,觉得自己的"德"更厚。

所以,"天之道"有利万物,既不损害万物,也不伤害自己,"人之道"遵循客观规律办事并有所作为,决不跟人家争夺名利。

【评论】

• "人之道"的提出

○ "第67章 小邦寡民食服居俗"确实为结尾处

通行本将第67章与第68章移到老子《道德经》的最后,作为第80章与第81章,原来从第69章至第81章依次往前移两章,可能是编者认为原"第67章 小邦寡民食服居俗"与"第68章 人之道为而弗争"为结尾章,怎么不将其放在书的结尾处呢?其实,原"第67章小邦寡民食服居俗"确实为结尾处。但,在《德经》结尾之后,又提出了一个新问题"人之道",这就是"第68章 人之道为而弗争"。

○ **从第 68 章开始共用 14 章的篇幅论述"人之道"**

"第 68 章 人之道为而弗争"提出"人之道"之后,又继续用 13 章的篇幅论述"人之道",这就是第 69 章到第 81 章。我们不妨重读老子的《道德经》,会发现在很多章内早已论述了"人之道",只不过那时没有明确"人之道"的概念。

第 68 章之前已有很多章节涉及"人之道"。

例:"第 55 章 含德之厚者比于赤子"论述了"物不壮则不老:择'天之道'的'人之道'"。其中"物壮则老,谓之不道,不道早已"很不好理解。如果这句话写为"物壮则老,谓天之道,谓不人之道,不人之道早已"就容易理解得多,但那时还没有提出"人之道"的概念。"天之道"与"人之道"是不同的,"天之道"是自然规律,"人之道"是社会规律。只有引入"人之道",好多问题由此得到很好的解释,才容易产生正确的理解。

像这样,论述的形式上,好像"人之道"与"天之道"矛盾,其实这条"人之道"是可以选择"天之道"的,就是"择'天之道'的'人之道'"。例如:

第 9 章 功遂身退天之道也

——"物极必反"是"天之道"

——"物不极可不反"也是"天之道"

——功遂身退天之道也

——择"天之道"的"人之道"

第30章 物壮则老是谓不道

——择"天之道"的"人之道":不逞强

虽然在前面的章节中,老子没有明确提出"人之道",其实在论述"天之道"的时候,已隐含着"人之道",只不过"人之道"在形式上完全与"天之道"一致,是读者没感觉而已。就是"顺'天之道'的'人之道'"。例如:

第2章 相反相成无为无不为

——无为无不为

第3章 无知无欲无为无不治

——无为无不治

第7章 以其无私故能成其私

——从"天之道"引入"人之道"

——相反相成:以其无私故能成其私

第34章 不自为大能成其大

——相反相成:不自为大能成其大

还有的"人之道"与"天之道"没关系,它们脱离了"天之道",不是自然规律,而是社会规律,就是"离'天之道'的'人之道'"。例如:

第27章 贵师爱资是谓要妙

——要妙:尊重老师爱惜鉴资

• "人之道"的重要性

在"第25章 有物昆成先天地生"中,明确地提出"道大,天大,地大,人亦大。域中有四大,而人居其一焉"。并且说,"人法地,地法天,天法道,道法自然"。宇宙中有四大,而人是其中之一。可见,老子很重视"人",但"人"的重要性却没有提过。其实,这是一个疑问,怎么就"人亦大"了?人怎么个大法?

当老子写完《道经》与《德经》之后,终于又研究"人亦大",明确提出了"人之道",并且说,"人之道,为而弗争"。

在这章之前,老子的"道"好像只论自然规律,社会规律都隐含在自然规律之中。例如,早在"第2章 相反相成无为无不为"就出现了"天下皆知美之为美,斯恶矣;皆知善之为善,斯不善矣"。这个"美与丑""善与恶"是属于社会规律中的两个"徼",是"人之道"。但在那儿,老子是在论《道经》,核心是"自然规律",所以为了不影响《道经》的论述,我们没提这个概念。

老子明确提出"人之道",证明了老子对社会规律的认识,并在哲学史上又一次证明了老子的伟大。

关于"人之道,为而弗争"有三个概念很重要。

○ 第一个概念:人之道

研究"天之道"是为了"人之道",人不可能遵循所有的"天之道"。例如,"第30章 物壮则老是谓不道",

说的"物壮则老"是"天之道",难道我们人在"物壮则老"面前就等死吗?这时必须研究"人之道"。

当前"人之道"的发展非老子的时代可比。

○ 第二个概念:为

老子在此明确讲了"为而弗争"。首先是"为",老子在"第2章 相反相成无为无不为"中讲的"无为"是"无妄为",是不要违背自然规律的"为"。例如,"功成身退",就是"为"。第64章"为之于未有治之于未乱:主观能动性",强调了"为"要发挥"主观能动性"。

人的现实活动中也有这样的例子,例如,天津小站稻春天育苗,宜早不宜迟,也是"为"。

科学地"为"意义很大。"地之道"正处在青春期,前途无量。

○ 第三个概念:弗争

自己要活,还要活的好,但不要去争。这个概念来源于"第2章 相反相成无为无不为"的"3.弗有:生而弗有""5.弗居:功成而弗居"。这是"无妄为"的要害,是遵循自然规律的要害,是具有崇高道德的要害。

我们看看现在这些贪官,他们都是从"全心全意为人民服务",堕落到"见钱眼开"的。不管是贪官的数量,还是贪污钱财的数量,真是"前无古人"。是不是"后无来者"?我觉得应该是。现在这些数量是不是全球有史以来数第一呢?贪官必亡。我们看一看老子的

"弗争"意义有多大。

【参考各章】

第2章 相反相成无为无不为
——无为无不为
——3.弗有:生而弗有
——5.弗居:功成而弗居

第67章 小邦寡民食服居俗
——小国寡民

第55章 含德之厚者比于赤子
——物不壮则不老:择"天之道"的"人之道"

第9章 功遂身退天之道也
——"物极必反"是"天之道"
——"物不极可不反"也是"天之道"
——功遂身退天之道也
——择"天之道"的"人之道"

第30章 物壮则老是谓不道
——择"天之道"的"人之道":不逞强

第3章 无知无欲无为无不治
——无为无不治

第7章 以其无私故能成其私
——从"天之道"引入"人之道"
——相反相成:以其无私故能成其私

第34章 不自为大能成其大
——相反相成:不自为大能成其大

第 27 章 贵师爱资是谓要妙
——要妙:尊重老师爱惜鉴资
第 25 章 有物昆成先天地生
——域中有四大而人居其一焉
第 64 章 为之于未有治之于未乱
——为之于未有治之于未乱:主观能动性

第69章　三宝慈俭不敢为天下先

【原文】

　　天下皆谓我：道大，似不肖。夫唯不肖，故能大。若肖，久矣其细也夫！

　　我有三宝，持而保之：一曰慈，二曰俭，三曰不敢为天下先。慈，故能勇；俭，故能广；不敢为天下先，故能成器长（zhǎng）。

　　今舍慈且勇，舍俭且广，舍后且先，死矣。

　　夫慈，以战则胜，以守则固。天将救之，以慈卫之。

【理解】

○ 道大似不肖：过犹不及

　　第4章"道大"是说"道"充满整个宇宙，取之不尽，用之不竭。第4章"道隐"是说我们直接感觉不到"道"，包括感觉不到"道大"。

　　"道大，似不肖。夫唯不肖，故能大。若肖，久矣其细也夫"意思是说，道大，又好似不像；正因为不像，所以才能伟大；如果像，时间久了就很渺小了。

- **三宝：人之道**

  ○ **慈**

"慈，故能勇"。人与动物为保护自己的幼儿可与敌人决一死战；幼儿长大成人自然会舍命保护自己的长上。

平时慈爱士兵，战时士兵就会听令，杀敌就勇敢。

  ○ **俭**

"俭，故能广"。其中"俭"是俭啬、爱护、保护、节俭的意思。

"第59章 治人事天莫若啬"，"啬"是"有而不用"的意思。圣人统治整个国家，富有四海，物质极大丰富，而圣人遵循"道"，视之若无，虽有而不用，就是"啬"。

"第62章 道者万物之主为天下贵"曾经论述"道不偏向的要害是保护不善"，并在同一章里反复论述：

例1."道者，万物之注也。善人之宝也，不善人之所保也。"

例2."人之不善，何弃之有？"

例3."求以得，有罪以免与？"

爱惜国家每个人，节俭百姓的每一笔财富。这样，可获得百姓广泛的拥护。

不敢为天下先

"不敢为天下先,故能成器长"。谦虚,所以能成大器,可能成长为领袖。"第34章 不自为大能成其大",与"第68章 人之道为而弗争"都是说的这个道理。

慈以战则胜以守则固:人之道

"今舍慈且勇,舍俭且广,舍后且先,死矣"意思是,如果丢弃了慈爱而单求勇武,丢弃了俭啬而单求广泛的拥护,舍弃退让而求争先,结果只能是走向死亡。

"夫慈,以战则胜,以守则固。天将救之,以慈卫之"意思是,慈爱这种品德,用来征战,就能够胜利,用来守卫就能巩固。天要拯救谁,就用慈爱来保护他。

【译文】

天下人都说"道大",又好似不像;正因为不像,所以才能伟大;如果像,时间久了就很渺小了。

我有三件法宝,守着它,保护它:第一件叫做慈爱,第二件叫做俭啬,第三件是不敢居于天下人的前头。有了慈爱,所以能勇武;有了俭啬,所以能获得百姓广泛的拥护;不敢居于天下人之先,所以能成大器,可能成长为领袖。

如果丢弃了慈爱而单求勇武,丢弃了俭啬而单求广泛的拥护,舍弃退让而求争先,结果只能是走向死亡。

慈爱这种品德,用来征战,就能够胜利,用来守卫就能巩固。天要拯救谁,就用慈爱来保护他。

【评论】

○ 空大宗隐似不肖:过犹不及

"第4章 道的特性空大宗隐"论述了"道空""道大""道宗""道隐"。由于"道隐","道"的空、大、宗、隐给人的直觉都不清晰,我们都是间接感知"道"的。不仅仅"道大,似不肖",而且道空、道大、道宗、道隐全部"似不肖"。如果"道"的空、大、宗、隐等特性都很清晰很显眼,呈现一尊很伟大的样子,那么也会发生"久矣其细也夫"！不仅"过犹不及",甚至"物极必反"。所以要"隐",要道空、道大、道宗、道隐全部"似不肖"。

老子为什么多次反复论述"道"的四大特性？绝不是像有的哲学专家说的那样,什么歌颂"道",什么神秘,什么不可知。完全相反,老子是避免宣扬"道"的伟大,避免"久矣其细也夫"。

○ 道似不肖:过犹不及

"道"除了道空、道大、道宗、道隐四大特性之外,还有道行、道恒、道正三大特性,虽然不像前者那样"似不肖",但也不张扬。所以,"道"似不肖,不以伟大的面貌显现,当然也不易受损。

○ "天地不仁"与"慈"的矛盾:"天之道"与"人之道"的矛盾

"第5章 天地不仁多言数穷"论述"天地不仁",是"天之道",是自然规律。圣人效法天地对待万物的方式,对老百姓没有什么爱不爱的问题,没有偏爱一部分人的问题,使老百姓自生自灭。是"顺'天之道'的'人之道'"。这是不考虑人的感情的理想化的"人之道",是理想化的社会规律,这种社会规律是不存在的。

这一章讲"慈爱"。"天之道"不讲慈,但"人之道"讲慈,讲三宝。这里讲"三宝:人之道",考虑了人的感情,人的感情是真实的存在的,谁不爱自己的孩子?连动物都爱自己的孩子。"人之道"是社会规律,社会规律不同于自然规律,"差异就是矛盾",社会规律与自然规律是矛盾的"对立统一""相反相成"或"相辅相成"。不能把自然规律全部搬到社会规律中。

【参考各章】

第4章 道的特性空大宗隐

——道空

——道大

——道宗

——道隐

第59章 治人事天莫若啬

——治人事天莫若啬

第62章 道者万物之主为天下贵

——"道"不偏向的要害是保护不善

第34章 不自为大能成其大

——不自为大能成其大

第68章 人之道为而弗争

——人之道为而弗争：老子第一次提出"人之道"

第5章 天地不仁多言数穷

——天地不仁

第70章　不诤之德用人之力

【原文】

善为士者,不武;善战者,不怒;善胜敌者,弗与;善用人者,为之下。是谓不诤之德,是谓用人之力,是谓配天,古之极也。

【理解】

○ **善为士者不武:相反相成"人之道"**

"善为士者不武"意思是,善于带兵打仗的将帅,不逞其勇武。"第57章 吾何以无事取天下"就曾说"以奇用兵",也是说这个道理。相应地提出"善战者,不怒;善胜敌者,弗与",意思是,善于打仗的人,不会被激怒;善于战胜敌人的人,不与敌人正面冲突。

第5章"相反相成:以不仁达到至仁",论述了"相反相成"这个客观规律,"善为士者不武"就是希望避免用武不战而胜,取得"相反相成"的效果。这是"相反相成"的"顺'天之道'的'人之道'"。

○ **善用人者为之下：柔弱胜刚强"人之道"**

第69章"不敢为天下先"是作为"人之道"的三宝之一论述的。这里又讲"善用人者为之下"，其意思是，善于用人的人，对人表示谦下。谦虚的领导者可团结很多人，共同奋斗。

在"第8章 上善若水不争之争"中论述了"不争之争：相反相成"就是论"柔弱胜刚强"。"善用人者为之下"也是"柔弱胜刚强"，是"顺'天之道'的'人之道'"。

○ **是谓不争之德是谓用人之力："无为无不为"的"人之道"**

"第68章 人之道为而弗争"在论"人之道的重要性"时，我们特别谈了"第三个概念：弗争"。"不争"是"无妄为"的要害，是遵循自然规律的要害，是具有崇高道德的要害。

以"不武""不怒""弗与"，不去表面上与敌硬争高下，以"谦下"不去表面上与友硬争高下。"不争"是为了"用人之力"，由于与敌"不硬争"，以使敌降低对我用力，以使我减少损失；由于与友"不争"，以使友提高战斗力，以利共同对敌，以最大可能争得胜利。

"不争之德是谓用人之力"是"无为无不为"，是"顺'天之道'的'人之道'"。

○ 是谓配天古之极也:柔弱胜刚强"人之道"

"第66章 圣人欲上民必以言下之"论述了"人之道:以其不争故天下莫能与之争",并总结了"朴下柔水牝婴不战而胜",这就是"不战而趋人之兵,善之善者也"。

第59章"治人事天莫若啬:积德"论述"天:天性:道德:上下文语言环境"时曾经说得很明白,"天"就是"天性","事天"就是侍奉保养自己的天性,天性就是道德。"事天"就是积德。

"是谓不诤之德,是谓用人之力,是谓配天,古之极也"意思是,这叫做不与人争的品德,这叫做合理任用周围人的能力,这叫做符合自己与周围人共同的天性——"德",以共同的"德"将大家紧密地联系在一起,遵循"天之道"。这是自古以来久经考验的准则。

是谁遵循"天之道"?是人。这就是"柔弱胜刚强",是"顺'天之道'的'人之道'"。

【译文】

善于带兵打仗的将帅,不逞其勇武;善于打仗的人,不会被激怒;善于胜敌的人,不与敌人正面冲突;善于用人的人,对人表示谦下。这叫做不与人争的品德,这叫做合理任用周围人的能力,这叫做符合人的天性——"德"。这是自古以来久经考验的准则。

【评论】

○ "是谓不诤之德,是谓用人之力"的两个实例

例1,在一次学术会议上,一位曾经有从医经验的博士研究生跟我说了一件令他感到很奇怪的事。他说:"我与第二中心医院的一位大夫合作得很好,我用他给我的病例设计了一个诊疗软件,诊疗实验效果不错。但是,我再找他要病例时,说什么他也不给,很奇怪。"

我问:你们俩有多长时间没见面了?

答:大约有半年了。

问:你有研究成果了,他有什么成果吗?

答:我哪知道他有什么成果!

我说:问题已经很明白了,人家为什么平白无故地供给你病例?既然是合作,必须你们两个人都有研究成果,才能合作下去。

例2,我曾与天津号称"小儿王"的王士相教授合作,研究《中医小儿咳喘的计算机诊疗系统》,曾投入天津总医院门诊使用,来就诊的儿童相当多,合作非常成功。我的做法是:

首先,我们对话,将中医人工的诊疗过程弄清楚,方法是我问,王士相教授及其弟子答。

其次,我与我的科研团队将《中医人工的诊疗过程》设计为《中医小儿咳喘的计算机诊疗系统》。

第三,由王士相教授及其弟子将软件投入门诊应用,验证诊疗效果。

第四,帮助王士相教授及其弟子将《中医人工的诊疗过程》整理成为计算机能实现的过程及其医理,撰写论文,合作署名,王士相教授及其弟子署名在先,我的署名在后,在有关的中医学术刊物上发表。

最后,将《中医小儿咳喘的计算机诊疗系统》写成论文,我与我的科研团队署名在先,王士相教授及其弟子署名在后,在有关的计算机学术刊物上发表。

合作双赢。

【参考各章】

第57章 吾何以无事取天下

——以奇用兵

第5章 天地不仁多言数穷

——相反相成:以不仁达到至仁

第69章 三宝慈俭不敢为天下先

——不敢为天下先

第8章 上善若水不争之争

——不争之争:相反相成

第68章 人之道为而弗争

——"人之道"的重要性

第66章 圣人欲上民必以言下之

——朴下柔水牝婴不战而胜

——人之道:以其不争故天下莫能与之争

第59章 治人事天莫若啬

——治人事天莫若啬:积德

——天:天性:道德:上下文语言环境

第71章　用兵有言不敢为主

【原文】

　　用兵有言："吾不敢为主，而为客；不敢进寸，而退尺。"是谓行无行，攘无臂，执无兵，乃无敌。

　　祸莫大于轻敌，轻敌几丧吾宝。故抗兵相若，哀者胜矣。

【理解】

○ 用兵有言吾不敢为主

"第55章 含德之厚者比于赤子"论述了"含德之厚者比于赤子：不招灾惹祸"。老子反复告诉圣人，要像婴儿那样总是保有"积德"的态势。婴儿不会对不起万物，也不会从万物那儿招来祸害。

当然，老子自然就会主张"用兵有言：吾不敢为主，而为客；不敢进寸，而退尺。是谓行无行；攘无臂；执无兵；乃无敌"。意思是，兵的统帅说过：我不敢主动进攻,而要防守;不敢前进一寸,而要后退一尺。这就叫做没有阵势可摆,没有胳膊可举,没有武器可拿,这样就不会树敌,因此就没有敌人可打。

从根本上说,这体现了老子反对战争的立场。

○ 抗兵相若哀者胜矣

"祸莫大于轻敌,轻敌几丧吾宝。故抗兵相若,哀者胜矣"意思是,各种祸害中,没有比"轻敌"更严重的了,轻敌可能使我丧失胜利的法宝。所以两军势力相当,退让而悲愤的一方会得到胜利。

【译文】

兵的统帅说过:我不敢主动进攻,而要防守;不敢前进一寸,而要后退一尺。这就叫做没有阵势可摆,没有胳膊可举,没有武器可拿,没有敌人可打。

各种祸害中,没有比"轻敌"更严重的了,轻敌可能使我丧失胜利的法宝。所以两军势力相当,悲愤的一方会得到胜利。

【评论】

○ 老子战争的被动式

老子希望圣人像婴儿那样不惹是生非。在"第66章 圣人欲上民必以言下之"中,我们总结了老子"朴下柔水牝婴不战而胜"的思想,它不仅仅是针对战争,也是老子"人之道"主要倾向的体现。老子对用兵主张的两个"不敢"鲜明地呈现出"战争的被动式"。

○ **谦下退让：人之道**

在敌我对峙的战争中都呈现"老子战争的被动式"，那么在社会上一定会充分体现老子的谦下退让，这正是老子的"人之道"。

【参考各章】

第55章 含德之厚者比于赤子
——含德之厚者比于赤子：不招灾惹祸
第66章 圣人欲上民必以言下之
——朴下柔水牝婴不战而胜

第72章 知我者希则我者贵

【原文】

吾言甚易知,甚易行。天下莫能知,莫能行。
言有宗,事有君。夫唯无知,是以不我知。
知我者希,则我者贵。是以圣人被褐而怀玉。

【理解】

○ 言有宗事有君:"宗"与"君"都是"道"

"第4章道的特性空大宗隐"论述"道的四大特性"之一"道宗"。就是说,"道"是万物与天帝的宗主,主宰或说掌控万物与天帝,万物与天帝也依赖"道"。

"言有宗,事有君"是诗化语言,其中的"宗"指"道","君"就是"主",还是指"道"。

所以,"言有宗,事有君。夫唯无知,是以不我知"意思是,我的言论是根据"道"说的,做事是遵循"道"做的。由于人们的无知,所以才不了解我。其实,"吾言甚易知,甚易行。天下莫能知,莫能行"意思是,我的话很容易懂,很容易实行。但天下竟没人懂,没人实行。

○ **是以圣人被褐而怀玉**

"知我者希,则我者贵。是以圣人被褐而怀玉"意思是,了解我的人很少,以我为榜样、效法我的人就更可贵了。要知道,圣人穿的虽然是粗布衣服,怀里却揣着润洁的美玉啊。

【译文】

我的话很容易懂,很容易实行。但天下竟没人懂,没人实行。

我的言论是根据"道"说的,做事是遵循"道"做的。由于人们的无知,所以才不了解我。

了解我的人很少,以我为榜样、效法我的人就更可贵了。要知道,圣人穿的虽然是粗布衣服,怀里却揣着润洁的美玉啊。

【评论】

○ **再论老子脱离实际**

第40章"下士闻道大笑之:脱离实际"中我们说老子脱离实际,一方面脱离了当时的社会,一方面脱离了民众,谁能接受"道"的理论?谁能遵循"道"去行动?但老子却在那章中说"上士闻道,勤而行之",又在这章中说"是以圣人被褐而怀玉",这是典型的孤芳自赏了。

老子一方面探讨"人之道",由此突破了自然规律的限制,刚刚进入对社会规律的探讨,说明对社会开始有感觉;一方面还苦于"道"的无人理睬而不得志。春秋战国时期是社会大变革的时期,老子却对此视而不见,脱离了当时的社会实际。

【参考各章】

第4章 道的特性空大宗隐

——"道"的四大特性

——道宗

第40章 下士闻道大笑了之

——下士闻道大笑之:脱离实际

第73章　知不知尚矣不知知病也

【原文】

知不知，尚矣；不知知，病也。圣人不病，以其病病。夫唯病病，是以不病。

【理解】

○ 不知知病也

"不知知病也"的意思是，自己没有什么知识，却总觉得自己很有知识，就是一种严重的毛病。

例1. 2012年9月27日，天津高清卫视《爱情保卫战》中一对恋人嘉宾已相恋两年多。女嘉宾22岁，自称唱歌、作模特、演戏什么都行，自己就是喜欢搞文艺，并现场唱了两支歌曲，观众、嘉宾帮助团、主持人赵川一致认为她不行，但女嘉宾说世上无难事，自己一定会成名。男嘉宾24岁，要求女嘉宾不要再搞文艺了，应该找个工作，结婚，否则分手，并要求女嘉宾选择。嘉宾帮助团与主持人企图说服女嘉宾,但女嘉宾对自己的现实情况毫无感觉,坚持要成名,最后一对恋人嘉宾分手。

例2.大约三四十年前,一位高中毕业后没考上大学的天津年轻小伙儿通过他的同学找到我,问一些数学问题。他说他喜欢数学,一口气说出了高等学校数学系学生读的所有数学书籍的名称、作者,并且说他自己都读过,也都读懂了。谈话中我们谈到《概率统计》这本书,我就问了他几个基本概念,但他完全不清楚,并且一道习题也没做。当时我在书上选了一道简单的习题,让他解答一下,他答得根本不知所云。

这两个例子是典型的"不知知病也"。这真是一种病,害己一生,很难治疗。谁能给这样的人说明白?

○ 圣人不病以其病病

"第2章 相反相成无为无不为"中首次提到圣人,在老子眼里"圣人是既有高度智慧又懂得'道'的人"。"圣人不病,以其病病。夫唯病病,是以不病"意思是,圣人没有这种毛病,是因为他知道这种毛病是一种病。正因为他知道这种毛病是一种病,所以才没有这种毛病。

【译文】

自己有知识,却总觉得自己还有不知道的知识,这是最好的;自己没有什么知识,却总觉得自己很有知识，就是一种严重的毛病。

圣人没有这种毛病，是因为他知道这种毛病是一种病。正因为他知道这种毛病是一种病，所以才没有这种毛病。

【评论】

○"人之道"的基础是认识问题

每个人的认识问题是"人之道"的基础，如果人们都是"不知知病也"这种状况，"人之道"将一塌糊涂。幸好"不知知病也"这种状况是特例。但，人从"不知知病也"到圣人之间认识上的错误，就像学生考试成绩从不及格、及格、良好到优秀的分布一样，是各种各样的，所以由人构成的社会就复杂了，这是"人之道"面临的基础问题。

○康德的认识论

2004年7月12日天津日报的第10版"学习"，"南开大学社会讲堂"栏目中，王建军教授在《康德——西方近现代哲学的桥梁》中讲，以理性的观点看世界，世界就是被理性"构想"出来的，知识就是被"做"出来的；不是理性的认识要去符合对象，而是对象要符合理性的认识，这就是康德著名的哥白尼式的革命。

知识就是被"做"出来的。为了这句话，我将这篇文章读了几十遍，那时，我每周都去总医院检验凝血，要坐等一个小时,那时我就拿出报纸读。因为我上大学时,政治课讲哲学,说康德是唯心论的代表人物。这个结论在我脑子里静静地储存了几十年,现在读到哲学家的这篇文章后,发现了矛盾。反复思考后才明白,重要的是观察实际的事物,这才终于弄懂了。

"不知知病也"是理解康德认识论的很好的例子。或者说,有了康德的认识论就很容易理解"不知知病也"。

【参考各章】

第 2 章 相反相成无为无不为
——圣人是既有高度智慧又懂得"道"的人

第74章　民不畏威则大威至

【原文】

民不畏威，则大威至。
无狎其所居，无厌其所生。夫唯不厌，是以不厌。
是以圣人自知不自见，自爱不自贵。故去彼取此。

【理解】

○ **民不畏威则大威至：人之道**

老子的时代还没有发生过农民大起义，老子就预言"民不畏威，则大威至"。意思是，民众不怕威胁时，他们可能聚集起来反抗，可怕的祸乱就要到来了。这是"人之道"。老子有警告说"无狎其所居，无厌其所生。夫唯不厌，是以不厌"。其意思是，不要逼迫得民众不得安居，不要压榨得民众活不下去。只有不过分压迫民众，民众才不会过度厌烦统治者。

【译文】

民众不怕威胁时,他们可能聚集起来反抗,可怕的祸乱就要到来了。

不要逼迫得民众不得安居,不要压榨得民众活不下去。只有不过分压迫民众,人民才不会过度厌烦统治者。

所以圣人只求能自知而不自我炫耀,只求自爱而不以高贵自居。所以要抛弃炫耀、高贵而保持自知、自爱。

【评论】

○ "人之道"首先得知道民众要什么:哪里有压迫哪里就有反抗

在"第73章 知不知尚矣不知知病也"中,我们谈到"'人之道'的基础是认识问题",老子知道民众反对过分的压迫和剥削,哪里有压迫哪里就有反抗,所以老子说,"是以圣人自知不自见;自爱不自贵。故去彼取此"。意思是,所以圣人只求能自知而不自我炫耀,只求自爱而不以高贵自居。所以要抛弃炫耀、高贵而保持自知、自爱。

如果不知道民众想什么,怎么维持统治,只维护既得利益小集团的利益,早晚得自己推翻自己。

【参考各章】

第 73 章 知不知尚矣不知知病也
——"人之道"的基础是认识问题

第75章　天网恢恢疏而不失

【原文】

勇于敢则杀,勇于不敢则活。此两者,或利或害。天之所恶,孰知其故?

天之道,不争而善胜,不言而善应,不召而自来,繟(chǎn)然而善谋。

天网恢恢,疏而不失。

【理解】

○ 天:"道"的别称

"第9章 功遂身退天之道也"是老子第一次提出"天之道",这一章出现了三个"天",除了"天之道"之外,还有"天之所恶"与"天网恢恢"。这两个"天"都是"道"的别称,因为它们所处的上下文语言环境决定了它们的含义。我们看下文,就会自然清楚。

○ 勇于敢则杀勇于不敢则活：道宗

"第68章 人之道为而弗争"论述了"天之道利而不害""人之道为而弗争"。这里的"敢与不敢"是"人"与"道"之间的关系，涉及到人是不是遵循"道"的问题，不是"人"与"人"之间"争与不争"的问题。

"勇于敢则杀，勇于不敢则活。此两者，或利或害。天之所恶，孰知其故"意思是，勇于违反自然规律，贯彻主观不当的政策，就会带来杀身之祸；勇于遵循自然规律，就会避免祸害。这两种情况，有的有害有的有利。由于好多自然规律是我们事先不知道的，自然规律究竟厌恶什么，又有谁知道呢？

显然，这里的"天"指的是"道"，这里的"勇于敢则杀勇于不敢则活"是"道"的特性之一："道宗"。

○ 天网恢恢疏而不失："道大"与"道宗"

"天网恢恢，疏而不失"意思是，"道"掌控万物，就好像一张大网，广大无边。网孔虽稀，但从没有任何一物被"天之道"的大网遗漏过，这是说"道大"。同时，老子又论述了一次"道宗"或"道母"。

参考：

第4章 道的特性空大宗隐

——道宗

第14章 道的四特性与道纪

——道宗

第62章 道者万物之主为天下贵

——道者万物之主:道宗

——"道宗"就是"道母":诗化语言

【译文】

勇于违反自然规律,贯彻主观不当的政策,就会带来杀身之祸;勇于遵循自然规律,就会避免祸害。这两种情况,有的有害有的有利。由于好多自然规律是我们事先不知道的,自然规律究竟厌恶什么,又有谁知道呢?

天之道,不争斗而可取胜,不指示而可获响应,不召唤而自动到来,坦然而善于谋划。

"天之道"掌控万物,就好像一张大网,广大无边。网孔虽稀,但从没有任何一物被"天之道"的大网遗漏过。

【评论】

○"天之道"对"人之道"的限制

这一章"天网恢恢疏而不失"论述了自然规律掌控万物的能力。"人之道"在自然环境中活动时,一定是遵循自然规律的,也就是遵循"天之道"。

农民如何种庄稼是"人之道",是在自然环境中的活动。如果对耕地、育种、浇水、除草、施肥、收割等环节都管理好了,就可获得丰收;如果某环节出了差错,就可能减产。

例1. 水稻在春天育种,一般情况下,育种的时间早一点比晚一点好,但过早就可能被春寒冻死。

这就反映了"天之道"对"人之道"的限制。

○ "人之道"不必完全遵循"天之道"

"第69章 三宝慈俭不敢为天下先"论述了"三宝:人之道"。同时,我们提出了"'天地不仁'与'慈'的矛盾",讨论了"'天之道'与'人之道'的矛盾"。就是说"'人之道'不必完全遵循'天之道'"。

既然"人之道"是社会规律,如果社会规律在自然规律之外,那么,"人之道"就有可能处在"天之道"的范围之外,不受自然规律的限制。

例2. 农民为了吃饭选择种植水稻,为了穿衣选择种植棉花,同时铲除了天然的杂草与野花。这也是"人之道",这个"人之道"遵循了"天之道"的四时季节的变化,却阻碍了野草野花的自然生长。

例3. 长江三峡水利大坝,是"人之道"的产品,也是违背"天之道"的产品,这一工程是福是祸,专家们还在那儿争论不休。

可见,"人之道"在"天之道"的范围内遵循"天之道",在"天之道"的范围外不必遵循"天之道"。

现在的"天网恢恢,疏而不漏"已不是老子说的原义了,不能在此产生误解。

○ "地之道"完全遵循"天之道"

"第 11 章 相辅相成地之道"论述了"地之道：科学技术"，并具体地讨论了"庖丁解牛追求大道"与"车㡌房的'地之道'"。

"地之道"是科学技术规律，是人的主观行为与自然规律相结合的结果。由于人的主观行为完全遵循了自然规律，所以"地之道"完全遵循"天之道"。

例 4. 1964 年华罗庚到天津市科学技术协会面对建筑行业推广《统筹方法》时，我刚刚毕业留校做助教，南开大学数学系派我与我的同学朱起定去为他当助教。当时天津各个建筑施工单位都派人到天津科协学习《统筹方法》。各个建筑施工单位都把自己将要施工的工程计划拿来，用箭头将人工调配、建筑材料供应、施工工具配置画一张建筑施工的箭头流程图，并找出主要矛盾线，抓住主要矛盾安排施工，以达到建筑材料备料与施工工期的最小化。这是人的主观行为与自然规律相结合的典型的"地之道"，完全遵循"天之道"。

【参考各章】

第 9 章 功遂身退天之道也
——功遂身退天之道也
第 68 章 人之道为而弗争
——天之道利而不害
——人之道为而弗争

第4章 道的特性空大宗隐

——道宗

第14章 道的四特性与道纪

——道宗

第62章 道者万物之主为天下贵

——道者万物之主:道宗

——"道宗"就是"道母":诗化语言

第69章 三宝慈俭不敢为天下先

——"三宝:人之道"

——"天地不仁"与"慈"的矛盾:"天之道"与"人之道"的矛盾

第11章 相辅相成地之道

——地之道:科学技术

——庖丁解牛追求"大道"

——车皿房的"地之道"

第76章　民不畏死奈何以死惧之

【原文】

民不畏死,奈何以死惧之？若使民常畏死,而为奇者,吾得执而杀之,孰敢！

常有司杀者杀。夫代司杀者杀,是谓代大匠斫(zhuó),夫代大匠斫者,希有不伤其手矣。

【理解】

○ 民不畏死奈何以死惧之：人之道

"民不畏死,奈何以死惧之？若使民常畏死,而为奇者,吾得执而杀之,孰敢"意思是说,老百姓不怕死,怎么能用死来吓唬他们？如果使民众普遍地怕死,对那些犯罪的人,我把他们抓来杀掉,谁还再敢为非作歹！

其实,杀人也不是那么好杀的,"第72章 民不畏威则大威至"说得很明白,"哪里有压迫哪里就有反抗",

既然"民不畏死",那么就有严重的后果。你杀我,我为什么不可以反过来杀你呢?

○ **伤人者自伤:人之道**

老子反对伤人,伤人者往往自己也可能被伤,结果弄的两败俱伤。为此老子打了一个比方说,"常有司杀者杀。夫代司杀者杀,是谓代大匠斫,夫代大匠斫者,希有不伤其手矣"。其意思是说,"天之道"要杀人,会由专管杀人的"道"去杀,就是说人的自然死亡。如果要由人代替专管杀人的"道"去杀,就好像代替木匠去砍削木头,要代替木匠去砍削木头,很少有不弄伤自己的手的。

就是说,人之道,伤人者自伤。

○ **常:"道"的别称**

"伤人者自伤:人之道"的论述过程中,有"常有司杀者杀",其中的"常"就是"道"的别称。

【译文】

老百姓不怕死,怎么能用死来吓唬他们?如果使人民普遍地怕死,对那些捣乱的人,我把他们抓来杀掉,谁还再敢为非作歹!

"天之道"要杀人,会由专管杀人的"道"去杀,被杀者就是自然死亡。如果要由人代替专管杀人的"道"去杀,就好像去代替木匠去砍削木头,要代替木匠去砍削木头,很少有不弄伤自己的手的。

【评论】

○ **再论"哪里有压迫哪里就有反抗"**

第74章刚刚论过"'人之道'首先得知道人民要什么:哪里有压迫哪里就有反抗",这一章又说"民不畏死,奈何以死惧之:人之道","伤人者自伤:人之道"。实际上是再论"哪里有压迫哪里就有反抗",可见老子对压迫者的愤恨以及对被压迫者的同情,这应该是"人之道"最基本的内容。

【参考各章】

第74章 民不畏威则大威至
——"人之道"首先得知道人民要什么:哪里有压迫哪里就有反抗

第 77 章　民轻死以其上求生之厚

【原文】

民之饥,以其上食税之多,是以饥。
民之难治,以其上之有为,是以难治。
民之轻死,以其上求生之厚,是以轻死。
夫唯无以生为者,是贤于贵生。

【理解】

○ 民之饥以其上食税之多:人之道

"民之饥,以其上食税之多,是以饥"意思是,老百姓吃不饱,是因为统治者过分征收租税,所以老百姓才饥饿。

"人之道"是要活,还要活得好,所以要求消灭残酷的压迫与剥削。

民之难治以其上之有为：人之道

"民之难治，以其上之有为，是以难治"。统治者治理老百姓感到很困难，那是因为统治者制定主观不当的政策，不尊重老百姓的人格与权利，不按社会规律办事，所以老百姓难以治理。

"民之难治"不是民众不好，是统治者的责任。

民之轻死以其上求生之厚：人之道

"人之道"最基本的要求是要活，为什么那么"轻死"？"民之轻死，以其上求生之厚，是以轻死"意思是，下层老百姓不重视自己的生命，是因为上层统治者过分地保养自己的生命。所以老百姓才不重视自己的生命。

统治者不顾百姓的死活，轻视百姓的生命，这是违反"人之道"的。

【译文】

人民之所以饥饿，是由于统治者租税太多，所以才饥饿。

人民之所以难治理，是因为统治者有所妄为，所以难治理。

下层人民之所以不重视自己的生命，是因为上层过分地保养自己的生命。所以人民才不重视自己的生命。

不过分看重自己生命的人,比过分看重自己生命的人高明。

【评论】

○ 老子替老百姓说话:伸张"人之道"

这一章老子揭示了百姓"饥饿""轻死"的原因。

"第74章 民不畏威则大威至"论述了"'人之道'首先得知道人民要什么:哪里有压迫哪里就有反抗",第76章论述了"民不畏死,奈何以死惧之",这是老百姓保卫"人之道"。

在第40章"下士闻道大笑了之"与"第72章 知我者希则我者贵:再论老子脱离实际"中,老子两度感到社会上没人理会他的"道",那是因为老子关于"道"的理论没有接地气。在"人之道"上,老子讲的通俗易懂,并且替老百姓说话,体现了"人之道"的重要与蕴藏的力量。

当时,如果老子对"人之道"继续深入地研究下去,就会比《道经》《德经》更加接近实际。

【参考各章】

第74章 民不畏威则大威至
——"人之道"首先得知道人民要什么:哪里有压迫哪里就有反抗
第76章 民不畏死奈何以死惧之

——民不畏死,奈何以死惧之?
第40章 下士闻道大笑了之
——下士闻道大笑了之
第72章 知我者希则我者贵
——再论老子脱离实际

第78章　坚强者死柔弱者生

【原文】

　　人之生也柔弱,其死也坚强。草木之生也柔脆,其死也枯槁。故坚强者死之徒,柔弱者生之徒。

　　是以兵强则灭,木强则折。强大处下,柔弱处上。

【理解】

○ 柔弱胜刚强:相反相成

　　"是以兵强则火,木强则折。强大处下,柔弱处上"。其意思是,所以军队逞强,当招致更强大的围攻时则将被歼灭,树木高大粗壮成材时将容易被砍伐。"僵硬的"处于下降状态,"柔软的"处于上升状态。

　　这种自然规律很多,"人之生也柔弱,其死也坚强。草木之生也柔脆,其死也枯槁。故坚强者死之徒,柔弱者生之徒"意思是,人活着时身体是柔软的,人死时或死后身体是僵硬的。万物草木活着时是柔软脆弱的,它们死时或死后就变得枯槁干硬了。所以"僵硬的"属于"将死亡"或"已死亡"一类,"柔软的"属于"刚生下"或"正生长"的一类。

老子论得最多的是"柔弱胜刚强",可参考:

第42章 道生一冲气以为和

——相反相成:以弱胜强

第43章 天下至柔驰骋至坚

——天下之至柔驰骋天下之至坚

第28章 复归于朴朴散为器

——知其雄守其雌常德不离复归于婴儿

第36章 微明是妙弱胜刚强

——柔弱胜刚强:老子命名的"妙"

第41章 反者道之动弱者道之用

——弱者道之用:弱能胜强

第43章 天下至柔驰骋至坚

——天下之至柔驰骋天下之至坚

【译文】

人活着时身体是柔软的,人死后身体是僵硬的。万物草木活着时是柔软脆弱的,它们死后就变得枯槁干硬了。所以"僵硬的"属于死亡一类,"柔软的"属于生存一类。

所以军队逞强,当招致更强大的军队围攻时则将被歼灭,树木高大粗壮成材时将容易被砍伐。"僵硬的"处于下降状态,"柔软的"处于上升状态。

【评论】

○ "柔弱胜刚强"是有条件的

从发展的观点看问题的话,事物发展过程中,强的一方力量衰减,弱的一方力量壮大,到一定程度时,柔弱者战胜刚强者,即"物极必反",弱者战胜强者;从全局上看,分强弱两方,但从局部上弱者可集强力以对付强敌分散的一部分,造成局部上的强弱颠倒,可有弱者战胜强者的局面。统治者与民众是强与弱的双方,当被压迫的民众活不下去的时候,民众可推翻统治者。

老子用诗化的语言抒发感情,从不谈条件,当心!!!

【参考各章】

第42章 道生一冲气以为和
——相反相成:以弱胜强
第43章 天下至柔驰骋至坚
——天下之至柔驰骋天下之至坚
第28章 复归于朴朴散为器
——知其雄守其雌常德不离复归于婴儿
第36章 微明是妙弱胜刚强
——柔弱胜刚强:老子命名的"妙"
第41章 反者道之动弱者道之用
——弱者道之用:弱能胜强

第43章 天下至柔驰骋至坚
——天下之至柔驰骋天下之至坚

第79章 人之道损不足以奉有馀

【原文】

天之道,其犹张弓欤?高者抑之,下者举之,有馀者损之,不足者补之。天之道,损有馀而补不足。

人之道,则不然,损不足以奉有馀。孰能有馀以奉天下,唯有道者。

是以圣人为而不恃,功成而不处,其不欲见贤。

【理解】

○ "天之道"损有馀而补不足

"天之道,其犹张弓欤?高者抑之,下者举之,有馀者损之,不足者补之。天之道,损有馀而补不足"。其意思是,"天之道"就好象拉弓射箭一样,高了就压低些,低了就抬高些,用力多了就减少些,用力不足了就补充些。"天之道"是自然规律,减少有余的补充不足的。

○"人之道"损不足以奉有馀:老子看到了压迫剥削

"人之道,则不然,损不足以奉有馀。孰能有馀以奉天下,唯有道者"。其意思是,"人之道"本来应该是社会规律,实际上是统治者主观不当的政策,却不似"天之道"那样,而是减少不足的补充有余的。谁能把有余的拿来补充天下的不足呢?只有遵循"道"的人。

老子看到了压迫与剥削。

"是以圣人为而不恃,功成而不处,其不欲见贤"。其意思是,所以,圣人按自然规律办事却不占有成果,成功了却不居功,他不想表现自己的贤能。

【译文】

"天之道"就好象拉弓射箭一样,高了就压低些,低了就抬高些,用力多了就减少些,用力不足了就补充些。"天之道"是自然规律,减少有余的补充不足的。

"人之道"本来应该是社会规律,实际上是统治者主观不当的政策,却不似"天之道"那样,而是减少不足的补充有余的。谁能把有余的拿来补充天下的不足呢?只有有"道"并且按自然规律办事的人。

所以,圣人按自然规律办事却不占有成果,成功了却不居功,他不想表现自己的贤能。

【评论】

○"人之道"也应该损有馀而补不足

老子为天下百姓鸣不平,"人之道也应该损有馀而补不足",这是值得自豪的"人之道"。为此,老子在好多章节专门论述了"人之道":

第66章 圣人欲上民必以言下之

——"人之道"以其不争故天下莫能与之争

第68章 人之道为而弗争

——人之道为而弗争:老子第一次提出"人之道"

第69章 三宝慈俭不敢为天下先

——三宝:人之道

第74章 民不畏威则大威至

——民不畏威则大威至:人之道

——"人之道"首先得知道人民要什么:哪里有压迫哪里就有反抗

第76章 民不畏死奈何以死惧之

——伤人者自伤:人之道

第77章 民轻死以其上求生之厚

——民之饥以其上食税之多:人之道

——民之难治以其上之有为:人之道

——民之轻死以其上求生之厚:人之道

——老子替老百姓说话:伸张"人之道"

【参考各章】

第66章 圣人欲上民必以言下之

——"人之道"以其不争故天下莫能与之争

第68章 人之道为而弗争

——人之道为而弗争:老子第一次提出"人之道"

第69章 三宝慈俭不敢为天下先

——三宝:人之道

第74章 民不畏威则大威至

——民不畏威则大威至:人之道

——"人之道"首先得知道人民要什么:哪里有压迫哪里就有反抗

第76章 民不畏死奈何以死惧之

——伤人者自伤:人之道

第77章 民轻死以其上求生之厚

——民之饥以其上食税之多:人之道

——民之难治以其上之有为:人之道

——民之轻死以其上求生之厚:人之道

——老子替老百姓说话:伸张"人之道"

第 80 章　天下莫柔弱于水攻坚强

【原文】

天下莫柔弱于水,而攻坚强者莫之能胜,以其无以易之。

弱之胜强,柔之胜刚,天下莫不知,莫能行。

是以圣人云:"受国之垢,是谓社稷主;受国不祥,是为天下王。"正言若反。

【理解】

○ 天下莫柔弱于水而攻坚强者莫之能胜

在"第 8 章 上善若水不争之争"的"上善若水故几于道:近似的'道'"中,论述了"上善若水,水善利万物而不争"。同时讲了"不争之争:相反相成"。

这一章又论述了水积极的另一面,水可冲决坚强的堤坝。"天下莫柔弱于水,而攻坚强者莫之能胜,以其无以易之"意思是,天下没有比水更柔弱的东西了,然而在攻破坚强的东西时,没有能胜过水的力量的。没有别的东西能代替水的力量。

○ 弱之胜强柔之胜刚:老子第二次命名的"妙"

"弱之胜强,柔之胜刚,天下莫不知,莫能行"。其意思是,弱能胜强,柔能胜刚,天下没有人不懂,却不能以自身去实行。

如果老子论的是治国,那么"天下莫不知"就是对周天子与各诸侯讲的。事实是谁弱谁挨打,谁弱谁被吞并,谁弱谁被统治,谁弱谁遭抛弃,周天子和各诸侯看不到"弱之胜强,柔之胜刚",他们怎么可能将自然规律机械地套到社会规律上呢?

如果老子论的是统治与被统治的压迫与剥削,无疑,统治者是处于强势,百姓是处于弱势,但当时的百姓还不懂"弱之胜强柔之胜刚"的这个"人之道"。不是人们不愿意去做,应该是绝大多数的一般人做不到"弱能胜强,柔能胜刚"。百姓还不知道自身蕴藏的巨大力量。

○ 领导就是得吃苦在前享受在后:人之道

"是以圣人云:'受国之垢,是谓社稷主;受国不祥,是为天下王。'正言若反"意思是说,因此圣人说:为国承担屈辱,才能做国家的领导。为国承担灾殃,才能当天下的领袖。做领导就是得吃苦在前享受在后,这是圣人说的,是正面的好话。因为大众知道大小领导人都是很享受的,与圣人说的完全相反,听起来叫人莫名其妙,好像是反话一样。

这个圣人就是老子,或者说是老子借用圣人之名说"领导就是得吃苦在前享受在后"。

【译文】

天下没有比水更柔弱的东西了,然而在攻破坚强的东西时,没有能胜过水的力量的,没有别的东西能代替水的力量。

弱能胜强,柔能胜刚,天下没有人不懂,却不能以自身去实行。

因此圣人说:为国承担屈辱,才能做国家的领导。为国承担灾殃,才能当天下的领袖。做领导就是得吃苦在前享受在后。本来是正面的好话,听起来却像是反话。

【评论】

○ 弱之胜强柔之胜刚:人之道

先秦时期,老子还没有见过农民造反,就坚持认为"弱之胜强柔之胜刚"是"道",是"社会规律",是"人之道",对于"天下莫不知,莫能行"很遗憾。虽然老子没有说怎么才能实现"弱之胜强柔之胜刚",没有说"天下莫不知"是不是对百姓说的,仍可谓远见卓识,不愧为伟大的哲学家。

○ 弱能胜腐朽的逞强:人之道

毛泽东在《湖南农民运动考察报告》的"革命先锋"一节中讲,农民已是"上无片瓦下无锥针之地"了,当时的形势是农民已经活不下去了。

时势造英雄,当国家堕落到百姓活不下去时,百姓就要被迫发动革命了,那时才能看到"弱之胜强柔之胜刚"。这个"强"是外强中干的"强",是已经腐朽的逞"强"。

在"第78章 坚强者死柔弱者生"中讲,"柔弱胜刚强:相反相成",是说"相反相成"双方各自走向自己的反面时,发生"弱能胜腐朽的逞强"。

【参考各章】

第8章 上善若水不争之争
——上善若水故几于道:近似的"道"
——不争之争:相反相成
第78章 坚强者死柔弱者生
——柔弱胜刚强:相反相成

第81章　天道无亲恒与善人

【原文】

　　和大怨,必有馀怨,报怨以德,焉可以为善?
　　是以圣人执左契,而不以责于人。故有德司契,无德司彻。
　　夫天道无亲,恒与善人。

【理解】

○ 报怨以德,焉可以为善

"和大怨,必有馀怨,报怨以德,焉可以为善?"其意思是,和解大的怨恨,必然会留下残余的怨恨,以德报怨是本分,这怎么可以说是行善呢？其实,真正的善是不去进行残酷的压迫与剥削,不要结怨。

○ 圣人执左契不以责于人：人之道

"契"是合同,"左契"是债权人的合同。"是以圣人执左契,而不以责于人"意思是,所以,即使圣人手里掌握债权人的左契,也不以此向人家逼债,也不以此向人家索取好处。这才是行善。

"圣人执左契,不以责于人"是"人之道"。

○ 有德司契

"有德"是指遵循"道"的人。"司"是主管的意思。"有德司契"是说遵循自然规律办事的人,当他主管合同时,或主管一些事物时,就会为百姓做善事。

○ 无德司彻

周朝的一种"十一之税"的田税法被称为"彻",这里的"彻"是税收的意思。"无德司彻"是说不遵循自然规律办事的人,一旦由他主管征税或主管一些事物时,就借机向百姓巧取豪夺。或者说,向百姓征税的人无德。

【译文】

和解大的怨恨,必然会留下残余的怨恨,以德报怨是本分,这怎么可以说是善呢?

所以,即使圣人手里掌握债权人的左契,也不以此向人家逼债,也不以此向人家索取好处。就是说,遵循自然规律办事的人,当他主管合同或主管一些事物时,就会为百姓做善事。不遵循自然规律办事的人,一旦由他主管征税或主管一些事物时,就借机向百姓巧取豪夺。

"天之道"对人无偏爱,永远赞助善人,也永远救助不善的人。

【评论】

○"天道无亲,恒与善人"怎么理解

为老子《道德经》做注释的作者们,常常将"夫天道无亲,恒与善人"解释为"天道对人无偏爱,永远帮助善人"。这里似乎是先后矛盾的,"帮助善人"是不是"天道"对善人的"偏爱"呢?甚至,有的专家将"恒与善人"翻译为"天道"偏爱善人。

第5章"道正:天地不仁"说"天地不仁,以万物为刍狗,圣人不仁,以百姓为刍狗"。意思是说"天地对万物没有什么爱不爱的问题,就像对待刍狗一样,完全依自然规律使万物自生自灭。"相反相成:以不仁达到至仁"可见,"天道"对人无偏爱。

既然"天道"对人无偏爱,就不仅仅帮助善人,也帮助不善的人。第62章"'道'不偏向的要害是保护不善"特别论述了对不善人的保护。因此,"恒与善人"是"永远赞助善人",使善人得到好处;这里没有说不帮助不善的人,免不善人的罪就是帮助不善的人,救助不善的人就是帮助不善的人。

"赞助善人"不是因为"天道""亲"或"天道"偏爱"善人",而是因为"善人"的行善不想得到好处,反而得

到好处,是"相反相成"的自然规律的作用。现在,我们常说不要任人唯亲,而要任人唯贤,就是这个道理。

○ 恒与善人救不善人:人之道

"天道无亲,恒与善人"可译为"'天之道'对人无偏爱,永远赞助善人,也永远救助不善的人"。"恒与善人"并且"救不善人"当然也是"人之道",这是"顺'天之道'的'人之道'"。

【参考各章】

第5章 天地不仁多言数穷
——道正:天地不仁
——相反相成:以不仁达到至仁
第62章 道者万物之主为天下贵
——"道"不偏向的要害是保护不善

后记

首先，第一章必须读懂

重提读第一章的问题，是因为重要，有些话还想说。读《老子》不能泛泛地随便说"博大精深"或"玄妙幽深"或"微妙"之类的话。越深刻的道理就应该越好懂。

一、不能随便说博大精深或玄妙微妙之类的话

《老子》在两千多年里积累下来的注释太复杂，依靠想象的成分太多、太模糊、太神秘。好像书法、国画、诗词等的评价一样，一说就是"博大精深"这类话，太不靠谱。笔者觉得，很多人好像当说不出具体评价时，就爱说"博大精深"，或说"玄妙幽深"，或说"微妙"，结果是说的人不知所云，听的人晕晕乎乎。你自己不懂还不算，还把别人给弄得自觉低人一等。

二、越深刻的道理就越好懂

笔者深信,越深刻的道理就越好懂,至少专家应该能懂。如果连专家都听不懂的东西,一定是假的。专家应该敢于说:"我不懂。"这样,就会把瞎说的人逼入死角,到处如此,就会使不懂装懂的人"下课"。

其次,老子的诗化语言

《老子》是用诗化语言写成的哲学著作,专家对经典作品的赞扬里,往往都说其文学价值多么高。其实,用诗化语言写的哲学,副作用太大,严重影响了哲学理论的准确性,2000多年来困扰了不同时代的许多哲学家,注释来注释去,有很多问题不知所云。

在读《老子》过程中,弄清老子的诗化语言,对读《老子》帮助很大。

一、"道"的诗化别名

"道"在老子各种各样的语言环境中,以不同的"别名"出现,例如:妙、玄、冲、天地、虚、中、谷、一、常、袭明、豀、明、小、大、微明、微妙、和、袭常、精和、宗、君等,这是由于哲学著作诗化的结果,在理解方面给后来的哲学专家造成了困难,给现代的广大读者造成更大的困难,对老子哲学思想的传承很不利。

二、老子诗的两类特别结构语言

第一类：形式相同内容不同的语言

例如第 38 章"诗化语言：失道而后德"。

原文："故失道而后德，失德而后仁，失仁而后义，失义而后礼。"其中，后三句意思很容易理解，就是"失德而后有仁，失仁而后有义，失义而后有礼"。但第一句的意思决不是"失道而后有德"。因为"失道"即"失德"，已经没有"德"了。接下去就是"失德"以后的事，所以"失道而后德"的意思应该为"失道而后可讲一讲失去'德'以后的事"。

第二类：跳跃式的诗化语言

例如第 30 章"物壮则老是谓不道不道早已"。

这是跳跃式的诗化语言，没有明确这个"道"是"天之道"还是"人之道"。正确的意思是，物硬邦邦的强壮就是变老了，这是自然规律，是"天之道"，但不是"人之道"，不是"人之道"，就会早亡。

三、老子诗的意境

例如第 10 章"载营魄抱一"。

"营"，在中医理论中是"营气""精气"的意思，可理解为人的"精神"。我们在这里论"道"，当然就不是谈论一般的精神，应该是指"道的精神"；"魄"是"体魄"，就是可见的"人体"，既然谈行"道"，当然就得谈"人体行为";"载"是"负载"的意思。负载着道的精神的人体行为与精神是否一致？如果一致就称为"载营魄抱一"。简单地说，人与"道"合一称为"载营魄抱一"。

在谈诗的意境时我们特别要强调的是，我们谈的是老子的诗的意境，谈读者自己随便想象的诗的意境是没有任何意义的。

对待老子"诗"化的语言，必须紧紧围绕老子的"道"来解释它。

对于"营"，我们仅仅理解到"精神"是不够的。既然已进入到"精神"范畴，自然也就进入"道"。因为这里谈论别的"精神"例如儒家"精神"有什么意义呢！只能是老子的"精神"，那就是"道"。

而这里对于"魄"仅仅理解到"身体"是不够的，既然涉及到"道"，就得有依"道"行事的"行动"。

这样，不但"营"与"魄"意义明确，而且"载"与"抱一"的概念跃然纸上。因此，我们就有了"载营魄抱一"的译文"负载着'道'的精神的人体行为与精神合一称为'载营魄抱一'"。

例如第15章"微妙玄通"。这章离开"老子诗的意境"，没办法读懂，非常典型，对破除"道"的神秘性非常重要。

从第1章"'玄'是'妙'与'徼'共同的名字""'徼'是'妙'的一个具体的自然规律：'徼'是'妙'的实例""获得'妙'的方法"可知，"玄通"是"玄"将"徼"与"妙"紧密联系在一起的结果，"玄通"是由"徼"发现"妙"的通达路线。依据上下文语言环境,在这里"微"的含义只能是"精细地研究",这样,"微妙玄通"应该理解为:通过由"微"发现"妙"的通达路线,精细地研究"微",以发现"妙"。

讲老子诗的意境,目的是一定要读出老子想说的话。

四、上下文语言环境

例如第 10 章"载营魄抱一"与"玄鉴"的上下文语言环境。

对待老子"诗"化的语言,要紧紧围绕"上下文语言环境"来解释它。

"载营魄抱一"与"玄鉴"构成一对"上下文语言环境",在上文出现"载营魄抱一"的情况下,下文"玄鉴"中的"玄"当然是"道"的意思,"玄鉴"也就是反映"道"的镜子。问题是一般的镜子反映"道"有什么意义呢?

由上下文语言环境可知,这里所说的"镜子",在老子的周围怎么会是用来照什么与"道"不相干的东西呢?只有能反映"道"的"心镜"才有意义,所以"鉴"只能是"心镜","玄鉴"是反映"道"的"心镜"。

我们在"老子诗的意境"中已看到"微妙玄通"仅四个字就存在"上下文语言环境",在弄明白"玄通"的情况下,抓住这个语言环境,才好揭示出"微妙"的意思。

"上下文语言环境"与"老子诗的意境"相结合,是读《老子》极其重要的理解方法。

五、诗化用典:老子语言就是典

例如第22章"圣人抱一:使用诗化语言典故"。

知道了第10章"载营魄抱一"的含义,这里的"圣人抱一"又是一个诗化语言的例子,可以按理解"载营魄抱一"的方法进行理解。但是,在这里不必那么麻烦,理解时完全有条件使用诗化语言典故的方式。显然,"载营魄抱一"已成为老子的典故,因此"圣人抱一"就是"载营魄抱一",换句话说,圣人深信"道"的精神并真正按"道"的精神行动,即圣人的信仰与行动一致。

第三,有趣问题70例

在读《老子》的过程中,有一系列的从不懂到懂的问题,也有些问题比较重要,记下70例如下。有时重新看一看,也许有新的体会,也许发现没有理解或理解错误的地方。这样,不断有所发现,笔记也就不断翻新。

第一个10例

1.夫唯弗居,是以弗去——"无为"必有"无不为"(第2章)

2.常:"道"的别名——常使民无知无欲(第3章)

3.道的特性空大宗隐——破除"道"的神秘性(第4章)

4. 动而愈出,多言数穷,不如守中。(第5章)

5. 玄牝之门是谓天地根(第6章)

6. 上善若水故几于道:近似的"道"(第8章)

7. 功遂身退天之道也(第9章)

8. 载营魄抱一:诗的意境/涤除玄鉴:上下文语言环境(第10章)

9. 地之道:科学技术(第11章)

10. 道纪:"道"的应用(第14章)

第二个10例

11. 微妙玄通/"微妙玄通"是深不可识的吗?(第15章)

12. 有生于无:虚极生静/至虚守静/静极生动(第16章)

13. 归根复命大循环过程/返朴归真小循环过程(第16章)

14. "食母"是哺育我的"道":道母(第20章)

15. 道隐:"徼"与"德"是"道"的"象"/"德""徼""妙""道"发现的全过程(第21章)

16. 圣人抱一:使用诗化语言典故(第22章)

17. 得者德也/德者道也:同于德者道也德之(第23章)

18. "有物昆成"的"混成物"中有"非物"/域中四大的掌控意义(第25章)

19. 要妙:尊重老师爱惜鉴资/"师资"的"资"被磨

灭了(第 27 章)

20. 朴散则为器:"德"的实现/"圣人用之"的误解(第 28 章)

第三个 10 例

21. 神:"道"的别称/天下神器不可为也(第 29 章)

22. 诗化语言:物壮则老是谓不道不道早已(第 30 章)

23. 将"守道"转化为"守朴"/哲学史上的第二大辉煌(第 32 章)

24. "明"是"道"的别称:上下文语境/自知者明(第 33 章)

25. "小"与"大"都是"道"的别名(第 34 章)

26. 象:"微"与"德"/执大象很务实(第 35 章)

27. "微明"就是"妙"/柔弱胜刚强:老子命名的"妙"(第 36 章)

28. 国之利器不可以示人(第 36 章)

29. "妙""微妙""玄妙""玄之又玄"完全被误导了(第 36 章)

30. 吾将镇之以无名之朴:"镇静"是"无名之朴"(第 37 章)

第四个 10 例

31. 诗化语言:失道而后德(第 38 章)

32. 神得一以灵:老子的幽默(第 39 章)

33. 冲气以为和:"冲"是"道","和"也是"道"(第42章)

34. 万物负阴而抱阳冲气以为和(第42章)

35. 道生一,一生二,二生三,三生万物(第42章)

36. "道生一"的特殊性:诗化语言(第42章)

37. "混沌物"可能是老子疏忽的产物(第42章)

38. 天下之至柔驰骋天下之至坚(第43章)

39. 大成若缺其用不弊:矛盾的主要方面(第45章)

40. 不出户知天下:诗的意境(第47章)

第五个10例

41. 德畜之:诗的意境/"玄德"不神秘(第51章)

42. 天下有始以为天下母/复守其母没身不殆(第52章)

43. 明道守柔归根复明(第52章)

44. 含德之厚者比于赤子:不招灾惹祸(第55章)

45. 精、和:"道"的别名(第55章)

46. 物不壮则不老:择"天之道"的"人之道"(第55章)

47. 玄同:共同的"道"(第56章)

49. 祸兮福之所倚福兮祸之所伏:老子最有名的"道"(第58章)

50. 天:天性:道德:上下文语言环境(第59章)

第六个 10 例

51. 有国之母为什么是"道母":用典的诗化语言(第59章)

52. 治大国若烹小鲜(第60章)

53. 大国是矛盾的主要矛盾方面(第61章)

54. "道宗"就是"道母":诗化语言(第62章)

55. 治之于未乱:过犹不及(第64章)

56. 常知稽式:掌握"以道治国"的范式(第65章)

57. 欲上民必以言下之:诗化语言(第66章)

58. 小国寡民(第67章)

59. 人之道为而弗争:老子第一次提出"人之道"(第68章)

60. 空大宗隐似不肖:过犹不及(第69章)

第七个 10 例

61. "天地不仁"与"慈"的矛盾:"天之道"与"人之道"的矛盾(第69章)

62. 是谓不诤之德是谓用人之力(第70章)

63. 是谓配天古之极也:柔弱胜刚强"人之道"(第70章)

64. 不知知病也/"人之道"的基础是认识问题(第73章)

65. 民不畏威则大威至:人之道(第74章)

66. 勇于敢则杀勇于不敢则活:道宗(第75章)

67. 天网恢恢疏而不失（第75章）

68. 民不畏死奈何以死惧之：人之道（第76章）

69. 人之道损不足以奉有馀：老子看到了压迫剥削（第79章）

70. "天道无亲,恒与善人"怎么理解（第81章）

最后,怎么读古书

这些年古风乱刮

近些年来,复古风刮得厉害,好像什么都是古代的好。其实不然,还是应该继承好的,抛弃坏的,也就是扬弃。用胡适名言说："读古人的书,一方面要知道古人聪明到怎样,一方面也要知道古人傻到怎样。"否则我们还有什么前途！

读私塾为了识字

解放前,笔者读过两年私塾,背诵过《百家姓》《三字经》《弟子规》《千字文》《名贤集》《朱子治家格言》《群玉杂字》《大学》《中庸》《论语》《孟子》《儿童尺牍》《儿童新尺牍》,作用就是读书认字。另外,练习书写毛笔字,学会珠算。那个时候家长的想法就是这样方便日后找饭吃,念两年书,可找机会到商店当学徒,到作坊当童工学手艺,寻求吃饭的地方,根本没有求学问的愿望。

解放后,机会来了,笔者进了"洋学堂"读书,就是现在的小学、初中、高中、大学，一路小跑儿，又留校教书、科研，一直到退休。

读《老子》实为爱好

现在，笔者由于个人爱好读《老子》，就本着"是就是，不是就不是"的原则，一边读一边记，接触的时间长了，就有些体会。笔者记得"文化大革命"结束前后，南开大学学报专刊发表了王梓坤先生的《科学发现纵横谈》，笔者一夜未睡一口气读完，痛快，心中兴奋。这本书激起了笔者做学问的欲望，已过了三四十年了，全书的结尾历历在目："十年磨一剑，不敢露锋芒，再磨十年后，泰山不敢挡。"

笔者不敢这么想，但十年终可读出一本《笔记》。

笔者

2014 年 08 月 08 日修改

附录1 道的列表

附录1-1 道的概念与获得列表

道的概念

第1章 道与妙徼玄以及有无
——道
　　——老子的"道"是自然规律
——有无道构成宇宙
　　——"有"是天地万物的总称
　　——"有"是万物之母:有母
　　——"无"的两大类存在
　　——"无"是万物之始:始母
　　——"道"始终掌控着"有"与"无"的变化:道母
　　——"有"与"无"对立统一相反相成
　　——"有"与"道"对立统一相辅相成
　　——"无"与"道"对立统一相辅相成

——"有、无、道"构成了宇宙

第2章 相反相成无为无不为

——指导现实实践:"道"的第二个应用

——圣人是既有高度智慧又懂得"道"的人

第6章 谷神不死是谓玄牝

——入门

——"玄牝"是具有母性的"道"

——玄牝之门是谓天地根

——出门

第8章 上善若水不争之争

——老子心中圣人的三个特点

　　——超级强大的办事能力

　　——名副其实的公仆

　　——优秀的个人品德

第11章 相辅相成地之道

——车皿房的"无"

第14章 道的四特性与道纪

——道纪:"道"的应用

第22章 曲则全者岂虚言哉

——人之道:自然规律与社会规律的相容性

第23章 希言自然得者德也德者道也

——道者同于道德者同于德

第25章 有物昆成先天地生

——"有物昆成"的"混成物"中有"非物":"道"

——域中有四大

第 69 章 三宝慈俭不敢为天下先

——道大似不肖:过犹不及

——空大宗隐似不肖:过犹不及

——道似不肖:过犹不及

道的获得

第 1 章 道与妙徼玄以及有无

——获得"妙"的方法

——获得"道"的方法:"道"是"妙"的总称

第 2 章 相反相成无为无不为

——老子怎么获得"妙"的

第 11 章 相辅相成地之道

——地之道:科学技术

　　——庖丁解牛追求"大道"

　　——悟出"地之道"

　　——联想俗话"地道"

　　——车皿房的"地之道"

第 21 章 孔德之容惟道是从

——"德""徼""妙""道"发现的全过程

第 40 章 下士闻道大笑了之

——再论"道"是可知的

附录 1—2 道——对立统一列表

"道纪"之一能指导现实实践。就是用以前知道的抽象的自然规律,把握今天具体的自然规律,进而掌握并控制今天的具体事物。这张表将列出这些自然规律。其实是包括社会规律在内的客观规律。

相反相成

第1章 道与妙徼玄以及有无
——"道"的两个应用:道纪
——"有"与"无"对立统一相反相成
第2章 相反相成无为无不为
——对立统一相反相成的自然规律
第3章 无知无欲无为无不治
——无为无不治
第5章 天地不仁多言数穷
——相反相成:以不仁达到至仁
第7章 以其无私故能成其私
——相反相成:以其无私故能成其私
第8章 上善若水不争之争
——夫唯不争故无尤
——不争之争:相反相成
第9章 功遂身退天之道也
——迷智相反相成的"人之道"
第12章 可以为腹不为目吗
——相反相成:社会主义与资本主义共处
第15章 善为道者微妙玄通
——相反相成:蔽而新成

第24章 企者不立跨者不行
——相反相成:自高自大与谦虚谨慎

第34章 大道泛兮其可左右
——相反相成:不自为大能成其大:人之道

第42章 道生一冲气以为和
——相反相成:以弱胜强
　　——相反相成:以弱胜强
　　——强良者不得死:诗化语言

第58章 祸兮福所倚福兮祸所伏
——祸兮福所倚福兮祸所伏:对立统一相反相成
——祸兮福之所倚福兮祸之所伏:老子最有名的"道"

第63章 轻诺必寡信多易必多难
——圣人不自大故能成其大
——夫轻诺必寡信多易必多难

第70章 不净之德用人之力
——善为上者不武:相反相成"人之道"

无为无不为

第2章 相反相成无为无不为
——无为无不为
——圣人居无为之事:五弗
——"无为"不是什么都不作
——对立统一中既然提出"无为"就必然还有"无不为"

第 3 章 无知无欲无为无不治
——"无为"的要害是"弗居"
　　——不争:不尚贤使民不争
　　——不盗:不贵难得之货使民不为盗
　　——不色:不见可欲使民心不乱
——无为无不治
　　——无邪念
　　——无知无欲
第 7 章 以其无私故能成其私
——天长地久以其不自生
——相反相成:以其无私故能成其私
第 10 章 载营魄抱一能无离乎
——爱民治国能无为乎
第 17 章 猷兮贵言
——太上不知有之
第 22 章 曲则全者岂虚言哉
——无为无不为:夫唯不争故天下莫能与之争
第 26 章 重为轻根静为躁君
——重为轻根静为躁君:无为就不要轻举妄动
——再论"无为无不为"之"五弗"的内涵
第 29 章 圣人去甚去奢去泰
——天下神器不可为也
——无为无不为:去甚去奢去泰
第 43 章 天下至柔驰骋至坚
——"无为"是老子遵循"道"最好的方法

——"至柔"就是"无为"

第48章 为学日益为道日损

——无为而无不为:老子命名

第57章 以正治国以无事取天下

——重申"无为无不为"

——"无为无不为"是一种理想

第58章 祸兮福所倚福兮祸所伏

——再申"无为无不为"

第60章 治大国若烹小鲜

——治大国若烹小鲜

——无为无不为

第63章 轻诺必寡信多易必多难

——圣人不自大故能成其大

第64章 为之于未有治之于未乱

——治之于未乱是乌托邦

第66章 圣人欲上民必以言下之

—— 欲上民必以言下之:诗化语言

——欲先民必以身后之:诗化语言

——以其不争故天下莫能与之争:无为无不为

第70章 不净之德用人之力

——是谓不净之德是谓用人之力:"无为无不为"的"人之道"

柔弱胜刚强

第8章 上善若水不争之争

——夫唯不争故无尤
——不争之争：相反相成
——水可冲决一切束缚
第26章 重为轻根静为躁君
——重为轻根静为躁君："无为"就不要轻举妄动
第28章 复归于朴朴散为器
——知其雄守其雌常德不离复归于婴儿
第36章 微明是妙弱胜刚强
——柔弱胜刚强：老子命名的"妙"
第41章 反者道之动弱者道之用
——弱者道之用：弱能胜强
第42章 道生一冲气以为和
——相反相成：以弱胜强
——强良者不得死：诗化语言
第43章 天下至柔驰骋至坚
——天下之至柔驰骋天下之至坚
——"至柔"就是"无为"
第55章 含德之厚者比于赤子
——含德之厚者比于赤子
——精和曰常知常曰明
第61章 大邦下流天下之牝
——大邦者下流天下之牝：柔弱静胜刚强
——大国小国各得所欲
——牝常以静胜牡以静为下：柔弱静胜刚强
第66章 圣人欲上民必以言下之

——欲上民必以言下之:诗化语言
——欲先民必以身后之:诗化语言
——朴下柔水牝婴不战而胜
第70章 不诤之德用人之力
——善用人者为之下:柔弱胜刚强"人之道"
——是谓配天古之极也:柔弱胜刚强"人之道"
第78章 坚强者死柔弱者生
——柔弱胜刚强:相反相成
——"柔弱胜刚强"是有条件的
第80章 天下莫柔弱于水攻坚强
——天下莫柔弱于水而攻坚强者莫之能胜
——弱之胜强柔之胜刚:老子第二次命名的"妙"
——弱能胜腐朽的逞强:人之道

相辅相成

第1章 道与妙徼玄以及有无
——"有"与"道"对立统一相辅相成
第11章 相辅相成地之道
——车皿房的"有"与"无"相辅相成:徼
——"有"与"无"相辅相成:妙
——对立统一相辅相成的通俗化与深刻化
第42章 道生一冲气以为和
——合二而一:道
　　——冲气以为和:"冲"是"道","和"也是"道"
　　——万物负阴而抱阳冲气以为和

——孤寡不谷:违和背道

第55章 含德之厚者比于赤子

——精和曰常知常曰明:"精""和"是"道"的别名

第61章 大邦下流天下之牝

——大国小国各得所欲

物极必反

第7章 以其无私能成其私

——物极必反:"大公无私"到极点即是"大私"

第9章 功遂身退天之道也

——"物极必反"是"天之道"

——"物不极可不反"也是"天之道"

——功遂身退天之道也

第12章 可以为腹不为目吗

——物极必反:贪得无厌走向反面

第13章 宠辱若惊贵大患若身

——物极必反:宠为下

第16章 归根复命

——静极生动:有生于无——万物起源

——归根复命大循环过程

——返朴归真小循环过程

第30章 物壮则老是谓不道

——诗化语言:物壮则老是谓不道不道早已

——物壮则老是谓天之道;

——择"天之道"的"人之道":"物不壮可不老"也

是"天之道"

第39章 侯得一以为天下正

——侯王毋已高贵将恐蹶:物极必反

过犹不及

第12章 可以为腹不为目吗

——过犹不及:过分吃喝玩乐就会失掉民心

——过犹不及:可以为腹不为目吗

——过犹不及:完全彻底地消灭剥削吗

第22章 曲则全者岂虚言哉

——人之道:避免过犹不及

第24章 企者不立跨者不行

——过犹不及:自我背道而驰

第44章 知止不殆可以长久

——甚爱必大费多藏必厚亡:过犹不及

——知足不辱,知止不殆

——"知止不殆"很难做到

第46章 天下有道走马以粪

——祸莫大于不知足咎莫大于欲得:过犹不及

——知足常乐

第50章 动之于死地以其生之厚

——生之厚:自入死地

——生之厚:过犹不及

第56章 知者不言言者不知

——玄同:过犹不及

第 63 章 轻诺必寡信多易必多难
——夫轻诺必寡信多易必多难
——轻诺必寡信:过犹不及
第 64 章 为之于未有治之于未乱
——治之于未乱:过犹不及
第 69 章 三宝慈俭不敢为天下先
——道大似不肖:过犹不及
——空大宗隐似不肖:过犹不及
——道似不肖:过犹不及

主要矛盾

老子总是研究单一矛盾的事物,没有研究过主要矛盾与次要矛盾的问题,我们在第 45 章论述矛盾的主要方面时,顺带讨论了这个内容。

第 45 章 大成若缺其用不弊
——主要矛盾与矛盾的主要方面

矛盾的主要方面

第 26 章 重为轻根静为躁君
——重为轻根静为躁君:矛盾的主要方面
第 40 章 下士闻道大笑了之
——明道若昧建德若偷:矛盾的主要方面
第 45 章 大成若缺其用不弊
——大成若缺其用不弊:矛盾的主要方面
——沉静无为还是浮躁主观:矛盾的主要方面

——主要矛盾与矛盾的主要方面

第61章 大邦下流天下之牝

——大国是矛盾的主要矛盾方面

第78章 坚强者死柔弱者生

——"柔弱胜刚强"是有条件的

附录1-3 道行——循环运动永不停息

老子脑子里没有鬼神,他相信自然规律,信社会规律,坚信客观规律不动摇。"道纪"之一就是万物起源,我们可从万物起源开始观察"道"循环运动永不停息的整个过程。我们也可以说"道"循环运行永不停息,这是"道"的特性之一,简称"道行"。

第1章 道与妙徼玄以及有无

——"道"的两个应用:道纪

——万物起源:"道"的第一个应用

——道行:"道"循环运行永不停息

第5章 天地不仁多言数穷

——动而愈出多言数穷

第7章 以其无私故能成其私

——天长地久以其不自生

第14章 道的四特性与道纪

——道行:"道"循环运行永不停息

第15章 善为道者微妙玄通

——静之徐清动之徐生:静心来思考终会入"道"

第16章 归根复命
——有无相生:道
——有生于无:道
　　——虚极生静:道
　　——至虚守静:道
　　——静极生动:道
——"静"不是"道"
——是谁在"致虚守静"
——归根复命:道
　　——归根复命大循环过程:道
　　——返朴归真小循环过程:道
　　——道行:"道"循环运行永不停息
　　——"静根"与"真根"
第25章 有物昆成先天地生
——有物昆成先天地生
——道行:周行而不殆
——"混成物"的重要性:道生一
第41章 反者道之动弱者道之用
——反者道之动:"道"完整的循环运动
——万物运行的回顾与展望
第42章 道生一冲气以为和
——合二而一:道
　　——冲气以为和:"冲"是"道","和"也是"道"
　　——万物负阴而抱阳,冲气以为和
——道生一,一生二,二生三,三生万物

——道生一:有生于无

——一生二:一分为二

——二生三:合二而一

——三生万物

——"道生一"的特殊性:诗化语言

——孤寡不谷:违和背道

第49章 圣人无心以百姓心为心

——圣人皆孩之:返朴归真

第50章 动之于死地以其生之厚

——生之厚:自入死地

第51章 道生之德畜之

——道生之:"道"掌控万物出生成长

——养之覆之:返朴归真归根复命

第52章 天下有始为天下母

——天下有始以为天下母:始母

——复守其母没身不殆

——明道守柔归根复明:道

第60章 治大国若烹小鲜

——故德交归焉:人之道

第65章 以知治国国之贼

——玄德深矣远矣与物反矣乃至大顺

附录1—4 道的特性

道行

"道行"是说"道"循环运行永不停息,是"道"的特性之一,这个特性已列入《附录1—3 道行——循环运动永不停息》。

道恒

第2章 相反恒相成无为无不为
——道恒:"道"是恒定不变的
第6章 谷神不死是谓玄牝
——谷神不死:道恒
第25章 有物昆成先天地生
——道恒:独立而不改
第32章 将守道转化为守朴
——道恒无名
第37章 守道及其镇之以朴
——道恒无名

道空

第4章 道的特性空大宗隐
——道空
第5章 天地不仁多言数穷

——虚而不屈："道空""道大"

第 14 章 道的四特性与道纪

——道空

第 15 章 善为道者微妙玄通

——道空

第 25 章 有物昆成先天地生

——道空：萧呵寥呵

第 32 章 将守道转化为守朴

——道恒无名

第 37 章 守道及其镇之以朴

——道恒无名

道大

第 4 章 道的特性空大宗隐

——道大

第 5 章 天地不仁多言数穷

——虚而不屈："道空""道大"

第 6 章 谷神不死是谓玄牝

——绵绵若存用之不勤："道大""道隐"

第 14 章 道的四特性与道纪

——道大

第 15 章 善为道者微妙玄通

——道大

第 25 章 有物昆成先天地生

——道大：道大

第34章 大道泛兮其可左右
——大道泛兮其可左右:"道"掌控一切
——道大:大道泛兮
第35章 执大象天下往
——道大:用之不足既
第69章 三宝慈俭不敢为天下先
——道大似不肖:过犹不及

道宗

第4章 道的特性空大宗隐
——道宗
第14章 道的四特性与道纪
——道宗:"道"掌握并控制宇宙
第15章 善为道者微妙玄通
——道宗
第16章 归根复命
——"道"在"有生于无"时的掌控或主宰
第25章 有物昆成先天地生
——道宗:强为之名曰大
第34章 大道泛兮其可左右
——大道泛兮其可左右:"道"掌控一切
——可名于小可名为大:道宗
第40章 下士闻道大笑了之
——夫唯道善贷且成
第51章 道生之德畜之

——道生之:"道"掌控万物出生成长

第62章 道者万物之主为天下贵

——道者万物之主:道宗

——"道宗"就是"道母":诗化语言

第72章 知我者希则我者贵

——言有宗事有君:"宗"与"君"都是"道"

第75章 天网恢恢疏而不失

——勇于敢则杀勇于不敢则活:道宗

——天网恢恢疏而不失:道宗

道隐

第4章 道的特性空大宗隐

——道隐

第6章 谷神不死是谓玄牝

——绵绵若存用之不勤:"道大""道隐"

第14章 道的四特性与道纪

——道隐:"微"与"德"被间接感到

——"道"具备"有"的形态

第15章 善为道者微妙玄通

——道隐

第21章 孔德之容惟道是从

——道隐

——"道隐"决不是神秘

第40章 下士闻道大笑了之

——大象无形道隐无名:"大道"不神秘

——再论"道"是可知的

第25章 有物昆成先天地生

——道隐:有物昆成

第32章 将守道转化为守朴

——道恒无名

第37章 守道及其镇之以朴

——道恒无名

第69章 三宝慈俭不敢为天下先

——道大似不肖:过犹不及

——空大宗隐似不肖:过犹不及

——道似不肖:过犹不及

道正

第5章 天地不仁多言数穷

——道正:天地不仁

——相反相成:以不仁达到至仁

第18章 大道废有仁义

——大道废有仁义

第27章 贵师爱资是谓要妙

——道正:圣人常善救人故无弃人

第39章 侯得一以为天下正

——侯得一以为天下正

第56章 知者不言言者不知

——圣人不偏向任何人:道正

第57章 以正治国以无事取天下

——以正治国

第62章 道者万物之主为天下贵

——道正：道不偏向为天下贵

——"道不偏向"的要害是保护不善

第81章 天道无亲恒与善人

——人之道：恒与善人救不善人

附录1—5 天之道地之道人之道列表

"天之道""地之道""人之道"的概念

老子在第9章里谈到"天之道"，为"道"起了个别名。事实上，从第一章开始谈的"道"都是"天之道"。但是，起初老子没有谈"人之道"。老子在第25章里谈到"域中有四大"，涉及到"人大"，让我们感到老子已开始重视社会规律的研究，但还是没有谈"人之道"，直到第68章老了第一次提出"人之道"。至于"地之道"的内容出现在第11章，其称谓完全是笔者冒昧的想法，老子的时代科学技术还很落后，"地之道"很难引起人们的注意，现代科学技术的发展一日千里，工程技术"地道"的工艺过程比比皆是，这些都应该属于"地之道"的客观规律。

第5章 天地不仁多言数穷

——"人道"并非"天道"

第9章 功遂身退天之道也

——天之道:老子第一次提出"天之道"
——人之道:择"天之道"的"人之道"
——顺"天之道"的"人之道"
——择"天之道"的"人之道"
——离"天之道"的"人之道"
——逆"天之道"的"人之道":难以选择的"人之道"
——无法选择的"人之道"
　　——"人之道"的迷道
　　——"人之道"的智道
——迷智相反相成的"人之道"

第11章 相辅相成地之道
——地之道:科学技术
　　——庖丁解牛追求"大道"
　　——悟出"地之道"
　　——联想俗话"地道"
　　——车皿房的"地之道"

第75章 天网恢恢疏而不失
——"地之道"完全遵循"天之道"

第25章 有物昆成先天地生
——域中有四大
——"域中四大"的掌控意义:人之道

第68章 人之道为而弗争
——"天之道"利而不害
——"人之道"的提出

——人之道为而弗争：老子第一次提出"人之道"

——从第68章开始共用14章的篇幅论述"人之道"

——第68章之前已有很多"人之道"

——"人之道"的重要性

——第一个概念：人之道

——第二个概念：为

——第三个概念：弗争

"人之道"的基础是认识问题

"人之道"是讨论与处理人与人之间关系的，由于人对社会的认识各异，所以"人之道"的基础是认识问题，这个问题非常复杂。

第73章 知不知尚矣不知知病也

——不知知病也

——圣人不病以其病病

——"人之道"的基础是认识问题

——康德的认识论

第74章 民不畏威则大威至

——"人之道"首先得知道人民要什么：哪里有压迫哪里就有反抗

"天之道"与"人之道"

第9章 功遂身退天之道也

——"天之道"与"人之道"
　　——天之道:老子第一次提出"天之道"
　　——人之道:择"天之道"的"人之道"
第55章 含德之厚者比于赤子
——"天之道"与"人之道"
第68章 人之道为而弗争
——天之道利而不害
——人之道为而弗争:老子第一次提出"人之道"
第69章 三宝慈俭不敢为天下先
——"天地不仁"与"慈"的矛盾:"天之道"与"人之道"的矛盾
第70章 不诤之德用人之力
——再论"人之道"并非"天之道"
第75章 天网恢恢疏而不失
——"人之道"不必完全遵循"天之道"
第79章 人之道损不足以奉有馀
——天之道损有馀而补不足
——人之道损不足以奉有馀:老子看到了压迫剥削
——"人之道"也应该损有馀而补不足
第81章 天道无亲恒与善人
——"天道无亲,恒与善人"怎么理解

地之道

第11章 相辅相成地之道

——地之道:科学技术
　　——庖丁解牛追求"大道"
　　——悟出"地之道"
　　——联想俗话"地道"
　　——车皿房的"地之道"
第68章 人之道为而弗争
——"人之道"的重要性
　　——第二个概念:为
第75章 天网恢恢疏而不失
——"地之道"完全遵循"天之道"

三类"人之道"

在"人之道"中,"顺'天之道'的'人之道'""择'天之道'的'人之道'""离'天之道'的'人之道'"论述的章节比较多,分别列下:

顺"天之道"的"人之道"

第9章 功遂身退天之道也
——顺"天之道"的"人之道"
第2章 相反恒相成无为无不为
——无为无不为
第3章 无知无欲无为无不治
——无为无不治
第7章 以其无私故能成其私
——从"天之道"引入"人之道"

第22章 曲则全者岂虚言哉
——人之道:避免过犹不及
——无为无不为:夫唯不争故天下莫能与之争
——人之道:自然规律与社会规律的相容性
第24章 企者不立跨者不行
——相反相成:自高自大与谦虚谨慎
第34章 大道泛兮其可左右
——相反相成:不自为大能成其大:人之道
第36章 微明是妙弱胜刚强
——国之利器不可以示人:人之道
第49章 圣人无心以百姓心为心
——圣人常无心:人之道
第59章 治人事天莫若啬
——根深蒂固长久之道
第60章 治大国若烹小鲜
——以道治天下:人之道
——故德交归焉:人之道
第66章 圣人欲上民必以言下之
——人之道:以其不争故天下莫能与之争
——朴下柔水牝婴不战而胜
第68章 人之道为而弗争
——人之道为而弗争:老子第一次提出"人之道"
第70章 不诤之德用人之力
——善为士者不武:相反相成"人之道"
——善用人者为之下:柔弱胜刚强"人之道"

——是谓不诤之德是谓用人之力:"无为无不为"的"人之道"

——是谓配天古之极也:柔弱胜刚强"人之道"

第71章 用兵有言不敢为主

——用兵有言吾不敢为主:人之道

——老子"人之道"的被动式

第78章 坚强者死柔弱者生

——强大处下柔弱处上:人之道

第79章 人之道损不足以奉有馀

——"人之道"也应该损有馀而补不足

第80章 天下莫柔弱于水攻坚强

——领导就是得吃苦在前享受在后:人之道

——弱之胜强柔之胜刚:人之道

——弱能胜腐朽的逞强:人之道

第81章 天道无亲恒与善人

——恒与善人救不善人:人之道

择"天之道"的"人之道"

第9章 功遂身退天之道也

——"物极必反"是"天之道"

——"物不极可不反"也是"天之道"

——功遂身退天之道也

——择"天之道"的"人之道"

——人之道:择"天之道"的"人之道"

第5章 天地不仁多言数穷

——"人道"并非"天道"
——"天道"与"人道"的矛盾
第22章 曲则全者岂虚言哉
——人之道:避免过犹不及
第24章 企者不立跨者不行
——过犹不及:自我背道
第30章 物壮则老是谓不道
——择"天之道"的"人之道":"物不壮可不老"也是"天之道"
第55章 含德之厚者比于赤子
——物不壮则不老:择"天之道"的"人之道"

人之道:离"天之道"的"人之道"

第9章 功遂身退天之道也
——离"天之道"的"人之道":社会规律的"人之道"
第13章 宠辱若惊贵大患若身
——贵以身为天下:人之道
第24章 企者不立跨者不行
——过犹不及:自我背道而弛
第25章 有物昆成先天地生
——"域中四大"的掌控意义:人之道
第27章 贵师爱资是谓要妙
——要妙:尊重老师爱惜鉴资
第29章 圣人去甚去奢去泰

——"天下神器不可为也"与社会规律的"人之道"

第33章 死而不亡者寿

——自知者明

　　——自知者明:人之道

　　——自胜者强:人之道

——死而不亡者寿

　　——强行者有志:有志气坚持"道"

　　——不失其所者久:不迷失"道"的人才能长久发展

　　——死而不亡者寿:将"道"坚持到底

第36章 微明是妙弱胜刚强

——国之利器不可以示人:人之道

第53章 大道甚夷君甚好解

——介然有知行于大道:人之道

——为百姓奔走呼号是永恒的主题:人之道

第54章 善建者不拔善抱者不脱

——善建者不拔善抱者不脱:人之道

——修身齐家治国平天下:人之道

第59章 治人事天莫若啬

——治人事天莫若啬

第64章 为之于未有治之于未乱

——为之于未有治之于未乱:主观能动性

——慎终如始则无败事:人之道

第66章 圣人欲上民必以言下之

——人之道:以其不争故天下莫能与之争

第68章 人之道为而弗争
——天之道利而不害
——人之道为而弗争：老子第一次提出"人之道"
——"人之道"的提出
　　——"第67章 小邦寡民食服居俗"确实为结尾处
　　——从第68章开始共用14章的篇幅论述"人之道"
　　——第68章之前已有很多"人之道"
——"人之道"的重要性
　　——第一个概念：人之道
　　——第二个概念：为
　　——第三个概念：弗争

第69章 三宝慈俭不敢为天下先
——三宝：人之道
　　——慈
　　——俭
　　——不敢为天下先
——慈以战则胜以守则固：人之道

第70章 不诤之德用人之力
——是谓不诤之德是谓用人之力：离"天之道"的"人之道"
——是谓配天古之极也：顺"天之道"的"人之道"
——善用人者为之下：离"天之道"的"人之道"

第74章 民不畏威则大威至

——民不畏威则大威至：人之道

——"人之道"首先得知道人民要什么：哪里有压迫哪里就有反抗

第76章 民不畏死奈何以死惧之

——民不畏死奈何以死惧之：人之道

——伤人者自伤：人之道

——再论哪里有压迫哪里就有反抗

第77章 民轻死以其上求生之厚

——民之饥以其上食税之多：人之道

——民之难治以其上之有为：人之道

——民之轻死以其上求生之厚：人之道

——老子替老百姓说话：伸张"人之道"

第79章 人之道损不足以奉有馀

——天之道损有馀而补不足

——人之道损不足以奉有馀：老子看到了压迫剥削

——"人之道"也应该损有馀而补不足

第80章 天下莫柔弱于水攻坚强

——领导就是得吃苦在前享受在后：人之道

——弱之胜强柔之胜刚：人之道

——弱能胜腐朽的逞强：人之道

第81章 天道无亲恒与善人

——圣人执左契不以责于人：人之道

——恒与善人救不善人：人之道

非人之道

第9章 功遂身退天之道也
——逆"天之道"的"人之道":难以选择的"人之道"
——无法选择的"人之道"
　　——"人之道"的"迷道":人各有志各有各的活法
　　——"人之道"的"智道":家长不要立志瞎指挥
　　——"迷智"相反相成的"人之道":望子成龙都是徒劳的
第53章 大道甚夷君甚好解
——大道甚夷君甚好解:非"人之道"
——是盗非道:非"人之道"
第79章 人之道损不足以奉有馀
——人之道损不足以奉有馀:伪"人之道"

人类对"人之道"的认识问题

第64章 为之于未有治之于未乱
——为之于未有治之于未乱:主观能动性
第73章 知不知尚矣不知知病也
——不知知病也
——圣人不病以其病病
——"人之道"的基础是认识问题

——康德的认识论

附录1—6 老子的理想

1. 脱离实际

第3章 无知无欲无为无不治
——老子的乌托邦今天可能实现吗？
第20章 我独异于人贵食母
——聪明愁：没人听老子的"道"
第26章 重为轻根静为躁君
——不懂得"道"也可以遵循"道"：伤害人的创造性
第40章 下士闻道大笑了之
——下士闻道大笑了之：脱离实际
——夫唯道善贷且成：老子的无奈
——老子脱离实际
第42章 道生一冲气以为和
——"混沌物"可能是老子疏忽的产物
第49章 圣人无心以百姓心为心
——"圣人皆孩之"是一种理想
第57章 以正治国以无事取天下
——"无为无不为"是一种理想
第72章 知我者希则我者贵
——是以圣人被褐而怀玉

——再论老子脱离实际
第77章 民轻死以其上求生之厚
——老子替老百姓说话:伸张"人之道"

2. 相对真理

第43章 天下至柔驰骋至坚
——"天下之至柔驰骋天下之至坚"的相对性
——战略与战术

附录1-7 老子的战争观与"道"

第30章 物壮则老是谓不道
——大军之后必有凶年
第31章 夫兵者不祥之器
——夫乐杀人者则不可得志于天下矣
——战争与"道"
　　——老子反对战争
　　——军事战争是否可被经济战争代替呢?
　　——军事战争的背后是残酷的压迫与剥削
第67章 小邦寡民食服居俗
——反对战争
第71章 用兵有言不敢为主
——用兵有言吾不敢为主
——抗兵相若哀者胜矣
——老子战争的被动式

附录1-8 老子只认道不信神

第25章 有物昆成先天地生
——道法自然：没有鬼神
第39章 侯得一以为天下正
——神得一以灵：老子的幽默

附录 2　妙徼玄的列表

附录 2-1　妙与徼的列表

第 1 章　道与妙徼玄以及有无
——"妙"是"道"的一个抽象的自然规律
——"徼"是"妙"的一个具体的自然规律:"徼"是"妙"的实例
——玄之又玄:徼
——众妙之门
第 2 章　相反相成无为无不为
——老子怎么获得"妙"的
第 6 章　谷神不死是谓玄牝
——"玄牝"是具有母性的"道"
——玄牝之门是谓天地根
——入门:众妙之门
第 3 章　无知无欲无为无不治
——徼:无为无不治

第 7 章 以其无私故能成其私
——相反相成：以其无私故能成其私

第 9 章 功遂身退天之道也
——"物极必反"是"妙"之一

第 11 章 相辅相成地之道
——车皿房的"有"与"无"相辅相成：徽
——"有"与"无"相辅相成：妙

第 14 章 道的四特性与道纪
——"道"具备"有"的形态：徽

第 15 章 善为道者微妙玄通
——微妙玄通：诗的意境与上下文语境

第 27 章 贵师爱资是谓要妙
——要妙：尊重老师爱惜鉴资

第 35 章 执大象天下往
——象："徽"与"德"

第 36 章 微明是妙弱胜刚强
——"微明"就是"妙"："妙"就是"道"
——柔弱胜刚强：妙
——"微妙"就是"妙"
——"妙""微妙""玄妙""玄之又玄"完全被误导了

附录 2-2 玄的列表

第 1 章 道与妙徽玄以及有无
——"玄"是"妙"与"徽"共同的名字

第 10 章 载营魄抱一能无离乎

——"玄鉴"与"无疵"

——涤除玄鉴,能无疵乎?

第 15 章 善为道者微妙玄通

——微妙玄通:诗的意境与上下文语境

第 36 章 微明是妙弱胜刚强

——"玄妙"与误导

第 51 章 道生之德畜之

——玄德

——"玄德"不神秘

第 56 章 知者不言言者不知

——玄同

第 65 章 以智治国国之贼

——"玄德"就是"道德"

——"玄德"神秘吗?

附录3　朴象德以及五弗的列表

对于人来说,怎么行"道"？怎么遵循自然规律？仅仅知道自然规律是远远不够的,必须具备高尚的道德品质,见素抱朴,似婴似雌,上善若水,五弗不争,常德不离,德者道也。

附录3—1 朴下柔水牝婴的列表

第8章 上善若水不争之争
——上善若水故几于道：近似的"道"
——老子所推崇的"圣人像水"的三个特点
　　——超级强大的办事能力
　　——名副其实的公仆
　　——优秀的个人品德
——夫唯不争故无尤
——水近似于"道"的务实意义
——水可冲决一切束缚
第10章 载营魄抱一能无离乎

——专气致柔,能如婴儿乎

——天门开阖能为雌乎?

——婴儿乎雌乎:近似的"道"

——"载营魄抱一"的标准:"四无""两像":雌婴

第16章 归根复命

——朴:动植物繁殖的小生命就是"朴"

第19章 绝圣弃知见素抱朴

——见素抱朴

——见素抱朴:遵循"道"的近似方法

第26章 重为轻根静为躁君

——重为轻根静为躁君:"无为"就不要轻举妄动

第28章 复归于朴朴散为器

——朴:"德"的初始

——知其雄守其雌常德不离复归于婴儿

——复归于朴常德不离:积德

——朴散则为器:"德"的实现

第32章 将守道转化为守朴

——朴:有名且有名气

——朴始制有名知止不殆

第37章 守道及其镇之以朴

——吾将镇之以无名之朴:"镇静"是"无名之朴"

——吾将镇之以无名之朴:再论"镇静"的精神是"无名之朴"

——"朴"是实践哲学

第42章 道生一冲气以为和

——万物负阴而抱阳冲气以为和

——相反相成:以弱胜强

——强良者不得死:诗化语言

第43章 天下至柔驰骋至坚

——天下之至柔驰骋天下之至坚

——"天下之至柔驰骋天下之至坚"是有条件的

第49章 圣人无心以百姓心为心

——圣人皆孩之:返朴归真

第55章 含德之厚者比于赤子

——含德之厚者比于赤子:不招灾惹祸

——婴儿的行为:自然而然遵循"道"

——老子为什么告诉圣人要像婴儿

第61章 大邦下流天下之牝

——大邦者下流天下之牝:柔弱静胜刚强

——牝常以静胜牡以静为下:柔弱静胜刚强

第66章 圣人欲上民必以言下之

——欲上民必以言下之:诗化语言

——欲先民必以身后之:诗化语言

——"必以言下之"决不是假惺惺的言词

——朴下柔水牝婴不战而胜

第70章 不诤之德用人之力

——善为士者不武

——善用人者为之下

第78章 坚强者死柔弱者生

——柔弱胜刚强:物极必反

第 80 章 天下莫柔弱于水攻坚强
——天下莫柔弱于水而攻坚强者莫之能胜
——弱能胜腐朽的逞强

附录 3—2 "道与朴"的关系列表

第 32 章 将守道转化为守朴
——守朴
　　——道恒无名
　　——朴:有名且有名气
　　——侯王守朴:实现领导
　　——朴始制有名知止不殆
——将守道转化为守朴
　　——将"守道"转化为"守朴"
　　——将无穷的计算转化为有限的计算
　　——守朴:哲学史上的第二大辉煌
第 37 章 守道及其镇之以朴
——吾将镇之以无名之朴:"镇静"就是"无名之朴"
——吾将镇之以无名之朴:再论"镇静"的精神是"无名之朴"
——"朴"是实践哲学
第 49 章 圣人无心以百姓心为心
——圣人皆孩之

附录3-3 "道与德"的关系列表

第21章 孔德之容惟道是从
——孔德之容惟道是从
——道德："道"的所得就是"德"
——吾何以知众甫之状哉以此
——"德""徼""妙""道"发现的全过程

第23章 希言自然得者德也德者道也
——道者同于道德者同于德
——德者道也:同于德者道也德之
——做好事:自然遵循"道"

第28章 复归于朴朴散为器
——德者道也:"道"的实现

第49章 圣人无心以百姓心为心
——积德:遵循"道"的近似方法

第51章 道生之德畜之
——道生之
——德畜之:诗的意境
——玄德

第54章 善建者不拔善抱者不脱
——修身齐家治国平天下:积德

第65章 以知治国国之贼
——常知稽式是谓玄德
　　——以知治国国之贼不以知治国国之福:两

种治国方法

——常知稽式：掌握"以道治国"的范式

——"玄德"就是"道德"

——与物反矣然后乃至大顺

——常知稽式，是谓玄德

——大："道"的别称

——"玄德"神秘吗？

第59章 治人事天莫若啬

——夫为啬是谓早服：为"德"服"道"

附录3—4 "德与朴"的关系列表

第28章 复归于朴朴散为器

——朴："德"的初始

——知其雄守其雌常德不离复归于婴儿

——复归于朴常德不离：积德

——朴散则为器："德"的实现

——朴散则为器圣人用之则为官长

第32章 将守道转化为守朴

——侯王守朴：实现领导

第55章 含德之厚者比于赤子

——含德之厚者比于赤子：不招灾惹祸

附录3—5 "象"的列表

第35章 执大象天下往
——象:"微"与"德"
——天下往:"象"令人向往
——"执大象"很务实

附录3—6 "德"的列表

第23章 希言自然得者德也德者道也
——得者德也
——道者同于道德者同于德
第28章 复归于朴朴散为器
——复归于朴常德不离:积德
——朴散则为器:"德"的实现
——"朴散则为器圣人用之"的误解
第35章 执大象天下往
——象:"微"与"德"
——天下往:"象"令人向往
——"执大象"很务实
第38章 上德不德是以有德
——"上德"就是老子的"德"
——"下德"就是"无德"
——诗化语言:失"道"而后"德"

——孔子的仁义礼
——老子为孔子留下一点"德"
——什么是"德"
——专利法是"失德"吗
第49章 圣人无心以百姓心为心
——德善与德信：善德与信德
第51章 道生之德畜之
——德畜之：诗的意境
——"玄德"就是道德：德
——"德"怎么能蓄养万物呢？
——"玄德"不神秘
第54章 善建者不拔善抱者不脱
——善建者不拔善抱者不脱
第55章 含德之厚者比于赤子
——含德之厚者比于赤子
第59章 治人事天莫若啬
——治人事天莫若啬：积德
——天：天性：道德：上下文语言环境
——积德有国
第60章 治大国若烹小鲜
——故德交归焉：人之道
第81章 天道无亲恒与善人
——报怨以德，焉可以为善
——有德司契
——无德司彻

附录3—7 "五弗"的列表

第2章 相反相成无为无不为
——圣人居无为之事：五弗

弗言

第2章 相反相成无为无不为
——1.弗言：行不言之教
第5章 天地不仁多言数穷
——动而愈出多言数穷
第17章 猷兮贵言
——太上不知有之
——猷兮其贵言
——贵言
第23章 希言自然得者德也德者道也
——希言自然
第32章 将守道转化为守朴
——朴始制有名知止不殆
第56章 知者不言言者不知
——知者不言
第63章 轻诺必寡信多易必多难
——过犹不及：轻诺必寡信

弗始

第2章 相反相成无为无不为
——2.弗始:万物作而弗始
第17章 猷兮贵言
——太上不知有之

弗有

第2章 相反相成无为无不为
——3.弗有:生而弗有
第17章 猷兮贵言
——太上不知有之
第26章 重为轻根静为躁君
——重为轻根静为躁君:前提是"不贪"
——再论"无为无不为"之"五弗"的内涵
第59章 治人事天莫若啬
——治人事天莫若啬
——夫为啬是谓早服
第68章 人之道为而弗争
——圣人无积:弗有弗居

弗志

第2章 相反相成无为无不为
——4.弗志:为而弗志
第17章 猷兮贵言

——太上不知有之

弗居

第2章 相反相成无为无不为
——5.弗居:功成而弗居

第3章 无知无欲无为无不治
——"无为"的要害是"弗居"

第7章 以其无私故能成其私
——"无私"是"弗居"

第9章 功遂身退天之道也
——功遂身退天之道也
——功遂身退人之道也

第17章 猷兮贵言
——太上不知有之

第26章 重为轻根静为躁君
——"重为轻根静为躁君"的前提是"不贪"
——再论"'无为无不为'之'五弗'"的内涵

第34章 大道泛兮其可左右
——功成而不有:弗居

第59章 治人事天莫若啬
——治人事天莫若啬
——夫为啬是谓早服

第68章 人之道为而弗争
——圣人无积:弗有弗居

附录 3—8 另外的实践列表

第 26 章 重为轻根静为躁君
——重为轻根静为躁君:"无为"就不要轻举妄动
——不懂得"道"也可以遵循"道"
第 44 章 知止不殆可以长久
——"知止不殆"很难做到
第 54 章 善建者不拔善抱者不脱
——修身齐家治国平天下

附录4　有与无的列表

附录4-1　无

第1章　道与妙徼玄以及有无
——"无"的两大类存在
第14章　道的四特性与道
——"无"的抽象性与再论"无"的分类
——"道"具备"有"的形态:徼

附录4-2　有

第1章　道与妙徼玄以及有无
——"有"是天地万物的总称
——"有"与"道"对立统一相辅相成
第14章　道的四特性与道
——"道"具备"有"的形态:"徼"

附录 4-3 有与无

第 1 章 道与妙徼玄以及有无
——"有""无""道"构成了宇宙
——"有"与"无"对立统一相反相成
——"道"始终掌控着"有"与"无"的变化
第 25 章 有物昆成先天地生
——"有物昆成"的"混成物"中有"非物":道
——有物昆成先天地生
——"有物昆成"引出的矛盾
——"混成物"的重要性:道生一

附录5　老子的理解方法列表

附录5-1 老子的诗化语言

"道"的诗化别名

"道"在各种各样的语言环境中,以不同的"别名"出现,例如:冲、虚、中、谷等,这是由于哲学著作诗化的结果:

别名　　　出处

妙与玄

妙　　第1章 道与妙徼玄以及有无
　　　——"道"就是"妙"
　　　第6章 谷神不死是谓玄牝
　　　——入门:众妙之门
　　　第27章 贵师爱资是谓要妙
　　　——要妙:尊重老师爱惜鉴资

玄　　　第1章 道与妙徼玄以及有无
　　　　——"玄"是"妙"与"徼"共同的名字
　　　　第6章 谷神不死是谓玄牝
　　　　——"玄牝"是具有母性的"道"
　　　　第10章 载营魄抱一能无离乎
　　　　——涤除玄鉴能无疵乎：上下文语言环境
　　　　第56章 知者不言言者不知
　　　　——玄同：共同的"道"

一系列别名

常　　　第3章 无知无欲无为无不治
　　　　——常："道"的别名
　　　　第16章 归根复命
　　　　——"常"是"道"的别名
　　　　——"常"为什么就是"道"：上下文语境
　　　　第65章 以知治国国之贼
　　　　——常知稽式：以"道"治国的范式
　　　　第76章 民不畏死奈何以死惧之
　　　　——常："道"的别称

冲　　　第4章 道的特性空大宗隐
　　　　——道冲
　　　　第42章 道生一冲气以为和
　　　　——冲气以为和："冲"是"道"，"和"也是"道"

天地	第5章 天地不仁多言数穷	
	——天地:"道"	
	第23章 希言自然得者德也德者道也	
	——天地:"道"的别名	
虚	第5章 天地不仁多言数穷	
	——虚而不屈	
中	第5章 天地不仁多言数穷	
	——守中	
谷	第6章 谷神不死是谓玄牝	
	——"谷神"就是"道"	
	第42章 道生一冲气以为和	
	——孤寡不谷:违和背道	
	第28章 复归于朴朴散为器	
	——"豁"或"谷":"道"的别名	
	第39章 侯得一以为天下正	
	——谷:"道"的别称	
营	第10章 载营魄抱一能无离乎	
	——载营魄抱一	
	第22章 曲则全者岂虚言哉	
	——圣人抱一:使用诗化语言典故	
一	第14章 道的四特性与道纪	
	——一:"道"的别名	
	第22章 曲则全者岂虚言哉	
	——圣人抱一:使用诗化语言典故	
	第39章 侯得一以为天下正	

	——侯得一以为天下正
食母	第20章 我独异于人贵食母
	——"食母"是哺育我的"道"
	——我独异于人而贵食母
精	第21章 孔德之容惟道是从
	——精:"道"的别名
	第55章 含德之厚者比于赤子
	——精、和:"道"的别名
袭明	第27章 贵师爱资是谓要妙
	——袭明:"道"的别称
	——袭、明:都是"道"的别称
豀	第28章 复归于朴朴散为器
	——"豀"或"谷":"道"的别名
神	第29章 圣人去甚去奢去泰
	——神:"道"的别称
明	第33章 死而不亡者寿
	——"明"是"道"的别称:上下文语境
	——自知者明:人之道
小	第34章 大道泛兮其可左右
	——"小"与"大"都是"道"的别名
	第52章 天下有始为天下母
	——见小曰明:就是"见常曰明"
大	第28章 复归于朴朴散为器
	——大:"道"的别名
	第34章 大道泛兮其可左右

　　　　——"小"与"大"都是"道"的别名
　　　　第35章 执大象天下往
　　　　——执大象天下往:上下文语境
　　　　第45章 大成若缺其用不弊
　　　　——大:道
微明　第36章 微明是妙弱胜刚强
　　　　——"微明"就是"妙":"妙"就是"道"
　　　　——"微""明"都是"道"
　　　　——柔弱胜刚强:老子命名的"妙"
微妙　第36章 微明是妙弱胜刚强
　　　　——"微妙"就是"妙":清除专家误导
　　　　——"妙""微妙""玄妙""玄之又玄"完全被误导了
和　　第42章 道生一冲气以为和
　　　　——冲气以为和:"冲"是"道","和"也是"道"
　　　　第55章 含德之厚者比于赤子
　　　　——精、和:"道"的别名
袭常　第52章 天下有始为天下母
　　　　——袭、常:都是"道"的别名
　　　　——袭常:"道"的别名
宗　　第72章 知我者希则我者贵
　　　　——言有宗事有君:"宗"与"君"都是"道"
君　　第72章 知我者希则我者贵

　　　　——言有宗事有君："宗"与"君"都是
　　　　"道"
天　　第75章 天网恢恢疏而不失
　　　　——天："道"的别称

老子诗的三类特别结构语言

1. 老子两处类似习惯语言的对比

第1章 道与妙徼玄以及有无
——玄之又玄
第48章 为学日益为道日损
——损之又损

2. 形式相同内容不同的语言

第38章 上德不德是以有德
——诗化语言：失"道"而后"德"
——"失道而后德"惹下的麻烦
第42章 道生一冲气以为和
——道生一，一生二，二生三，三生万物
　　——"道生一"：有生于无
　　——"一生二"：一分为二
　　——"二生三"：合二而一
——"道生一"的特殊性：诗化语言
第54章 善建者不拔善抱者不脱
——以天下观天下：诗化语言

3.跳跃式的诗化语言

第9章 功遂身退天之道也

——功遂身退天之道也

——择"天之道"的"人之道"

第25章 有物昆成先天地生

——"混成物"的重要性——道生一

第30章 物壮则老是谓不道

——诗化语言:物壮则老是谓不道不道早已

第42章 道生一冲气以为和

——强良者不得死:诗化语言

第66章 圣人欲上民必以言下之

——欲上民必以言下之:诗化语言

——欲先民必以身后之:诗化语言

老子诗的意境

第5章 天地不仁多言数穷

——"天地不仁""虚而不屈""不如守中"的文学手法

第10章 载营魄抱一能无离乎

——载营魄抱一

——意境:老子诗的意境

——张居正为皇帝讲《关雎》

——对"诗"化语言理解的两种思考方式

第15章 善为道者微妙玄通

——微妙玄通:诗的意境与上下文语境

——"微妙玄通"是老子古典诗化哲学

第27章 贵师爱资是谓要妙

——袭明:"道"的别称

第30章 物壮则老是谓不道

——诗化语言:物壮则老是谓不道不道早已

第33章 死而不亡者寿

——自胜者强

——强行者有志:有志气坚持"道"

——不失其所者久:不迷失"道"的人才能长久发展

——死而不亡者寿:将"道"坚持到底

——老子诗的意境

第42章 道生一冲气以为和

——强良者不得死:诗化语言

第45章 大成若缺其用不弊

——大成若缺其用不弊:矛盾的主要方面

第47章 不出户知天下

——不出户知天下:诗的意境

——老子的认识论决不是唯心的:老子的诗化语言

第62章 道者万物之主为天下贵

——"道宗"就是"道母":诗化语言

第66章 圣人欲上民必以言下之

——欲上民必以言下之:诗化语言

——欲先民必以身后之:诗化语言

老子的认识论决不是唯心的

第47章 不出户知天下
——老子的认识论决不是唯心的:老子的诗化语言
——老子诗的意境是什么呢?
——毛泽东诗词的意境
第51章 道生之德畜之
——德畜之:诗的意境
——"德"怎么能蓄养万物呢?

上下文语言环境

第5章 天地不仁多言数穷
——"天地不仁""虚而不屈""不如守中"的文学手法
——语境:上下文语言环境
第6章 谷神不死是谓玄牝
——"谷神"就是"道":上下文语境
第10章 载营魄抱一能无离乎
——涤除玄鉴能无疵乎:上下文语言环境
——对"诗"化语言理解的两种思考方式
第15章 善为道者微妙玄通
——微妙玄通:诗的意境与上下文语境
第16章 归根复命

——"常"为什么就是"道":上下文语境

第25章 有物昆成先天地生

——"有物昆成"的"混成物"中有"非物":"道"

——"有物昆成"引出的矛盾

第28章 复归于朴朴散为器

——"豀"或"谷":"道"的别名

第33章 死而不亡者寿

——"明"是"道"的别称:上下文语境

第35章 执大象天下往

——执大象天下往:上下文语境

第36章 微明是妙弱胜刚强

——国之利器不可以示人:上下文语言环境

第47章 不出户知天下

——不出户知天下:诗的意境

——老子诗的意境是什么呢?

——毛泽东诗词的意境

第59章 治人事天莫若啬

——治人事天莫若啬:积德

——天:天性:道德:上下文语言环境

——有国之母为什么是"道母":上下文语境

第63章 轻诺必寡信多易必多难

——为无为事无事味无味:上下文的语言环境

——大小多少:上下文的语言环境

诗化用典：老子语言就是典

第22章 曲则全者岂虚言哉
——圣人抱一：使用诗化语言典故
第54章 善建者不拔善抱者不脱
——善建者不拔善抱者不脱：诗化语言
第59章 治人事天莫若啬
——有国之母为什么是"道母"：用典的诗化语言

附录5-2 学与不学

学

第15章 善为道者微妙玄通
——静之徐清动之徐生：静心来思考终会入"道"
——相反相成：蔽而新成
第27章 贵师爱资是谓要妙
——师资：老师与鉴资
——师资的"资"被磨灭了
第33章 死而不亡者寿
——自胜者强：人之道
——强行者有志：有志气坚持"道"
第47章 不出户知天下
——不出户知天下：诗的意境
——老子诗的意境是什么呢？

第48章 为学日益为道日损
——为学日益为道日损
——损之又损
——学与思
第52章 天下有始为天下母
——闭门静心：不学儒家理论静心修"道"
第54章 善建者不拔善抱者不脱
——善建者不拔善抱者不脱
第65章 以知治国国之贼
——"明民"与"愚民"
第68章 人之道为而弗争
——信言不美美言不信
第73章 知不知尚矣不知知病也
——圣人不病以其病病

不学

常使民无知无欲

第3章 无知无欲无为无不治
——无知无欲
——智巧伪诈
——常使民无知无欲
第10章 载营魄抱一能无离乎
——明白四达能无知乎
第18章 大道废有仁义

——大道废有仁义
——智慧出有大伪
——老子笔下的"智慧"是儒家学说
第19章 绝圣弃知见素抱朴
——绝圣弃知
——绝学无忧
第48章 为学日益为道日损
——为学日益为道日损
——学与思
第52章 天下有始为天下母
——闭门静心:不学儒家理论静心修"道"
第65章 以知治国国之贼
——"明民"与"愚民"
第68章 人之道为而弗争
——信言不美美言不信
第73章 知不知尚矣不知知病也
——不知知病也

附录5—3 始母有母道母

始母——祖母

第1章 道与妙徼玄以及有无
——"无"是万物之始:始母
第41章 反者道之动弱者道之用

——天下万物生于有有生于无

第42章 道生一冲气以为和

——有母始母道母

——道生一：始母

第52章 天下有始为天下母

——天下有始以为天下母：始母

——复守其母没身不殆

有母——母亲

第1章 道与妙徼玄以及有无

——"有"是万物之母：有母

第25章 有物昆成先天地生

——"有母"与"道母"：生母与养母的概念

第41章 反者道之动弱者道之用

——天下万物生于有（有生于无）

第42章 道生一冲气以为和

——有母始母道母

——一生二，二生三，三生万物：有母

道母——养母

第1章 道与妙徼玄以及有无

——"道"始终掌控着"有"与"无"的变化：道母

第6章 谷神不死是谓玄牝

——"玄牝"是具有母性的"道"：道母

——玄牝之门是谓天地根

——出门:玄牝之门

第16章 归根复命

——"道"在"有生于无"时的掌控或主宰

第20章 我独异于人贵食母

——"食母"是哺育我的"道"

——我独异于人而贵食母

——"有母""无母""道母"的区别

第25章 有物昆成先天地生

——"有母"与"道母":生母与养母的概念

第34章 大道泛兮其可左右

——大道泛兮其可左右:"道"掌控一切

第42章 道生一冲气以为和

——有母始母道母

——"道"始终掌控着道生一一生二二生三三生万物:道母

第59章 治人事天莫若啬

——有国之母可以长久:道母

——深根固柢:以"道"为根

——有国之母为什么是"道母":用典的诗化语言

第62章 道者万物之主为天下贵

——道者万物之主:道宗

——"道宗"就是"道母":诗化语言

附录5—4 专家误导

道的神秘性

第4章 道的特性空大宗隐
——破除"道"的神秘性
　　——玄妙
　　——恍惚
　　——兮,呵,矣等等感叹
第15章 善为道者微妙玄通
——微妙玄通:诗的意境与上下文语境
——"微妙玄通"是老子古典诗化哲学
——"微妙玄通"是深不可识的吗?
第28章 复归于朴朴散为器
——"朴散则为器圣人用之"的误解
第36章 微明是妙弱胜刚强
——"微妙"就是"妙":清除专家误导
——"妙""微妙""玄妙""玄之又玄"完全被误导了
　　——读《老子》十年才知道第一章是什么
　　——对"玄"的误导
　　——对"妙"的误导
　　——结论
第40章 下士闻道大笑了之
——大象无形道隐无名:"大道"不神秘

——再论"道"是可知的
　　——首先,发现了大量的自然规律。
　　——其次,发现了大量的社会规律。
　　——第三,发现了科学技术规律。

第51章 道生之德畜之
——"玄德"不神秘

第69章 三宝慈俭不敢为天下先
——空大宗隐似不肖:过犹不及

不是老子诗的意境

第2章 相反相成无为无不为
——"无为"必有"无不为"

第7章 以其无私故能成其私
——老子的"无私"绝不是手腕

第16章 归根复命
——"静"不是"道"
——是谁在"致虚守静"

第21章 孔德之容惟道是从
——吾何以知众甫之状哉以此

第25章 有物昆成先天地生
——"有物昆成"引出的矛盾

第28章 复归于朴朴散为器
——"朴散则为器圣人用之"的误解

第38章 上德不德是以有德
——"失道而后德"惹下的麻烦

第 39 章 侯得一以为天下正
——"其致之也"的另解：不符合老子"物极必反"的哲学思想
第 42 章 道生一冲气以为和
——两个字面的误解
第 47 章 不出户知天下
——老子的认识论决不是唯心的：老子的诗化语言
第 51 章 道生之德畜之
——"德"怎么能蓄养万物呢？
——为而不恃
第 52 章 天下有始为天下母
——"用其光复归其明"的另类解释
——见小曰明：就是"见常曰明"
第 66 章 圣人欲上民必以言下之
——"必以言下之"决不是假惺惺的言词
第 81 章 天道无亲恒与善人
——"天道无亲,恒与善人"怎么理解

附录6　老子局限性的列表

第 3 章 无知无欲无为无不治
——老子看到的社会到处都在争夺
——老子的乌托邦今天可能实现吗？
第 5 章 天地不仁多言数穷
——局限性
　　——"人道"并非"天道"
第 12 章 可以为腹不为目吗
——是以圣人为腹不为目
第 15 章 善为道者微妙玄通
——"微妙玄通"是深不可识的吗？
——胡适谈经典
第 19 章 绝圣弃知见素抱朴
——绝圣弃知民利百倍
——见素抱朴少思寡欲绝学无忧
第 25 章 有物昆成先天地生
——"有物昆成"引出的矛盾
——"有物昆成"存在什么问题？

第26章 重为轻根静为躁君
——不懂得"道"也可以遵循"道":伤害人的创造性
第52章 天下有始为天下母
——闭门静心:闭关自守
第65章 以知治国国之贼
——古之善为道者,非以明民,将以愚之。
第57章 以正治国以无事取天下
——"无为无不为"是一种理想
第67章 小邦寡民食服居俗
——复古
——拒绝交流
——小国寡民

参考文献

《道德经》注释或应用

【1】梁海明译注,《老子》,西藏人民出版社,1996年11月第1版。

【2】王蒙著,《老子的帮助》,华夏出版社,2009年1月第1版。

【3】王蒙著,《老子十八讲》,生活.读书.新知三联书店,2009年10月第1版。

【4】工殿举著,《老子》,作家出版社,2010年5月第1版。

【5】[春秋]老子著、雅瑟主编,《道德经大全集》,新世界出版社,2011年3月第1版。

【6】傅佩荣著,《解读老子》,上海三联书店,2007年7月第1版。

【7】傅佩荣著,《听傅老师讲〈老子〉》,中华书局,2009年7月第1版。

【8】饶尚宽译注,《老子》,中华书局,2006年9月第

1版。

道家经典

【9】孙通海译注,《中华经典藏书·庄子》,中华书局,2007年3月第1版。

现代汉语词典

【10】中国社会科学院语言研究所词典编辑室编,《现代汉语词典》,商务印书馆,1983年第2版。

毛泽东选集

【11】毛润之编,《毛泽东选集》,人民出版社,1952年7月第1版。

儒家经典

【12】[战国]曾参/子思著、龙生祥注,《〈大学〉儒家经典(全译本)》,青海人民出版社,2004年1月第1版。

【13】[春秋]曾子著、孙虹钢译,《中华文化经典读本·〈大学〉:修身齐家治国的儒家方略》,北京理工大学出版社,2014年2月第1版。

【14】程昌明译注,《孔子论语》,西藏人民出版社,1997年3月第1版。

现代书籍与论文

【15】王建军,《康德——西方近现代哲学的桥梁》,

天津日报第10版,2004年7月12日。

【16】王蒙著,《庄子的享受》,安徽教育出版社,2010年1月第1版。

【17】张玥,《且听张居正译解〈诗经〉皇家本》,城市快报数字报纸第10版,2010年3月27日。

数学

【18】菲赫金哥尔茨著、叶彦谦等译,《微积分学教程》,高等教育出版社,1959年8月第2版。

其它

【19】[宋]佚名著、李捷译注,《中华传世名著精华丛书·百家姓》,山西古籍出版社,1999年9月第1版。

【20】[宋]王应麟著、李捷译注,《中华传世名著精华丛书·三字经》,山西古籍出版社,1999年9月第1版。

【21】[梁]周兴嗣著、李捷译注,《中华传世名著精华丛书·千字文》,山西古籍出版社,1999年9月第1版。

【22】[清]李毓秀著、李捷译注,《中华传世名著精华丛书·弟子规》,山西古籍出版社,1999年9月第1版。

补充

【23】田秉锷著,《毛泽东诗词鉴赏》,上海三联书

店,2012年9月第1版。

【24】中共中央文献研究室编,《毛泽东诗词集》,中央文献出版社,1996年9月第1版。

【25】陈曦译注,《孙子兵法》,中华书局,2011年10月第1版。

【26】华罗庚著,《统筹方法评话及补充》,中国工业出版社,1966年5月第1版。

【27】陈生玺等译解,《张居正讲评〈诗经〉皇家读本》,学林出版社,2009年12月第1版。